D1211673

le nouvel espagnol
sans peine

méthode quotidienne
ASSiMiL

le nouvel espagnol sans peine

par

Francisco Javier Antón Martínez

(édition revue et corrigée)

illustrations de J.-L. Goussé

ASSiMiL

B.P. 25
13, rue Gay-Lussac, 94430 Chennevières-sur-Marne
FRANCE

     ISBN : 2.7005.0094.6

MÉTHODES ASSiMiL

*Volumes reliés, abondamment illustrés
et enregistrés sur cassettes*

Série « Sans peine »

Le nouvel anglais sans peine
Le nouvel allemand sans peine
Le nouvel espagnol sans peine
L'espéranto sans peine
Le grec sans peine
Le nouvel italien sans peine
Le latin sans peine
Le portugais sans peine
Le brésilien sans peine
Le polonais sans peine
Le japonais sans peine Tome I
Le japonais sans peine Tome II
Le Japonais sans peine Tome III
Le Hongrois sans peine

Le nouveau néerlandais sans peine
Le russe sans peine
Le serbo-croate sans peine
L'arabe sans peine Tome I
L'arabe sans peine Tome II
    et livret de phonétique
Le chinois sans peine Tome I
Le chinois sans peine Tome II
L'écriture chinoise
L'hébreu sans peine Tome I
L'hébreu sans peine Tome II
Le suédois sans peine Tome I
Le suédois sans peine Tome II
Le Roumain sans peine

Série « Perfectionnement »

La pratique de l'allemand
Perfectionnement Italien
Perfectionnement Anglais

Perfectionnement Espagnol
La pratique du néerlandais
Histoires anglaises et américaines

Série « Direct »

Let's start
Let's get better

Let's learn French
Auf geht's

Série « Langues régionales »

Le breton sans peine (1 et 2)
Le corse sans peine
L'occitan sans peine

Initiation au breton
    sans peine

Série « ASSiMiL Loisirs »

Le solfège sans peine (cours en 3 cassettes et un livret)
La guitare sans peine (cours en 2 cassettes et 24 fiches)
Lotolangue (existe en trois langues : anglais, allemand, espagnol)
Le bridge sans peine

Série « Affaires »

L'anglais des affaires

L'allemand des affaires
Le néerlandais des affaires

Titre des enregistrements accompagnant cetouvrage:
EL NUEVO ESPAÑOL SIN ESFUERZO

Introduction

LE SENS DU « NOUVEL ESPAGNOL SANS PEINE »

Par son vocabulaire et par les thèmes qui étaient traités, « l'Espagnol sans peine », paru en 1957, s'éloignait petit à petit de notre vie de tous les jours. Au fil des ans nous avons vu évoluer la langue castillane. Cette évolution, fortement dépendante d'une plus grande ouverture des mentalités et du changement de la société espagnole, nous a amenés à une réactualisation.

C'est pourquoi « le Nouvel Espagnol sans peine » se propose d'offrir aux lecteurs une méthode d'apprentissage du castillan en accord avec le langage que des millions d'Espagnols manient quotidiennement aujourd'hui.

COMMENT EST CONÇUE LA METHODE ?

La structure d'ensemble reste en grande partie semblable à celle de « l'Espagnol sans peine ». La grammaire est présentée de la même façon, à base de notes dans les leçons. Ces notes vous amènent petit à petit à une étude plus structurée, à l'occasion de la leçon de révision — une toutes les sept leçons. Ces leçons de révision sont plus denses que dans l'ancienne méthode, mais elles vous offrent aussi davantage de points de repère.

Néanmoins la différence essentielle se trouve au niveau du vocabulaire qui est tout à fait actuel.

Pour ce qui est des textes des leçons, nous nous sommes efforcés de les construire d'une façon simple. Cependant vous devrez dépasser le cap des trente premières leçons pour pouvoir goûter sans problème aux effets dûs à la maîtrise de la langue. Ces premières leçons, plus « ennuyeuses » mais nécessaires dans la mesure où l'on est obligé de passer par une étape de travail sur les mécanismes de base, vous offrent en contrepartie un vocabulaire plus « utilitaire ». Cela ne veut pas dire pour autant que cet aspect sera négligé par la suite ; nous voulons simplement signifier qu'une fois ce premier cap passé, les possibilités de jongler avec les mots seront plus vastes et la langue elle-même, dans son ensemble, vous apparaîtra sous un nouveau jour.

A mesure que vous avancerez, l'agréable sensation du « chez soi » naîtra en vous.

Une autre nouveauté par rapport à « l'Espagnol sans peine » est le petit appendice ayant trait au **castillan parlé en Amérique hispanophone.** Nous avons pensé sa conception en vue de vous introduire brièvement au castillan parlé outre-Atlantique.

D'autre part, l'appendice grammatical concernant les verbes — les verbes constituent la plus grosse difficulté pour le Français voulant apprendre le castillan — a été refondu en entier et il est présenté d'une façon beaucoup plus complète.

*****

COMMENT APPRENDRE LE CASTILLAN AVEC « LE NOUVEL ESPAGNOL SANS PEINE » ?

Comme le français, l'italien, le portugais, le roumain, etc., le castillan est une langue latine. Ainsi des milliers de mots castillans ont les mêmes racines que des mots français. Ceci est un avantage pour le Français qui veut apprendre le castillan. De nombreux mots évoqueront en vous « du déjà connu », et cela vous permettra de progresser plus vite.

La façon de procéder que nous vous conseillons est la suivante :

— Si vous possédez les enregistrements, vous les écouterez, puis vous lirez chaque phrase à haute voix. Si vous n'avez pas les enregistrements, au début vous pouvez vous aider de la prononciation figurée. **Attention** : Elle n'est qu'une béquille qui doit vous servir seulement pour démarrer !

— Même procédure pour les exercices.

— Ensuite vous ferez les exercices « à trous » — si possible par écrit —, ils vous permettent de vous « auto-contrôler ».

— A partir de la leçon 50, vous commencerez ce que nous appelons **« la deuxième vague »**, c'est-à-dire qu'en plus de la leçon du jour, vous reverrez la leçon que nous vous indiquerons, de façon à fixer définitivement et activement les structures et les mots importants des leçons déjà vues.

Ce simple exercice de répétition, renouvelé avec régularité, vous introduira dans le monde nouveau des phrases et des tournures castillanes. Petit à petit, même si vous ne vous en apercevez pas, elle se feront vôtres. Nous vous **recommandons donc la régularité**. A vous de choisir votre rythme **qui doit cependant être quotidien**. Nous vous conseillons aussi de ne pas « forcer », il n'est pas important d'apprendre les leçons par cœur coûte que coûte, mais bien plus d'avancer régulièrement. C'est par la fréquentation qu'on se lie d'amitié avec les gens, il en est de même avec les mots. L'habitude de pratiquer vous rendra de plus en plus facile l'assimilation des particularités du castillan et l'allongement progressif des leçons passera inaperçu. Lors de votre étude, il serait bon de chercher à dépasser le « côté travail » pour en arriver à celui de **détente**.

LA PRONONCIATION

La prononciation castillane est beaucoup plus facile que la française et elle est presque toujours en accord avec l'orthographe. En castillan nous ne trouvons que cinq voyelles : a, e (é), i, o, u (ou). En ce qui concerne la prononciation, ayez seulement soin de prononcer plus fortement la syllabe tonique — en gras dans le texte —. Vous trouverez d'autres précisions dès les premières leçons.

Les *enregistrements* qui accompagnent cette méthode sont une aide particulièrement utile pour former votre oreille. Dans la mesure du possible nous vous conseillons de travailler régulièrement avec eux. Même si vous ne comprenez pas tous les mots, votre oreille, en les écoutant, se fera, sans effort, aux sons et au rythme du castillan.
Pour les faire nous avons choisi une équipe de personnes avec des voix très différentes de façon à vous offrir un éventail aussi large que possible de tonalités. Et ceci dans le but de vous procurer une bonne prononciation naturelle,telle que vous pouvez

la rencontrer chez les personnes ayant une bonne diction et qui ne cherchent pas seulement à prononcer des sons de façon « correcte » mais visent, surtout, à communiquer avec d'autres êtres. C'est celui-là le but d'une langue.

Le rythme est lent au début. Au cours des six premières leçons, vous entendrez chaque phrase deux fois et ensuite la leçon sera, à nouveau, répétée en entier sous forme de dialogue, telle que vous la trouverez dans le texte. Puis, au fur et à mesure que vous avancerez, la cadence d'élocution ira croissant jusqu'au moment où celle-ci deviendra tout à fait normale pour quelqu'un qui parle correctement le castillan.

Ne commencez pas si vous n'avez pas encore lu l'introduction qui précède. Sa lecture vous facilitera le travail. Elle est absolument nécessaire pour bien comprendre la façon dont nous allons procéder ; et cela même si vous n'êtes pas un débutant. En outre, vous y trouverez quelques renseignements pratiques.

LECCION PRIMERA. (Pron. : Lek'cion' priméra)

Un encuentro

1 — ¡Buenos días! Pablo. (1)
2 — ¡Ana! ¿Qué tal estás? (2) (3)
3 — Bien. Tú, en cambio, tienes mala cara. (4)
4 — Sí. Estoy un poco preocupado.
5 — ¿Sabes? Tenía ganas de verte. (5)
6 — Yo también.
7 — ¿Quieres comer conmigo?
8 — De acuerdo. Es una buena idea.

¡BUENOS DÍAS!

PRONUNCIACION (pronoun'ciacion'). oun' en'couen'tro. 1 ¡bouénoss diass! pablo. 2 ¡ana! ¿ké tal ésstass? 3 bién'. tou én' cam'bio tiénéss mala cara. 4 ésstoi oun poco préocoupado. 5 ¿sabéss? ténia ganas dé vérté. 6 yo tam'bién'. 7 ¿kiéréss comér con'migo? 8 dé acouérdo. éss ouna bouéna idéa.

EXERCICE : 1. Tú estás bien. 2. Tú tienes una idea. 3. Yo también. 4. Yo tenía ganas. 5. Tú quieres comer. 6. Es una buena idea. 7. Yo estoy de acuerdo.

PREMIERE LEÇON

Remarque : *Les tournures typiquement castillanes sont, en général, placées entre parenthèses et, pour une meilleure compréhension, les tournures françaises sont parfois ajoutées entre crochets.*

Une rencontre (masculin)

1 — Bonjour ! (Bons jours) Pablo.
2 — Ana ! Comment vas-tu ?
3 — Bien. Toi, par contre (en échange) tu as mauvaise mine (face).
4 — Oui, je suis un peu préoccupé.
5 — Sais-tu ? J'avais envie de te voir.
6 — Moi aussi.
7 — Veux-tu manger avec moi ?
8 — D'accord. [C']est une bonne idée.

NOTES

(1) En castillan le *s* final se prononce toujours.
(2) Le verbe n'a pas besoin d'être accompagné du pronom comme en français. Les formes du verbe se distinguent parfaitement lorsqu'elles sont conjuguées aux différentes personnes et aussi à cause de l'intonation.
(3) Les points d'interrogation et d'exclamation que l'on trouve à l'envers au début d'une question ou d'une exclamation sont ainsi placés pour éviter toute équivoque du fait de l'absence de pronom, la seule différence étant la ponctuation dans la langue écrite et l'inflexion de la voix dans la langue parlée.
(4) Roulez fortement les *r*. En général, le *r* correspond au r français roulé des régions du sud. Il s'articule du bout de la langue touchant le voile du palais et vibrant derrière les incisives supérieures pendant la sortie de l'air. Il a un son doux voisin du l quand il est au milieu d'un mot, mais il a un son très vibrant, très roulé, quand il est initial, quand il est écrit *rr* et après les consonnes *l, n* et *s*.
(5) Le *v* et le *b* ne se distinguent pas à l'oreille. Leur différence se trouve uniquement au niveau de l'écriture. Le son castillan se trouve entre le v et b français. C'est un son relaché qui est plus près du b.

EXERCICE : **1.** Tu es bien. **2.** Tu as une idée. **3.** Moi aussi. **4.** J'avais envie. **5.** Tu veux manger. **6.** C'est une bonne idée. **7.** Je suis d'accord.

EXERCICE DE CONTROLE

Ponga las palabras que faltan. (pon'ga lass palabrass ké faltan')

(Mettez les mots qui manquent)
Chaque point représente une lettre

1 *Je suis bien.*

   Yo . . . . . bien.

2 *Toi, par contre, tu es préoccupé.*

   Tú, ..., estás preocupado.

3 *Moi aussi.*

   Yo . . . .

4 *J'avais envie de manger / de te voir.*

   Yo . . . . . ganas de . . . . .

   Yo . . . . . ganas . . . .

****

LECCION SEGUNDA. (Pron. : Lek'cion' ségoun'da)

Nous introduisons ici les pronoms personnels.

1 — Yo voy a casa. (1)
2 — ¿Vienes conmigo? (2)

PRONUNCIACION (pronoun'ciacion'). 1 yo voï a cassa. 2 ¿viénéss con'migo?

5 *Tu es avec moi / d'accord.*

Tú . . . .

Tú . . . . de . . . .

CORRIGE DE L'EXERCICE : 1 estoy. 2 en cambio. 3 también. 4 tenía - comer / tenía - de verte. 5 estás conmigo / estás - acuerdo.

Nous parlerons plus tard des règles d'accentuation. Pour l'instant, limitez-vous à marquer l'accent tonique - syllabe en gras -. Sans faire, pour le moment, un grand effort de retention, notez simplement au passage l'accent écrit (*estás, también, lección,* etc.). Sachez aussi que, tout au long des leçons, vous ne trouverez pas d'accent sur les majuscules.

Relisez la leçon, après avoir lu les notes, en faisant très attention à la prononciation.

Ah ! Ne vous inquiétez pas à cause des notes. Au début, bien que les explications puissent vous paraître un peu longues, il est important de préciser les sons propres au castillan. Après, cela viendra tout seul.

****
DEUXIEME LEÇON

1 — Je vais à [la] maison.
2 — Viens-tu avec moi ?

NOTES

(1) Le *s*, lorsqu'il se trouve placé entre deux voyelles ne devient pas z. Il reste dur.

(2) En castillan, les pronoms personnels sujets sont surtout employés dans un but d'insistance, ou dans certains cas où la clarté du récit l'exige. Les terminaisons verbales sont suffisamment dissemblables pour qu'ils ne soient pas nécessaires. Néanmoins, pour vous permettre de vous familiariser avec eux et pour vous faciliter la tâche, en ce qui concerne la reconnaissance de la personne du verbe, nous vous les indiquerons fréquemment au cours des premières leçons. Puis, nous reviendrons à un usage plus normal.

3   Estamos muy lejos. (3)
4   Tengo un problema.
5   El viene mañana. (4)
6   Nosotros vamos a comer.
7   Ella está cansada. (5)
8   Hoy tengo una cita.
9   Ellos están contentos.
10   Vosotros coméis en el restaurante.

3 ésstamoss moui léHoss. 4 tén'go oun' probléma. 5 él viéné magnana. 6 nossotross vamoss a comér. 7 él/a éssta can'ssada. 8 oï ten'go ouna cita. 9 él/oss ésstan' con'tén'toss. 10 vossotross coméiss én' el résstaourante.

*****

EXERCICE : 1. Yo estoy contenta. 2. Tú quieres comer. 3. El viene mañana. 4. Nosotros estamos cansados. 5. Ellos están lejos. 6. Ella viene conmigo. 7. Vosotros coméis.

Dans ces premières leçons il n'y a presque pas de tournures qui diffèrent du français. Pour l'instant vous vous contenterez de bien comprendre et de soigner la prononciation sans chercher à analyser les formes particulières.

EXERCICE DE CONTROLE
Ponga las palabras que faltan. (pon'ga lass palabrass ké faltan')

(Mettez les mots qui manquent)

1 *Je vais manger / demain à la maison.*

. . . . comer

. . . . comer . . . . en . . . .

3   Nous sommes très loin.
4   J'ai un problème.
5   Il vient demain.
6   Nous allons manger.
7   Elle est fatiguée.
8   J'ai un rendez-vous aujourd'hui.
9   Ils sont contents.
10 Vous mangez au restaurant.

(3) La lettre *j* a un son difficile à expliquer. En se raclant le gosier, avant de cracher, le cracheur émet un rrhh... sourd et guttural. Il ne s'agit pas de reproduire ce son, mais de l'ébaucher légèrement, que le *r* ne sorte pas : un *h* expiré vigoureusement. Devant *e* et *i*, *g* a ce même son. Dans la prononciation figurée ce sera *H*.

(4) L'accent sur la lettre *ñ* (**égné**), prononcée gn comme dans bagne, s'appelle *tilde*.

(5) En français, beaucoup de gens, en disant « million » adoucissent le lli et disent presque mi-yon. Ce son adouci est exactement le *ll* castillan. Dans la prononciation figurée, nous le notons : *ll* en italique.

EXERCICE : 1. Je suis contente. **2.** Tu veux manger. **3.** Il vient demain. **4.** Nous sommes fatigués. **5.** Ils sont loin. **6.** Elle vient avec moi. **7.** Vous mangez.

N'oubliez pas de regarder le numéro de chaque page. Petit à petit vous apprendrez les nombres.

Attention ! *Tú* et *él* portent toujours l'accent écrit et cela pour les distinguer du possessif *tu* et de l'article *el* : *tú vienes* (tu viens) *tu casa* (ta maison) et *él tiene* (il a), *el problema* (le problème).

2 *Aujourd'hui vous mangez au restaurant.*

. . . . coméis . . el restaurante.

3 *Elle vient avec nous / demain.*

. . . . viene con . . . .

. . . . viene con . . . .

4 *Tu as un rendez-vous / un problème.*

. . tienes una . . . .

. . tienes un . . . .

****

LECCION TERCERA. (Lek´cion´ tercéra)

¿Qué tal está ?

1 — ¿Usted fuma? **(1)**
2 — Muy poco.
3 — ¿Quiere un cigarro? **(2) (3)**
4 — Sí. Gracias.
5 — El tabaco rubio, en España, es caro.
6 — Tiene usted razón. **(4)**

PRONUNCIACION (pronoun´ciacion´). ¿ké tal éssta? **1** ¿oussté fouma?
2 moui poco. **3** ¿kiéré oun cigarro? **4** si graciass. **5** el tabaco roubio én´
éspagna éss caro. **6** tiéné oussté raçon.

NOTES

(1) Dans les mots finissant par **d** *(usted, Madrid)*, l'important est de
mettre l'accent sur la dernière syllabe. Le **d** peut se prononcer très
légèrement.
(2) Le **c** devant *e, i,* c'est-à-dire lorsqu'il y a le son s en français, se
prononce comme un s imparfait, émoussé. Pour prononcer *ci* et *ce,*
touchez du bout de la langue le tranchant des incisives supérieures.
C'est la même chose pour dire *lección.*

5 *Il est très loin / fatigué.*

. . está muy . . . . .

. . está   . . . .

*****

CORRIGE DE L'EXERCICE :1 yo voy a / yo voy a-mañana - casa. **2** hoy vosotros - en. **3.** ella - nosotros / ella - nosotros mañana. **4** tú - cita / tú - problema. **5** él - lejos / él - muy cansado.

****

TROISIEME LEÇON

Comment allez-vous ?

1 — Fumez-vous ?
2 — Très peu.
3 — Voulez-vous une cigarette ?
4 — Oui, merci.
5 — Le tabac blond en Espagne est cher.
6 — Vous avez raison.

*****

(3) Nous aurions pu dire aussi : *¿Quiere usted un cigarro?* (voir phrases 1 et 6). *Usted* et *Ustedes* s'emploient un peu plus que les autres pronoms sujets ; cet emploi n'est pas dû à des raisons grammaticales, il a plutôt pour sens de marquer une certaine déférence. L'utilisation du verbe à la 3ᵉ personne du singulier ou du pluriel, lorsque nous voussoyons une ou plusieurs personnes respectivement, suffit en elle-même pour exprimer le voussoiement. Aussi, il serait trop lourd d'introduire systématiquement, dans une conversation, le pronom *usted(es)*. C'est seulement la pratique qui vous aidera à parvenir à un usage juste.
Ud. ou *Vd.* et *Uds.* ou *Vds.* sont des abréviations de *usted* et *ustedes* respectivement. Elles sont très courantes.

(4) Le *z* se prononce toujours comme le *c* castillan (dans *ce, ci*), c'est-à-dire comme le *th* dur anglais, nous le noterons dans la prononciation *c* devant *e* et *i* et *ç* (en italique) devant les autres voyelles. Le son *z* français n'existe pas.

7 — El tabaco negro cuesta mucho menos. (5) (6)
8 — Y no fumar es todavía más barato.

7 él tabaco négro couéssta mou'tcho ménoss. **8** y no foumar éss todavia mass barato.

Usted est la contraction de *vuesta merced* (vou**e**stra mércé): votre grâce. *¿Usted viene?:* Votre grâce vient-elle ? En castillan, on voussoie en mettant le verbe à la 3e personne du singulier, ou à la 3e personne du pluriel s'il s'agit de voussoyer plusieurs personnes. Sachez aussi que le voussoiement est beaucoup moins persistant en Espagne qu'en France.

*****

EXERCICE : 1. ¿Quiere usted fumar? 2. El tabaco es caro. 3. Tienes razón. 4. El fuma muy poco. 5. Todavía tengo un cigarro. 6. No es caro. 7. Es más barato.

EXERCICE DE CONTROLE
Ponga las palabras que faltan. (pon'ga lass palabrass ké faltan')

(Mettez les mots qui manquent)

1 *Je fume très peu / beaucoup.*

   Yo fumo . . . . . .

   Yo fumo . . . . .

2 *Tu as raison / une cigarette.*

   . . tienes . . . . .

   . . tienes un . . . .

****

7 — Le tabac brun coûte beaucoup moins [cher].

8 — Et ne pas fumer est encore meilleur marché (plus bon marché).

(5) Notez que la prononciation castillane du *ch* correspond au tch français comme dans Tchécoslovaquie.

(6) *Mucho* : beaucoup, beaucoup de, varie au féminin et au pluriel. *Mucha alegría:* beaucoup de gaieté ; *muchas personas:* beaucoup de personnes ; *muchos hombres:* beaucoup d'hommes.

EXERCICE : **1.** Voulez-vous fumer ? **2.** Le tabac est cher. **3.** Tu as raison. **4.** Il fume très peu. **5.** J'ai encore une cigarette. **6.** Ce n'est pas cher. **7.** C'est meilleur marché.

3 *Le tabac est bon marché / cher.*

El tabaco . . · · · · · ·

El tabaco . . · · · ·

4 *La maison est encore loin.*

La casa está · · · · · · ·

5 *Le tabac blond coûte moins [cher].*

El tabaco · · · · · · · · · · · · · ·

CORRIGE DE L'EXERCICE : **1** muy poco / mucho. **2** tú - razón / tú - cigarro. **3** es barato / es caro. **4** todavía lejos. **5** rubio cuesta menos.

****

LECCION CUARTA. (Lek'cion' couarta)

Masculino y femenino (1)

1 El niño bebe el agua. (2)
2 La madre coge una llave. (2)
3 La casa está lejos.
4 La cafetería está cerca de la panadería.
5 Tengo una amiga francesa. (3)
6 Tienes un transistor español. (3)
7 El vaso está lleno. (4)
8 La taza está vacía. (4)

PRONUNCIACION (pronoun'ciacion'). masscoulino y féménino. 1 el nigno bébé el agoua. 2 la madré coHe ouna llavé. 3 la cassa éssta léHoss. 4 la cafétéria éssta cerca dé la panadéria. 5 tén'go ouna amiga fran'céssa. 6 tiénéss oun tran'ssisstor esspagnol. 7 el vasso éssta lleno. 8 la taça éssta vacia.

EXERCICE : 1. El niño tiene una llave. 2. Mi amiga vive en Francia. 3. El vaso está vacío. 4. La casa es grande. 5. La taza es pequeña.

QUATRIEME LEÇON

Masculin et féminin

1   L'enfant boit l'eau.
2   La mère prend une clé.
3   La maison est loin.
4   La caféteria est près de la boulangerie.
5   J'ai une amie française.
6   Tu as un transistor espagnol.
7   Le verre est plein.
8   La tasse est vide.

NOTES

(1) Le o est en général la marque du masculin ; *niño:* enfant. Le a celle du féminin ; *casa:* maison.
(2) Aux articles définis le, la, français, correspondent *el, la,* en castillan, et *los, las,* au pluriel.
(3) Aux articles indéfinis un, une, français, correspondent *un, una,* en castillan, et *unos, unas,* au pluriel.
(4) Les adjectifs dont le masculin est en o passent en a au féminin : *lleno :* plein ; *llena :* pleine ; *vacío, a :* vide.

*****

Coge dans la phrase n° 2 : Voyez la note n° 2 de la deuxième leçon.

Dans la traduction française nous sommes obligés de mettre les apostrophes (l'enfant, l'eau) ; sachez qu'en castillan vous n'en trouverez jamais. Elles n'existent pas.

EXERCICE : 1. L'enfant a une clé. 2. Mon amie vit en France. 3. Le verre est vide. 4. La maison est grande. 5. La tasse est petite.

EXERCICE DE CONTROLE
Ponga las palabras que faltan. (pon'ga lass palabrass ké faltan')

(Mettez les mots qui manquent)

1 *L'enfant prend une clé / un verre.*

.. niño . . . . llave.

.. niño . . . . . . vaso.

2 *La maison est loin / près.*

.. casa está . . . . .

.. casa está . . . . .

****

LECCION QUINTA. (Lek'cion' kin'ta)

Antes del viaje

1   Ahora, estamos en Burgos. (1)
2   Mañana, vamos a Madrid. (2)
3 — ¿Sabes? Ultimamente, me canso mucho.
4 — Deberías trabajar menos.
5 — La vida en la ciudad es demasiado agitada.
6   Antes de ir a París, quiero consultar al médico.

PRONUNCIACION (pronoun'ciacion'). an'téss del viaHé. **1** aora ésstamoss én' bourgoss. **2** magnana vamoss a madri(d) **3** ¿sabéss? oultimamén'té mé can'sso moutcho. **4** débériass trabaHar ménoss. **5** la vida én' la ciouda éss démassiado aHitada. **6** an'téss dé ir a pariss kiéro con'soultar al médico.

3 *J'ai un ami / une bonne idée.*

Yo tengo . .   amigo.

Yo tengo . . .   .   idea.

4 *La mère va à la boulangerie.*

. .   madre va . . .   panadería.

5 *La tasse est pleine / vide.*

. .   taza . . . .

. .   taza . . . .

CORRIGE DE L'EXERCICE : 1 el - coge una / el - coge un. 2 la -lejos / la - cerca. 3 un / una buena. 4 la - a la. 5 la - está llena / la - está vacía.

****

CINQUIEME LEÇON

Avant le (du) voyage

1 Maintenant nous sommes à (en) Burgos.
2 Demain nous allons à Madrid.
3 — Sais-tu ? Dernièrement [depuis peu] je me fatigue beaucoup.
4 — Tu devrais travailler moins.
5 — La vie en ville est trop agitée.
6 Avant d'aller à Paris, je veux consulter le (au) médecin.

NOTES

(1) L'emploi de la préposition *en :* elle indique le lieu quand il n'y a pas de déplacement. Elle a une valeur statique de localisation dans le temps et dans l'espace : *estoy en Burgos* (je suis à Burgos).

(2) La préposition *a* marque le terme vers lequel tend un mouvement ou une durée : *voy a casa* (je vais à la maison) ; ou encore le moment exact d'un fait : *a la salida* (à la sortie).
Elle introduit aussi le complément direct désignant une personne ou un pays : *vi a Pedro en la calle* (je vis Pedro dans la rue).

7 — Yo conozco a un médico muy simpático.
8 — ¿Puedes telefonearle?
9 — ¡Claro que sí! (3)

7 yo conoçco a oun médico moui sim'patico.
8 ¿pouédéss téléfonéarlé? **9** ¡claro ké si!

EXERCICE : 1. Ahora vamos a casa. **2.** Puedes ir a París.
3. Tengo un amigo muy simpático. **4.** Voy a Burgos. **5.**
Estoy en París. **6.** Nosotros estamos en la ciudad. **7.**
Estás demasiado cansado. **8.** Yo conozco a un médico.
9. Tú puedes telefonearle.

EXERCICE DE CONTROLE
Ponga las palabras que faltan. (pon'ga lass palabrass ké
faltan')

(Mettez les mots qui manquent)

1 *Maintenant je me fatigue beaucoup / peu.*

. . . . mucho.

. . . . poco.

2 *Nous sommes à Bordeaux / en Bretagne.*

Estamos . . Burdeos.

Estamos . . Bretaña.

3 *Il va en Italie / à la boulangerie.*

El va . Italia.

El va . la . . . .

4 *Avant d'aller à la cafétéria.*

. . . . . de ir . . . cafetería.

****

7 — Je connais (à) un médecin très sympathique.
8 — Peux-tu lui téléphoner ?
9 — Bien sûr ! (clair que oui)

(3) *Claro* est un mot que vous entendrez très souvent dans la conversation courante, dans le sens de : Bien sûr ! Evidemment ! C'est bien ça ! Vous avez raison ! Accentuez bien la première syllabe.

EXERCICE : 1. Maintenant nous allons à la maison. 2. Tu peux aller à Paris. 3. J'ai un ami très sympathique. 4. Je vais à Burgos. 5. Je suis à Paris. 6. Nous sommes en ville. 7. Tu est trop fatigué. 8. Je connais un médecin. 9. Tu peux lui téléphoner.

LA VIDA EN LA CIUDAD ES DEMASIADO AGITADA

5

5 *Peux-tu venir à la maison avec moi / avec lui ?*

¿ . . . . . venir . casa . . . .?

¿ . . . . . venir . casa . . . él?

CORRIGE DE L'EXERCICE : 1 ahora me canso / ahora me canso. 2 en / en. 3 a / a - panadería. 4 antes - a la. 5 puedes - a - conmigo / puedes - a - con.

*****

Le *h* est toujours muet.

Heure se dit *hora* ; *ahora* est littéralement : « à l'heure », c'est-à-dire, à l'heure présente : maintenant.

****

LECCION SEXTA. (Lek'cion' sessta)

Tener - Haber (1)

1 Ahora tengo hambre.
2 Hoy tienes una cita.
3 Ellos tienen un coche rojo.
4 Nosotros no tenemos ganas.
5 Vosotras tenéis un apartamento bonito.
6 Ella tiene un perro pequeño.

Nous connaissons déjà ce type de construction. Mais...

7 Yo he ido al cine.
8 ¿Has comido bien?
9 El no ha venido todavía.
10 Nosotros hemos ganado la partida.
11 Vosotros habéis conocido a su hermana.
12 Ellas han telefoneado a su madre.

PRONUNCIACION (pronoun'ciacion'). téner - aber. **1** aora tén'go am'bré. **2** oï tiénéss ouna cita. **3** él/oss tiénén' oun co'tche roHo. **4** nossotross no ténémoss ganass. **5** vossotrass téniaiss oun apartamén'to bonito. **6** él/a tiéne oun pérro pékégno. **7** yo é ido al cine. **8** ¿ass comido bién? **9** él no a vénido todavia. **10** nossotross émoss ganado la partida. **11** vossotross abéiss conocido a sou érmana. **12** él/ass an' téléfonéado a sou madré.

USTEDES TIENEN UN APARTAMENTO BONITO

EXERCICE : 1. Tengo un coche. 2. Has comido. 3. Habéis ido al cine. 4. Tenemos hambre. 5. Has ido conmigo. 6. Han telefoneado. 7. Todavía no ha venido.

SIXIEME LEÇON

Avoir

1 Maintenant j'ai faim.
2 Aujourd'hui tu as un rendez-vous.
3 Ils ont une voiture rouge.
4 Nous n'avons pas envie.
5 Vous avez un joli appartement.
6 Elle a un petit chien (chien petit).
7 Je suis allé au cinéma.
8 As-tu bien mangé ?
9 Il n'est pas encore venu.
10 Nous avons gagné la partie.
11 Vous avez connu (à) sa sœur.
12 Elles ont téléphoné à leur mère.

NOTES

(1) Avoir a deux formes en castillan : *Haber* et *Tener. Haber* est l'auxiliaire, *yo he comido* : j'ai mangé. *Tener* indique la possession : *tengo un coche* : j'ai une voiture. *Tener* plus *que* indique une obligation : *tengo que ir a casa* : je dois aller à la maison.

Ainsi, lorsque vous trouvez *haber* conjugué à n'importe laquelle de ses formes, vous trouverez immédiatement après un participe passé : *has ido* : tu es allé ; *hemos llegado :* nous sommes arrivés, etc.

Aux temps composés, en français, on conjugue avec l'auxiliaire "être" un certain nombre de verbes intransitifs exprimant, pour la plupart, un mouvement ou un changement d'état.
En castillan, **TOUS** les verbes, aux temps composés, se conjuguent avec l'auxiliaire *haber*. Exemples : je suis allé : *yo he ido;* il est venu : *él ha venido.*

Formation du participe passé :
Verbes en **-ar**: radical du verbe + *ado: hablar* (parler) = *hablado* (parlé).
Verbes en **-er** et en **-ir**: radical du verbe + *ido: comer = comido; venir = venido.*
Petit à petit nous verrons les irréguliers.

*****

EXERCICE : 1. J'ai une voiture. 2. Tu as mangé. 3. Vous êtes allés au cinéma. 4. Nous avons faim. 5. Tu es allé avec moi. 6. Ils ont téléphoné. 7. Il n'est pas encore venu.

EXERCICE DE CONTROLE
Ponga las palabras que faltan. (pon'ga lass palabrass ké faltan')

(Mettez les mots qui manquent)

1 *J'ai une voiture / faim.*

Yo . . . . coche.

Yo . . . .

2 *Nous avons téléphoné à sa sœur.*

Nosotros . . . . a . . her-

mana.

****

LECCION SEPTIMA. (Lek'cion' sép'tima)

SEPTIEME LEÇON

Revisión y notas (révission' y notass)

1. Nous allons nous arrêter un peu de façon à faire le point sur ce qui a été vu jusqu'ici.

Les six premières leçons nous ont donné une idée d'ensemble en ce qui concerne la structure des leçons. Par la suite, les phrases deviendront plus longues et leur complexité sera plus grande ; mais... nous n'en sommes pas encore là.

3 *Il n'est pas venu avec nous / encore.*

El . . . . venido con . . . .

El . . . . venido . . . .

4 *As-tu mangé / un rendez-vous ?*

¿ . . comido?

¿ . . . . . una cita?

5 *Elles ont un chien / un joli appartement.*

. . . . . tienen un . . . . .

. . . . . tienen un . . . .

CORRIGE DE L'EXERCICE : **1** tengo un / tengo hambre. **2** hemos telefoneado - su. **3** no ha - nosotros / no ha - todavía. **4** has / tienes. **5** ellas - perro / ellas - apartamento bonito.

****

Ne négligez pas pour autant le travail accompli. Il est très important. Oui, ces dialogues ont été construits avec des mots et des tournures très usuels dans la vie de tous les jours.

*****

En ce qui concerne la grammaire, nous avons déjà une petite base. De toute façon, il ne s'agit pas de voir l'ensemble de la grammaire castillane, mais d'avoir quelques points de repère fondamentaux. L'important n'est pas de connaître des règles mais de pouvoir parler. Au fur et à mesure que nous allons avancer, les notes de grammaire diminueront au profit des phrases et des exercices d'application.

Lección 7

2. **Prononciation** : Nous avons axé ces premières leçons sur la prononciation. Il est possible qu'au début vous ayez quelques difficultés, c'est normal, mais ne vous inquiétez pas, elle est facile.

Rappelons que toutes les voyelles se prononcent et que le *e* n'est jamais muet, il se prononce é (accent aigu).

Sachez que les sons français an, un, in, on, n'existent pas en castillan. Ainsi, vous dites : *un, quinta,* en détachant bien la voyelle du n : ou-n, ki-n'ta. C'est surtout la prononciation nasale qui trahit les Français en Espagne.

Résumons :

B V]	se prononcent comme le b français.
C Z]	(pour le C uniquement devant *e* et *i*) se prononcent en plaçant la langue entre les dents.
CH	a le son tch français.
H	est toujours muet.
J G]	(pour le G uniquement devant *e* et *i*) ont un son guttural comme le ch allemand de machen
LL	a à peu près le son mouillé du double l français de briller.
Ñ	a le son du gn français de ignorer
R RR]	(pour le R uniquement au début d'un mot) même roulement que pour le r mais répété plusieurs fois rapidement.
S	a le son français ss.
T	a toujours le son de tutoyer.
X	a le son kx comme dans luxe.
Z	se prononce en plaçant la langue entre les incisives inférieures et supérieures.

*****

3. **L'accent tonique** : Dans tout mot castillan, il y a une syllabe plus fortement articulée que les autres.

Les règles sont extrêmement simples :

En principe, **tout mot terminé par une voyelle est accentué sur l'avant-dernière syllabe.** Ainsi : *amigo, llave, mañana, vaso, tengo,* etc.

Les mots qui font exception portent un accent aigu sur la syllabe à accentuer. Nous avons vu : *médico, está, razón, París,* etc.

Les mots terminés par une consonne portent, en principe aussi, **l'accent sur la dernière syllabe :** *Madrid, usted, venir,* etc. Cependant, **si la consonne finale est un s** (marque du pluriel des noms et adjectifs) **ou un n** (marque du pluriel des verbes, comme en français la terminaison nt), cette règle ne joue pas ; nous aurons donc, au pluriel : *amigos,* etc. Si, par exception à cette règle, un mot terminé par **s** ou **n** doit s'accentuer à la dernière syllabe, il porte un accent aigu : *París, lección, razón,* etc. Comme nous continuerons à indiquer par une lettre en **gras** la syllabe tonique qui se prononce plus fort que les autres, vous n'aurez aucune difficulté de ce côté.

4. **A et en.** Nous avons déjà vu ces prépositions, relisez les notes 1 et 2 de la leçon cinq.

5. Pour les **articles définis et indéfinis,** jettez un coup d'œil sur l'ensemble des notes de la leçon quatre ; vous y trouverez aussi la différence entre **masculin et féminin.**

6. **Le pluriel.** En général nous devons ajouter un **s** aux noms et adjectifs terminés par une voyelle non accentuée : *llave, llaves ; casa, casas ; bonito, bonitos.* Pour les noms et adjectifs terminés par une consonne, nous ajouterons **es** : *razón, razones ; ciudad, ciudades.*

7. **Vouvoiement.** Au début, le fait de devoir changer de forme verbale selon qu'il s'agisse de vouvoyer une personne ou de tutoyer ou vouvoyer plusieurs personnes peut offrir une certaine difficulté ; pour y remédier relisez attentivement la leçon 3.

Lección 7

8. Exercices deuxième vague.

Pour l'instant, limitez-vous à comparer les phrases suivantes avec leur traduction dans le paragraphe 8. Lorsque vous aurez atteint la phase active de votre étude, c'est-à-dire au cours de ce que nous appelons « la deuxième vague » (voir leçon 50), vous essaierez de faire **par écrit** la traduction du français en castillan.

1 Comment vas-tu ? - Très bien. Et toi ?
2 Veux-tu manger demain avec moi ? - D'accord. C'est une bonne idée.
3 Avant d'aller à Burgos, je veux téléphoner à mon amie.
4 As-tu mangé ? - Non, et j'ai faim.
5 Veux-tu une cigarette ? - Non merci, je ne fume pas.
6 Maintenant j'ai envie d'aller au cinéma. - Sais-tu que nous avons un rendez-vous ?
7 Connais-tu mon ami ? - Oui, il est très sympathique.

****

LECCION OCTAVA. (Lek'cion' octava)

Por favor. ¿Puede indicarme...?

1 — Por favor. ¿Sabe usted si hay una gasolinera por aquí? **(1)**
2 — ¿No es usted de aquí, verdad?
3 — No, y estoy un poco perdido.

PRONUNCIACION (pronoun'ciacion'). por fabor. ¿pouédé in'dicarmé...? 1 por favor ¿sabé ousté -- aï -- gaçolinéra -- --? 2 ¿-- éss ousté -- -- vérda? (le d final peut se prononcer mais très légèrement). 3 -- -- ésstoï -- poco pérdido.

facilitez
votre étude

avec les textes
de ce volume enregistrés
sur cassettes

UN ESSAI GRATUIT
VOUS EST OFFERT

Extrait d'enregistrement de trois leçons de ce volume

Expéditeur :

13, rue Gay-Lussac - B.P. 25
94430 CHENNEVIERES s/Marne

Destinataire : ....

....

....

VILLE ....

apprendre une langue étrangère avec le livre Assimil c'est facile et efficace

A l'aide d'un cours Assimil enregistré c'est encore plus facile et plus efficace

faites-en l'essai et jugez vous-même en demandant dès aujourd'hui le test gratuit

- -

Ce bon devant servir d'étiquette d'envoi est à compléter, et à nous adresser sous enveloppe. Joindre 4 F en timbres-poste pour la France et D.O.M. ou équivalent en coupon-réponse International pour l'Etranger.

Je suis intéressé(e) par votre offre gratuite que je désire recevoir **sans engagement de ma part.**

Sur cassette ☐

Titre de votre livre : . . . .

Profession : . . . .

9. **Traduction.**

1   ¿Qué tal estás ? - Muy bien. ¿Y tú?
2   ¿Quieres comer mañana conmigo? - De acuerdo.
    Es una buena idea.
3   Antes de ir a Burgos quiero telefonear a mi amiga.
4   ¿Has comido? - No, y tengo hambre.
5   ¿Quieres un cigarro? - No gracias, no fumo.
6   Ahora tengo ganas de ir al cine. - ¿Sabes que
    tenemos una cita?
7   ¿Conoces a mi amigo? - Sí, es muy simpático.

****

HUITIEME LEÇON

S'il vous plaît (par faveur). Pouvez-vous m'indiquer... ?

1 — S'il vous plaît (par faveur). Savez-vous s'il y a une
     pompe à essence par ici ?
2 — Vous n'êtes pas d'ici, n'est-ce pas ? (vérité ?).
3 — Non, et je suis un peu perdu.

NOTES

(1) *Hay* (aï) signifie : il y a, ou : y a-t-il, selon le sens de la phrase. C'est
une forme **impersonnelle** du verbe *haber* qui a le sens de : y avoir.

4 — No se preocupe, hay una muy cerca de aquí.
5 ¿Dónde tiene usted el coche?
6 — Es el rojo que está aparcado detrás del blanco.
7 — Muy bien. La más próxima no está lejos.
8 ¿Ve usted el semáforo?
9 Para llegar a la gasolinera, tiene que girar a la derecha después del semáforo. (2) (3)
10 — Muchas gracias por la información. Adiós. (4)

4 -- sé préocoupé aï -- moui cerca -- aki. 5 ¿don'dé -- oussté -- co'tche? 6 -- -- roHo ké éssta aparcado détrass dél blan'co. 7 -- bién' -- -- prok'sima -- -- léHos. 8 ¿bé -- -- sémaforo. 9 para *ll*egar -- -- gaçolinera -- ké Hirar -- -- déré'tcha despouéss del sémaforo. 10 mou'tchass graciass por -- in'formacion' adioss.

Nous supprimons de la prononciation les mots qui n'offrent aucune difficulté, votre lecture en sera facilitée.

EXERCICE : 1. Hay un coche en la calle. **2.** ¿Dónde está Pablo? **3.** No se preocupe. **4.** El rojo es para Ana. **5.** Muy bien. **6.** El vaso está detrás del niño. **7.** Por aquí.

4 — Ne vous en faites pas (ne vous préoccupez pas). Il
    y [en] a une très près d'ici.
5   Où avez-vous la voiture ? [Oú est votre voiture ?]
6 — C'est la rouge qui est garée derrière la blanche.
7 — Très bien. La plus proche n'est pas loin.
8   Voyez-vous le feu tricolore ? (sémaphore ?).
9   Pour arriver à la pompe à essence, vous devez
     (avez que) tourner à droite (à la droite) après le feu
     tricolore.
10 — Merci beaucoup pour le renseignement. Adieu.

(2) *Para* est la préposition que l'on emploie pour désigner le but ou la
    destination : *Tengo una llave para usted :* j'ai une clé pour vous.
(3) L'obligation personnelle : ''devoir + infinitif'' ou ''il faut que +
    subjonctif'' se rendent généralement par **tener que** (à la personne
    convenable) + **infinitif**. *Tengo que hablar:* je dois parler, ou il faut
    que je parle.
(4) *Por* est la préposition qui traduit le mouvement dans un cadre
    délimité, et marque les rapports de cause ou d'échange : *gracias por
    la información :* merci pour le renseignement.

*****

*Rappelez-vous qu'il n'est pas nécessaire pour l'instant
d'apprendre chaque leçon « à fond » avant de passer à la
suivante ; les îlots de résistance se trouveront débordés et
tomberont d'eux-mêmes au fur et à mesure que vous
avancerez.*

Par contre, **n'oubliez pas**

- de prononcer plus intensément les syllabes en gras
  (accent tonique) au détriment du reste du mot ;
- que toutes les voyelles se prononcent ;
- de rouler fortement les *rr*.

*****

EXERCICE : Il y a une voiture dans la rue. **2.** Où est Pablo ? **3.** Ne vous
en faites pas. **4.** Le rouge est pour Ana. **5.** Très bien. **6.** Le verre est
derrière l'enfant. **7.** Par ici.

EXERCICE DE CONTROLE

Ponga las palabras que faltan. (pon'ga lass palabrass ké faltan')

(Mettez les mots qui manquent)

1 *Il y a une pompe à essence près d'ici.*

. . . una gasolinera . . . . . de . . . .

2 *Je suis un peu perdu / très fatigué.*

Estoy . . . .

Estoy . . . .

3 *Ne vous en faites pas.*

. . . . . preocupe.

****

LECCION NOVENA. (Lek'cion' novena)

La hora

1 Antes de acostarse.
2 — ¿Qué hora es?
3 — Son las diez y cuarto. (1)
4 — Voy a acostarme.
5 — ¿Mañana vas a madrugar? (2)

PRONUNCIACION (pronoun'ciacion'). la ora. 1 an'téss -- acosstarssé. 2 ¿ké ora --? 3 son' lass dièç -- couarto. 4 voï -- acosstarmé. 5 ¿magnana -- -- madrougar?

4 *S'il vous plaît. / Merci.*

. . . .

. . . .

5 *Vous êtes à droite / derrière la voiture.*

Usted   . . . .   a   . .   . .

Usted   . . . .   coche.

6 *Après manger / après vous.*

. . . .   comer.

. . . .   de usted.

CORRIGE DE L'EXERCICE : 1 hay - cerca - aquí. 2 un poco perdido /
muy cansado. 3 no se. 4 por favor / gracias. 5 está - la derecha / está
detrás del. 6 después de / después.

****

NEUVIEME LEÇON

L'heure

1   Avant de se coucher.
2 — Quelle heure est-il ?
3 — Il est dix heures et quart (sont les dix et quart).
4 — Je vais me coucher.
5 — Demain vas-tu te lever de bonne heure ?

NOTES

(1) Sauf pour indiquer qu'**il est une heure** (es la una), nous allons
trouver toujours la formule *son las* (au pluriel) (sont les). Ainsi : *son
las ocho y media :* il est huit heures et demie (sont les huit et demie).
Nous y reviendrons dans la prochaine leçon de révision.

(2) *Madrugar* c'est un beau verbe castillan qui veut dire se-lever-de-
bonne-heure. C'est un verbe à l'infinitif en *ar* donc : *yo madrugo, tú
madrugas, él madruga...*

6 — Sí. ¿Puedes despertarme a las siete?
7 — ¿Por qué no pones tu despertador? (3)
8 — Porque el muelle está roto.
9 — Entonces, de acuerdo. Buenas noches.
10 — Buenas noches. Hasta mañana.

6 -- ¿pouédéss déspértarmé -- lass siéte?
7 ¿por ké -- ponéss -- déspértador? 8 porké -- mouélle -- roto (roulez fort le r). 9 én'ton'céss -- acouérdo. bouénass no'tchéss. 10 -- -- asta magnana.

EXERCICE : 1. ¿Qué hora es? 2. Antes de comer. 3. Ana va a madrugar. 4. Voy a irme a casa. 5. ¿Por qué no vienes al cine? 6. Porque no tengo ganas. 7. Son las cinco y cuarto.

EXERCICE DE CONTROLE
Ponga las palabras que faltan. (pon'ga lass palabrass ké faltan')

(Mettez les mots qui manquent)

1 *Quelle heure est-il / s'il vous plaît ?*

   ¿ . . . . ?

   ¿ . . . . ?

2 *Il est une heure cinq / et demie.*

   . . la . . . .

   . . la . . . .

3 *Pourquoi ne viens-tu pas avec moi / demain ?*

   ¿ . . . . . no vienes . . . . . . ?

   ¿ . . . . . no vienes . . . . . ?

4 *Parce que je ne peux pas / je vais avec Ana.*

   . . . . . . no . . . . . .

   . . . . . . voy . . . Ana.

6 — Oui. Peux-tu me réveiller à sept heures ? (à les sept).

7 — Pourquoi ne mets-tu pas ton réveil ?

8 — Parce que le ressort est cassé.

9 — Alors d'accord. Bonne nuit (Bonnes nuits).

10 — Bonne nuit. A demain (jusqu'à demain).

(3) *Por qué* : pourquoi ; *porque* (en appuyant sur o) : parce que (vous le trouverez dans la phrase suivante).

EXERCICE : 1. Quelle heure est-il ? 2. Avant de manger. 3 Ana va se lever de bonne heure. 4. Je vais m'en aller à la maison. 5. Pourquoi ne viens-tu pas au cinéma ? 6. Parce que je n'en ai pas envie. 7. Il est cinq heures et quart.

Renvois. *Si, dans la leçon quotidienne, un mot, une tournure de phrase ou un détail de prononciation persiste à vous échapper, faites un* **renvoi** *: soulignez le passage, puis tournez quelques pages du livre et inscrivez, en marge, le numéro de la page où se trouve la difficulté. Quand vous retrouverez ce renvoi quelques jours plus tard, il est fort possible que la difficulté aura disparu, étant donné que nous approfondissons dans les leçons suivantes ce que nous avons vu auparavant. En cas de persistance, faites un nouveau renvoi.*

5 *Alors, à demain / bonne nuit.*

. . . . mañana.

. . . . buenas . . . . .

CORRIGE DE L'EXERCICE : 1 qué hora es / qué hora es por favor. 2 es - una y cinco / es - una y media. 3 por qué - conmigo / por qué - mañana. 4 porque - puedo / porque - con. 5 entonces hasta / entonces - noches.

LECCION DECIMA. (Lek'cion' décima)

Ser - Estar (1)

1 Yo estoy contigo.
2 Tú estás cansada.
3 Hoy está ocupado.
4 Ellos están en la habitación.
5 Vosotras estáis con ellos.
6 Nosotros estamos en Barcelona.
7 Ya conocemos este tipo de construcción. Pero...
8 Yo soy francés.
9 Tú eres una mujer.
10 Es la una.
11 Nosotras somos jóvenes.
12 Vosotros sois inteligentes.
13 Las mesas son pequeñas.

PRONUNCIACION (pronoun'ciacion'). **1** -- -- con'tigo. **2** -- -- can'ssada. **3** oï -- ocoupado. **4** él/loss -- -- -- abitacion'. **5** vossotrass ésstaiss con' él/loss. **6** nossotross -- -- barcélona. **7** ya conocémoss éssté tipo -- con'strouk'cion'. péro... **8** -- soï fran'céss. **9** -- éréss -- mouHer. **11** -- somoss Hobénéss. **12** -- soiss in'teliHén'téss. **13** -- méçass sson' pékégnass.

EXERCICE : 1. Están contigo. 2. La taza es grande. 3. Yo soy joven. 4. Son las cuatro de la mañana. 5. Tú eres española. 6. Vosotros sois simpáticos. 7. Nosotras somos hermanas.

EXERCICE DE CONTROLE
Ponga las palabras que faltan. (pon'ga lass palabrass ké faltan')

(Mettez les mots qui manquent)

1 *Je suis occupée / à la maison.*

Yo . . . . . ocupada.

Yo . . . .

DIXIEME LEÇON

Etre

1 Je suis avec toi.
2 Tu es fatiguée.
3 Aujourd'hui il est occupé.
4 Ils sont dans la chambre (habitation).
5 Vous êtes avec eux.
6 Nous sommes à (en) Barcelone.
7 Nous connaissons déjà ce type de construction. Mais...
8 Je suis français.
9 Tu es une femme.
10 Il est une [heure] (l'une).
11 Nous sommes jeunes.
12 Vous êtes intelligents.
13 Les tables sont petites.

NOTES

(1) Au verbe être français correspondent les verbes *ser* et *estar* en castillan.

Ser exprime les caractéristiques inhérentes, essentielles, indépendantes des circonstances du sujet : *Soy francés :* je suis Français ; *eres una mujer :* tu es une femme.

Estar exprime tout ce qui tient aux circonstances ; le lieu, la situation dans le temps, l'état physique ou moral : *Ana está en casa :* Anne est à la maison ; *estoy cansado :* je suis fatigué.

EXERCICE : 1. Ils sont avec toi. 2. La tasse est grande. 3. Je suis jeune. 4. Il est quatre heures du matin. 5. Tu es Espagnole. 6. Vous êtes sympathiques. 7. Nous sommes sœurs.

LA TAZA ES GRANDE

2 *Vous êtes françaises / avec eux*

Vosotras . . . . francesas.

Vosotras . . . .

3 *Es-tu allé / jeune ?*

¿ . . . . . . ?

¿ . . . joven?

****

LECCION ONCE

Quiero hablar castellano

1 Ahora hablamos francés.
2 Queremos hablar también castellano.
3 — ¡Hola, Juan! **(1)**
4 — ¡Carmen! ¿Adónde vas? **(2)**
5 — Voy a clase. Me he puesto a estudiar francés.
6 El próximo verano quiero ir de vacaciones a Córcega.
7 ¿Tú no estudias ninguna lengua?
8 — Hablo un poco francés, pero con mucho acento.

PRONUNCIACION : kiéro ablar casstél/ano. **1** -- ablamos --. **2** kérémoss ablar -- casstél/ano. **3** ola Houan'. **4** ¡carmen'! ¿adon'dé --? **5** -- classé mé -- pouéssto -- éstoudiar --. **6** -- bérano -- vacacionéss -- corcéga. **7** -- éstoudiass nin'gouna lén'goua (évitez le son nasal en). **8** ablo -- acén'to.

4   *La maison est blanche / à Barcelone.*

La casa   . .   . .

La casa   . . . .   . .   Barcelona.

5   *Nous sommes sympathiques / à la caféteria.*

Nosotros   . . . .   simpáticos.

Nosotros   . . . .   cafetería.

CORRIGE DE L'EXERCICE : **1** estoy / estoy en casa. **2** sois / estáis con ellos. **3** has ido / eres. **4** es blanca / está en. **5** somos / estamos en la.

****

ONZIEME LEÇON

Je veux parler castillan

1   Maintenant, nous parlons français.
2   Nous voulons parler aussi castillan.
3   — Salut, Juan !
4   — Carmen ! Où vas-tu ?
5   — Je vais en (à) classe. Je me suis (m'ai) mise à étudier [le] français.
6   L'été prochain, je veux aller en (de) vacances en (à) Corse.
7   N'étudies-tu aucune langue ?
8   — Je parle un peu français, mais avec beaucoup d'accent.

NOTES

(1) *Hola* n'a pas de correspondant en français. C'est à peu près la même chose que le *hello* anglais. Nous l'avons traduit en français par *salut* parce que *hola* est moins formel comme salutation. Autrement, on dit : *buenos días,* le matin ; *buenas tardes,* l'après-midi et *buenas noches,* le soir, et lorsqu'on va se coucher.

(2) En règle générale, *donde* (nous l'avons vu dans la huitième leçon) exprime une idée de localisation ; *¿Dónde estás?* : où es-tu ? tandis que *adonde* indique un mouvement ; *¿Adónde va?* : Où va-t-il ? *Donde* et *adonde* prennent un accent aigu dans les phrases interrogatives et exclamatives.

9 — ¿Por qué no vienes conmigo? Tengo un
    buen profesor.
10 — Actualmente no tengo tiempo.
11   Pero estudio un poco cada día en casa.

9 -- bouén' proféçor. 10 ak'toualmén'té --. 11 péro
éstoudio -- cada día.

*A partir de maintenant, vous ne trouverez, dans la
prononciation figurée, que les mots nouveaux. Nous allons
l'alléger progressivement. L'important est d'habituer votre
œil au texte castillan, vous pouvez vérifier par la suite la
prononciation.*

*****

EXERCICE : 1. Nosotros hablamos francés. 2. ¿Adónde
vas? 3. ¿Dónde estás? 4. Las vacaciones de verano. 5. No
tengo ninguna hermana. 6. Es un buen amigo. 7. Estudio
un poco cada día.

*****

Sans chercher encore à apprendre la conjugaison des
verbes, examinons-les (comme s'il s'agissait d'insectes
inconnus). Nous voyons trois variétés : *Hablar :* parler ;
comer : manger ; *vivir :* vivre. Ce sont les trois conjugaisons castillanes : infinitifs en *ar, er* et *ir.* Une de moins
qu'en français !
La première personne du présent se termine toujours en
o : yo hablo : je parle ; *yo como :* je mange ; *yo vivo :* je
vis. Il s'agit bien entendu des verbes réguliers ; dans les
verbes irréguliers, nous avons vu : *yo voy:* je vais, etc. La
troisième personne du singulier en *a* pour les verbes à
l'infinitif en *ar* et en *e* pour les autres : *usted habla:* votre
grâce parle, etc.
Nous y reviendrons.

9 — Pourquoi ne viens-tu pas avec moi ? J'ai un bon professeur.
10 — Actuellement, je n'ai pas [le] temps.
11 Mais j'étudie un peu chaque jour à (en) [la] maison.

EXERCICE : 1. Nous parlons français. 2. Où vas-tu ? 3. Oú es-tu ? 4. Les vacances d'été. 5. Je n'ai aucune sœur. 6. C'est un bon ami. 7. J'étudie un peu chaque jour.

*****

EXERCICE DE CONTROLE
Ponga las palabras que faltan.

(Mettez les mots qui manquent)

1 *Nous voulons parler aussi avec vous / aller.*

Queremos . . . . vosotros.

Queremos . . . . vosotros.

2 *L'été prochain, je veux étudier le castillan.*

. . . . quiero . . . . el

castellano.

3 *Je n'ai pas le temps / envie.*

No . . . .

No tengo . . . . .

4 *Où es-tu ? / vas-tu ?*

¿ . . . . . estás?

¿ . . . . . . vas?

****

LECCION DOCE

Entre vecinos

1 Esta familia está de vacaciones. **(1)**
2 — ¿Dónde viven ustedes?
3 — Vivimos aquí. Esta casa es la nuestra.
4 — ¿Tienen niños?
5 — Sí. Este niño es nuestro hijo Rafael.
6 Y la pequeña, que ustedes ven en el balcón, es nuestra hija Teresa.
7 ¿Quieren subir a tomar el café?
8 — Con mucho gusto. Además, Cecilia podrá hacer una amiga. **(2)**
9 Estamos de vacaciones y no conocemos a nadie aquí.

PRONUNCIACION: en'tré bécinoss. 1 éssta familia --. 2 -- vivén' --. 3 vivimoss -- nouéstra. 5 éssté -- nouéstro iHo rafael. 6 -- vén' -- balcon' -- iHa téréça. 7 kiéren' --. 8 -- gousto adémass cécilia podra acér --. 9 -- conocémoss -- nadié --.

NOTES

(1) Nous introduisons ici les adjectifs démonstratifs. Attention à ne pas confondre le féminin *esta* (cette), accent tonique sur le e, et *está* (il est), accent sur le a.

5 *Tu n'as aucun rendez-vous / ami.*

No tienes . . . . . . cita.

No tienes . . . . . amigo.

CORRIGE DE L'EXERCICE : 1 hablar también con. / ir también con. **2** el verano próximo - estudiar. **3** tengo tiempo / ganas. **4** dónde / adónde. **5** ninguna / ningún.

****

DOUZIEME LEÇON

Entre voisins

1 Cette famille est en (de) vacances.
2 — Où habitez (vivez) vous ?
3 — Nous vivons ici. Cette maison est la nôtre.
4 — Avez-vous [des] enfants ?
5 — Oui, cet enfant est notre fils Rafael.
6 Et la petite que vous voyez sur (en) le balcon est notre fille Teresa.
7 Voulez-vous monter (à) prendre le café ?
8 — Avec plaisir (beaucoup goût). En plus, Cecilia pourra [se] faire une amie.
9 Nous sommes en vacances et nous ne connaissons (à) personne ici.

*****

NOTES

(1) **Ce, cette, ces.** *Este niño, esta familia:* cet enfant, cette famille ; *estos vasos, estas casas:* ces verres, ces maisons. *Ese balcón, esa mesa:* ce balcon-là, cette table-là ; *esos cigarros, esas tazas:* ces cigarettes-là, ces tasses-là. (N'oubliez pas que le s reste dur entre deux voyelles). Si vous voulez en savoir plus sur les démonstratifs, consultez la leçon 28.
(2) Dans *además* (en plus, en outre) vous trouvez *más:* plus.

10 — ¿Les molesta si nos tuteamos?
11 — Al contrario, nosotros no estamos acos-
    tumbrados a esas formalidades.
12 — Tanto mejor, nosotros tampoco.

10 -- moléssta -- toutéamoss?

11 -- con'trario -- acosstoum'bradoss -- écass formalidadéss. 12
tan'to méHor -- tam'poco.

EXERCICE : 1. Estoy de vacaciones. 2. Esta mujer tiene
un hijo. 3. Este coche es rojo. 4. Nuestra hija está en
Francia. 5. No conocemos a nadie. 6. Esas mesas son
pequeñas. 7. Al contrario. 8. Tanto mejor. 9. Yo
tampoco.

*****

EXERCICE DE CONTROLE
Ponga las palabras que faltan.

(Mettez les mots qui manquent)

1 *Cet enfant est notre fils Rafael.*

   . . . . niño . . . . Rafael.

2 *Tant mieux, nous aussi / nous non plus.*

   . . . ., nosotros . . . .

   . . . ., nosotros . . . .

3 *Nous vivons ici / près de la pompe à essence.*

   Nosotros . . . .

   Nosotros . . . . de la gasolinera.

10 — [Cela] vous gêne-t-il (les gêne) si nous nous tutoyons ?

11 — Au contraire, nous ne sommes pas habitués (accoutumés) à ces formalités.

12 — Tant mieux, nous non plus.

EXERCICE : 1. Je suis en vacances. **2.** Cette femme a un fils. **3.** Cette voiture est rouge. **4.** Notre fille est en France. **5.** Nous ne connaissons personne. **6.** Ces tables-là sont petites. **7.** Au contraire. **8.** Tant mieux. **9.** Moi non plus.

ESTA FAMILIA ESTÁ DE VACACIONES

4 *Au contraire, cela ne me gêne pas / il est habitué.*

. . . . , . . . no me molesta.

. . . ., él . . . . acostumbrado.

5 *Nous ne connaissons personne ici / pas sa sœur.*

Nosotros . . conocemos . . . .

Nosotros . . conocemos . . . hermana.

CORRIGE DE L'EXERCICE : 1 este - es nuestro hijo. **2** tanto mejor - también / tanto mejor - tampoco. **3** vivimos aquí / vivimos cerca. **4** al contrario, eso / al contrario, - está. **5** no - a nadie aquí / no - a su.

Lección 12

LECCION TRECE.

Un poco de todo

1   ¿Hay vino para cenar?
2   He pagado veinte pesetas por la leche.
3 — Es la una y diez.
4 — No, son las dos y cuarto.
5 — ¿Por qué no vas?
6 — Porque José va a llegar ahora.
7   Eres un hombre.
8   Estás en la ciudad.
9   ¿Dónde estamos?
10   ¿Adónde vamos?
11   En esta calle, hay mucha circulación.
12   Esas camisas no son caras.

PRONUNCIACION: 1 -- bino (rappelez-vous qu'en castillan le b et le v ne se distinguent pas à la prononciation. 2 -- pagado -- pécétass -- lé'tché. 6 Hossé --. 7 om'bré --. 11 circoulacion'. 12 -- camissass --.

EXERCICE : 1. Un poco de todo. 2. Son las cinco y cinco. 3. Esas casas son caras. 4. Eres joven. 5. ¿Por qué no vienes con nosotros? 6. He pagado quince pesetas. 7. ¿Hay muchos niños?

EXERCICE DE CONTROLE.
Ponga las palabras que faltan.

(Mettez les mots qui manquent)

1 *J'ai payé peu / treize pesetas.*

Yo . . . .

Yo . . . . pesetas.

2 *Ces voitures-là sont chères / rouges.*

. . . .   coches . . . .

. . . .   coches . . . .

TREIZIEME LEÇON

Un peu de tout

1 Y a-t-il [du] vin pour dîner ?
2 J'ai payé vingt pesetas pour le lait.
3 — Il est (la) une [heure] (et) dix.
4 — Non, il est (sont les) deux [heures] et quart.
5 — Pourquoi n'[y] vas-tu pas ?
6 — Parce que José va (à) arriver maintenant.
7 Tu es un homme.
8 Tu es dans la ville.
9 Où sommes-nous ?
10 Où allons-nous ?
11 Dans cette rue il y a beaucoup [de] circulation.
12 Ces chemises-là ne sont pas chères.

EXERCICE : 1. Un peu de tout. 2. Il est cinq heures cinq. 3. Ces maisons-là sont chères. 4. Tu es jeune. 5. Pourquoi ne viens-tu pas avec nous ? 6. J'ai payé quinze pesetas. 7. Y a-t-il beaucoup d'enfants ?

EN ESTA CALLE, HAY MUCHA CIRCULACIÓN

Pas de notes dans cette leçon. Elle est un « concentré » composé de tout ce que nous avons vu dernièrement. Lisez-la en essayant de vous rappeler ce que vous savez déjà et vous verrez que les difficultés peuvent se surmonter. Néanmoins, si vous avez un problème, sachez que vous pouvez regarder les notes de la leçon 8 pour les phrases 1 et 2 ; de la leçon 9 pour 3, 4, 5 et 6 ; de la leçon 10 pour 7 et 8 ; de la 11 pour 9 et 10 ; de la 12 pour 11 et 12.

3 *Tu es Français / à la maison.*

Tú . . . . francés.

Tú . . . . casa.

4 *Il est une heure et quart / trois heures moins le quart.*

. . la . . . .

. . . las . . . . menos . . . . . .

****

LECCION CATORCE.

QUATORZIEME LEÇON

Revisión y notas.

1. **Les diphtongues.** — Il y a trois voyelles, dites
« fortes » qui ne peuvent s'amalgamer pour former une
seule syllabe : *a, o, e.* (Pour vous rappeler : les trois
voyelles « fortes » sont contenues dans : **« la force ».**)
Les diphtongues, c'est-à-dire l'union de deux voyelles en
une seule syllabe, une seule émission de voix, sont
formés d'une voyelle forte *(a, o, e)* et d'une faible *(u, i, y),*
ou de deux faibles. Dans le premier cas, c'est le son de la
forte qui domine, à moins qu'un accent n'indique le
contraire. Ainsi : *yo voy, hoy:* je vais, aujourd'hui, ou
encore : *el viaje, siete:* le voyage, sept ; mais *el día,
todavía:* le jour, encore.
Avec deux voyelles faibles, c'est le son de la deuxième
qui domine : *muy:* très ; *viuda:* veuve.
Deux voyelles fortes ne s'unissent pas ; ainsi : *veo, creo:*
je vois, je crois, sont des mots de deux syllabes.

5 *Où vas-tu aller maintenant ? / demain ?*

¿ . . . . . . vas . . . . ?

¿ . . . . . . vas . . . . ?

CORRIGE DE L'EXERCICE : **1** he pagado poco / he pagado trece. **2** esos - son caros / esos - son rojos. **3** eres / estás en. **4** es - una y cuarto / son - tres - cuarto. **5** adónde - a ir ahora / adónde - a ir mañana.

Arrivez-vous à répéter chacune des phrases, sans regarder, aussitôt après l'avoir lue ? N'oubliez pas que c'est surtout grâce à cet exercice que vous arriverez peu à peu à **penser en castillan.**

****

2. La prononciation. — Vous connaissez déjà les sons particuliers au castillan et nous ne nous en occuperons plus dans les leçons de révision. Lorsqu'il s'agira de préciser certaines nuances ou finesses de la prononciation, nous le ferons dans les notes des leçons correspondantes.

3. Pour se dit *para* quand il indique le but, la destination : *tenemos vino para cenar:* nous avons du vin pour dîner ; *este café es para usted:* ce café est pour vous ; *un billete para Alicante:* un billet pour Alicante.
Mais : *estoy aquí por unos días:* je suis ici pour quelques jours ; *yo contestaré por usted:* je répondrai pour vous ; etc.

¿Por qué?: Pourquoi (pour quelle cause) ?
¿Para qué?: Pourquoi faire (dans quel but) ?

Por et *para,* comme *ser y estar,* sont d'un emploi délicat au début ; nous ne vous donnerons pas des listes de règles à mémoriser qui finiraient par vous lasser. Par contre, nous commenterons ces difficultés au fur et à mesure que le texte nous les offrira. Les exemples vivants ont toujours une autre force.
Relisez les notes 2 et 3 de la leçon huit.

4. **L'heure.** — Il est deux heures et quart : *son las dos y cuarto.* Il est trois heures moins le quart : *son las tres menos cuarto.* Moins vingt : *menos veinte.* Il est quatre heures dix : *son las cuatro y diez.* Pour une heure, c'est le singulier : *es la una.* Il est midi et demi : *son las doce y media.* Si c'est minuit, on ajoute *de la noche:* de la nuit. A midi, à minuit, quand il ne s'agit pas de l'heure précise, se disent : *a mediodía, a medianoche.*

5. **Ser** et **estar.** — Relisez les notes de la leçon dix. Remarquez : *soy así:* je suis comme ça ; et *estoy cansado:* je suis fatigué. Dans le premier cas c'est ma nature, dans le deuxième cas c'est mon état actuel et non de nature. **Ser** fait donc référence aux qualités inhérentes ou durables du sujet. **Estar** est utilisé lorsqu'il s'agit d'un état dépendant des circonstances ou de l'indication d'un lieu (c'est-à-dire : quand être peut se remplacer par se trouver, être situé).
Ainsi : *soy un hombre:* je suis un homme. Et d'autre part : *estoy contento:* je suis content.
Mais il y a des nuances et des cas particuliers, que nous verrons à mesure qu'ils se présenteront.
Dans *estoy,* l'accent est sur la syllabe finale, *toy;* en ce qui concerne la règle de l'accentuation (leçon 7), le *y* final est considéré comme une consonne.

6. **Onzième** se dit *undécimo.* Ainsi : *lección* (fem.) *undécima.* Douzième : *duodécimo ;* treizième : *décimo tercero ;* quatorzième : *décimo cuarto,* etc. Mais dans la pratique, à partir de onze, on emploie les nombres

cardinaux : *once, doce,* etc. Ainsi : *el siglo décimo:* le dixième siècle ; mais : *el siglo quince:* le quinzième siècle (siècle quinze) ; *el siglo veinte :* le vingtième siècle (siècle vingt). De même pour les rois : Charles V : *Carlos Quinto* (cinquième) que l'on appelle d'ailleurs en France Charles-Quint ; mais *Alfonso Trece:* Alphonse XIII, et non Trei-zième, qui serait *décimo tercero,* ce qui est vraiment trop long à dire.

*****

7. **A écrire en castillan** (deuxième vague) :

1   Y a-t-il beaucoup de circulation maintenant ? - Oui, parce qu'il est sept heures.
2   A quelle heure veux-tu y aller ? - A huit heures, si cela ne te gêne pas.
3   Aujourd'hui nous sommes à Barcelone et demain nous allons à Madrid.
4   Pourquoi ne viens-tu pas avec moi ? - Parce que je vais en classe.
5   Notre fils est en classe avec cette fille. - Le nôtre aussi.
6   Ta maison est-elle loin ? - Non, elle est très près d'ici.

8. **Traduction.**

1   ¿Hay mucha circulación ahora? - Sí, porque son las siete.
2   ¿A qué hora quieres ir? - A las ocho, si no te molesta.
3   Hoy estamos en Barcelona y mañana vamos a Madrid.
4   ¿Por qué no vienes conmigo? - Porque voy a clase.
5   Nuestro hijo está en clase con esta niña. - El nuestro también.
6   ¿Tu casa está lejos? - No, está muy cerca de aquí.

LECCION QUINCE.

Voy al mercado

1   Voy a hacer la plaza. (1)
2   Elena estudia en su habitación.
3 — Voy a hacer las compras.
4   ¿Necesitas algo? (2)
5 — Sí. ¿Quieres comprarme el periódico, por favor? (3)
6   Antes de irte, ¿puedes decirme dónde está el diccionario de inglés?
7 — Creo que está en el cuarto de estar.
8   Va a faltarme dinero.
9   ¿Puedes darme doscientas pesetas?
10 — Hay dinero en el cajón del armario.
11   ¿Puedes traerme también tabaco?
12 — Sí. Además tengo que comprar para mí. (4)
13   Hasta luego.

PRONUNCIACION: mércado 2 éléna 3 com'prass 4 nécéssitass algo 5 com'prarmé --- périodico 6 irté - décirmé --- dikcionario in'gléss 8 faltarmé dinéro 9 darmé dosscien'tass 10 caHon' --- armario 11 traermé 13 louégo.

HAY DINERO EN EL CAJÓN DEL ARMARIO

EJERCICIO : 1. ¿Necesitas algo? 2. ¿Quieres hacerme esto? 3. Voy a decirte algo. 4. Tengo bastante dinero. 5. Además puedo comprarte un libro. 6. En el cuarto de estar hay un armario. 7. Hasta luego.

QUINZIEME LEÇON

Je vais au marché

1   Je vais faire le marché (la place).
2   Elena étudie dans sa chambre.
3 — Je vais faire les courses (achats).
4   As-tu besoin de quelque chose ?
5 — Oui. Veux-tu m'acheter le journal, s'il te plaît ?
6   Avant de t'[en] aller, peux-tu me dire où est le dictionnaire d'anglais ?
7 — Je crois qu'il est dans la salle de séjour.
8   Il va me manquer [de l']argent.
9   Peux-tu me donner deux cents pesetas ?
10 — Il y a [de l']argent dans le tiroir de l'armoire.
11   Peux-tu me rapporter aussi [du] tabac ?
12 — Oui. En plus il faut que j'[en] achète pour moi.
13   A tout à l'heure (jusqu'à après).

*****

NOTES

(1) Dans le temps, le marché se trouvait sur la place du village ou de la ville et les gens, lorsqu'ils allaient faire leurs courses, disaient : « *Voy a la plaza* »: je vais à la place. Cette expression est restée et aujourd'hui nous l'entendons tous les jours de même que « *Voy a hacer la plaza* »: je vais faire la place, et ceci même si les courses ne se font pas sur la place ni au marché au sens propre.
La phrase numéro trois est aussi très courante.

(2) *Necesitar:* avoir besoin de. *Necesidad:* besoin, nécessité.

(3) A l'infinitif, à l'impératif et au gérondif (nous verrons ces deux dernières formes par la suite), le pronom complément se place toujours après le verbe et se soude à lui. C'est ce que l'on appelle le pronom enclitique. Ainsi : *decirme:* me dire ; *irte:* t'en aller ; *faltarme:* me manquer, etc.

(4) Rappel. Dans la leçon 6, nous avons vu que *tener* suivi de *que* a un sens de devoir. Voilà ici un exemple : *tengo que comprar:* il faut que j'en achète (je dois en acheter).

EXERCICE : 1. As-tu besoin de quelque chose ? 2. Veux-tu me faire ceci ? 3. Je vais te dire quelque chose. 4. J'ai assez d'argent. 5. En plus je peux t'acheter un livre. 6. Dans la salle de séjour, il y a une armoire. 7. A tout à l'heure.

EJERCICIO DE CONTROL
Ponga las palabras que faltan:

1 *Je vais faire le marché / les achats.*

. . . .   la plaza.

. . . .   las . . . . . .

2 *Veux-tu m'acheter le journal ? / du lait ?*

¿ Quieres . . . . ?

¿ Quieres . . . . ?

3 *As-tu besoin de quelque chose ?*

¿ . . . . ?

****

LECCION DIECISEIS.

El imperativo y el pronombre

1 Dame la mano. **(1)**
2 ¿Me das la mano?
3 Date prisa. **(2)**
4 ¿Te das prisa?
5 Amaos los unos a los otros.
6 ¿Os amáis los unos a los otros?

PRONUNCIACION: im'pérativo pronom'bré. **1** damé ... mano. **3** daté priça **5** amaoss

4 *Peux-tu me laisser treize pesetas ?*

¿ . . . . ?

5 *As-tu de l'argent ? / du tabac ?*

¿ . . . . ?

¿ . . . . ?

CORRIGE DE L'EXERCICE : 1 voy a hacer. / voy a hacer - compras. 2 comprarme el periódico. / comprarme leche. 3 necesitas algo. 4 puedes dejarme trece pesetas. 5 tienes dinero. / tienes tabaco.

****

SEIZIEME LEÇON

L'impératif et le pronom

1 Donne-moi la main.
2 Me donnes-tu la main ?
3 Dépêche-toi (donne-toi hâte).
4 Te dépêches-tu ? (te donnes-tu hâte ?)
5 Aimez-vous les uns les autres (aux autres).
6 Vous aimez-vous les uns les autres ? (aux autres ?)

NOTES

(1) Comme nous l'avons dit dans la leçon précédente, le pronom complément se soude aussi à l'impératif. Ainsi les pronoms *me, te, nos, os,* sont « collés » aux formes des personnes correspondantes.
(2) *Darse prisa* (se donner hâte) veut dire : se dépêcher, se hâter. *Tener prisa* est rendu en français par : être pressé.

7 Déjeme este sitio. (3)
8 ¿Me deja este sitio?
9 Escríbannos mañana. (4)
10 ¿Nos escriben mañana?

7 déHémé ... sitio (ne dites pas "sisio"; n'oubliez pas que le **t** se prononce toujours t). 9 esscriban'noss.

*****

EJERCICIO: 1. Dame mi taza, por favor. **2.** Déjame el periódico. **3.** Daos prisa. **4.** Escríbenos mañana. **5.** ¿Me dejas este sitio? **6.** Mañana te veo. **7.** Ahora no te dejan.

EJERCICIO DE CONTROL
Ponga las palabras que faltan:

1 *Donne-moi la main / le verre.*

. . . .

. . . .

2 *Dépêche-toi.*

. . . .

3 *Veux-tu me laisser un peu de place ?*

¿Quieres . . . . ?

4 *Ecris-moi demain / Viens-tu demain ?*

. . . .

¿ . . . . ?

****

7   Laissez-moi cette place.
8   Me laissez-vous cette place ?
9   Ecrivez-nous demain.
10   Nous écrivez-vous demain ?

(3) Nous avons vu à la troisième leçon que le vouvoiement castillan se fait avec la troisième personne du singulier lorsque nous nous adressons à une seule personne et avec la troisième personne du pluriel lorsqu'il s'agit de vouvoyer plusieurs personnes (exemples dans les phrases 9 et 10).

(4) Même si nous allons examiner l'impératif plus tard (si vous le souhaitez, vous pouvez consulter dès maintenant la leçon 84), voyons dès à présent quelques particularités :
Formation : verbes en *-ar* = radical + *-a* ou *-ad: habla, hablad* (parle, parlez). Verbes en *-er* = radical + *-e* ou *-ed: come, comed* (mange, mangez). Verbes en *-ir:* radical + *-e* ou *-id: escribe, escribid* (écris, écrivez).
Vouvoiement : compte tenu du fait que le castillan vouvoie avec la 3ᵉ personne du singulier (une seule personne) et avec la 3ᵉ personne du pluriel (plusieurs personnes), il faudra "aller chercher au présent du subjonctif" chaque fois que nous voudrons donner un ordre à une ou plusieurs personnes que nous vouvoyons (exemples aux phrases 7 et 9).
Lorsque la 2ᵉ personne du pluriel de l'impératif est suivie du pronom *os* (vous - tutoiement -), elle perd le *d* final : *amaos* (à la place de "*amados*") à la phrase 5 ; *daos* (à la place de "*dados*") à la phrase 3 de l'exercice.

EXERCICE : 1. Donne-moi ma tasse s'il te plaît. 2. Laisse-moi le journal. 3. Dépêchez-vous. 4. Ecris-nous demain. 5. Me laisses-tu cette place ? 6. Je te vois demain. 7. Maintenant, ils ne te laissent pas.

* * * * *

5   *Cette place est pour moi.*

    Este   .   .   .   .

CORRIGE DE L'EXERCICE : 1 dame la mano / dame el vaso. 2 date prisa. 3 dejarme un poco de sitio. 4 escríbeme mañana / vienes mañana. 5 - sitio es para mí.

* *
Lección 16

LECCION DIECISIETE.

Yo soñaba... (1)

1 — ¿Qué hacías en el jardín?

2 — Miraba un pájaro y soñaba.

3 — ¿Soñabas?

4 — Sí, me imaginaba que tú y tus amigos llegabais volando.

5 — ¿Y qué hacíamos?

6 — Me hablabais y luego nos poníamos todos a jugar.

7 — Y también comíamos y cantábamos.

8 — ¿Y no bebíamos?

9 — No me acuerdo muy bien, pero como tú también estabas

10 — estoy segura de que debía de haber algo para beber. (2)

11 — ¡Ya está! tú y tus bromas. (3)

12 — En todo caso era un sueño muy bonito.

PRONUNCIACION: sognaba. 1 aciass ... Hardin'. 2 miraba .. paHaro 4 imaHinaba .. //égabaiss volan'do. 6 Hougar. 10 ségoura. 11 bromass . 12 souégno.

EN TODO CASO ES BONITO

EJERCICIO: 1. Hacía una casa. 2. Yo imaginaba que ibas a venir. 3. Vosotros hablabais con ellos. 4. No me acuerdo muy bien. 5. Estoy seguro. 6. ¡Ya está! 7. En todo caso era bonito.

DIX-SEPTIEME LEÇON

Je rêvais...

1 — Que faisais-tu dans le jardin ?

2 — Je regardais un oiseau et je rêvais.

3 — Tu rêvais ?

4 — Oui. J(m)'imaginais que toi et tes amis, vous arriviez en volant.

5 — Et que faisions-nous ?

6 — Vous me parliez, et après nous nous mettions tous à jouer.

7 Et aussi nous mangions et chantions.

8 — Et ne buvions-nous pas ?

9 — Je ne m'en souviens pas très bien, mais comme toi tu [y] étais aussi,

10 je suis sûre qu'il devait [y] avoir quelque chose à (pour) boire.

11 — Ça y est ! toi et tes blagues.

12 — En tout cas [c']était un très joli rêve.

NOTES

(1) Cette leçon n'offre pas de difficulté particulière. Elle est consacrée en entier à l'étude de l'imparfait. Nous avons ainsi pour les verbes réguliers les terminaisons suivantes : les verbes en *ar* finissent en : *aba, abas, aba, ábamos, abais, aban;* les verbes en *er* et en *ir* ont les mêmes terminaisons : *ía, ías, ía, íamos, íais, ían.* Essayez de vous familiariser avec elles en relisant lentement chaque phrase.

(2) A la leçon 8, nous avons vu que pour exprimer l'obligation personnelle on emploie très souvent **tener que** + **infinitif** ("devoir + infinitif" ou "il faut que + subjonctif"). Aussi, notez que *deber de* rend le verbe devoir lorsque celui-ci exprime une idée de probabilité.
Par ailleurs, *deber* (devoir) sert à exprimer l'obligation morale ou la notion de dette : on doit respecter les personnes âgées : *se debe respetar a las personas mayores;* je te dois mille francs : *te debo mil francos.*

(3) *Ya está* correspond assez bien à l'emploi très courant que l'on fait en français du « ça y est ». C'est une formule très courante en castillan.

EXERCICE : 1. Il faisait une maison. 2. J'imaginais que tu allais venir. 3. Vous parliez avec eux. 4. Je ne me souviens pas très bien. 5. J'en suis sûr. 6. Ça y est ! 7. En tout cas c'était joli.

EJERCICIO DE CONTROL
Ponga las palabras que faltan:

1 *Que regardais-tu ? / disais-tu ?*

¿ · · · · · · · · · ?

¿ · · · · · · · · · ?

2 *Vous arriviez et je jouais.*

Vosotros ·

****

LECCION DIECIOCHO.

Los otros pronombres personales

1 — Creo que no te ha entendido.
2 — Sin embargo, se lo he explicado. **(1) (2)**

PRONUNCIACION: 1 én'ten'dido. 2 explicado.

3 *Il doit y avoir quelque chose à boire à la maison.*

Debe de . . . . para . . . . . en . . . .

4 *Avant je buvais de l'eau.*

. . . . . yo . . . .

5 *Je suis sûr que c'était très joli.*

. . . . de . . . .

CORRIGE DE L'EXERCICE : 1 qué mirabas / qué decías. **2** - llegabais y yo jugaba. **3** - haber algo - beber - casa. **4** antes - bebía agua. **5** estoy seguro - que era muy bonito.

****

DIX-HUITIEME LEÇON

Les autres pronoms personnels

1 — Je crois qu'il ne t'a pas compris.
2 — Pourtant, je le lui ai expliqué.

NOTES

(1) *Sin embargo:* expression qui veut dire pourtant, néanmoins.
(2) Je le lui ai expliqué : se dit en castillan *se lo he explicado*. Lorsque les deux pronoms compléments sont de la troisième personne, le complément indirect *le* ou *les* devient *se*. Ce *se* ne doit pas être confondu avec le pronom réfléchi *se*, que vous trouverez, par exemple, dans la phrase suivante dans *entenderse* (se comprendre). Vous trouverez davantage de précisions sur cet important aspect grammatical à la leçon 21.

N'oubliez pas :
— de regarder les nombres (en haut de chaque page). Vous apprendrez ainsi à compter.
— de faire des renvois lorsqu'une tournure, un mot ou une phrase persistent à vous échapper.

Lección 18

3 — Por teléfono es más difícil entenderse.
4 — Tienes razón. Voy a ir a verle.
5 Me decías que ibas a venir.
6 Me lo decías ayer.
7 — ¿Nos puedes prestar las llaves?
8 — Os las voy a dar. (3)
9 Voy a comprar una mesa.
10 La voy a comprar pasado mañana.
11 — La camisa de Juan está descosida.
12 — Se la coseré luego.
13 El guitarrista tocaba una melodía. (4)
14 El niño le miraba.

5 déciass 6 aïer 7
présstar 11 désscocida 12 cocéré 13 guitarrissta (u muet ; les rr roulés)
tocaba -- mélodia.

EJERCICIO: 1. Me lo decías ayer. 2. No entiende. 3. Os las voy a dar. 4. ¿Puedes prestarme dinero? 5. Mi camisa está descosida. 6. El toca la guitarra. 7. También canta.

EJERCICIO DE CONTROL
Ponga las palabras que faltan:

1 *Pourtant, il n'est pas venu.*

. . . ., ...

2 *Je le lui ai dit / acheté.*

. . . . dicho.

. . . .

3 *Je veux aller le voir / au restaurant.*

. . . .

. . . .

****

3 — Par téléphone il est plus difficile de se comprendre (entendre).

4 — Tu as raison. Je vais aller le voir.

5   Tu me disais que tu allais venir.

6   Tu me le disais hier.

7 — Peux-tu nous prêter les clés ?

8 — Je vais vous les donner.

9   Je vais acheter une table.

10   Je vais l'acheter après-demain.

11 — La chemise de Juan est décousue.

12 — Je la lui recoudrai tout à l'heure.

13   Le guitariste jouait (touchait) une mélodie.

14   L'enfant le regardait.

(3) Nous aurions pu dire aussi *"Voy a dároslas"*. Lorsque l'infinitif est subordonné à un autre verbe, les pronoms enclitiques peuvent se séparer de lui et être "attirés" par le verbe principal ; dans ce cas ils se placeront devant ledit verbe et garderont leur "totale indépendance" (cas de la phrase 8). A vous de choisir la construction que vous préférez.

(4) *Tocar* veut dire aussi bien toucher - *yo tocaba la mesa:* je touchais la table - que jouer d'un instrument - *tú tocabas la guitarra:* tu jouais de la guitare.

EXERCICE : 1. Tu me le disais hier. 2. Il ne comprend pas. 3. Je vais vous les donner. 4. Peux-tu me prêter de l'argent ? 5. Ma chemise est décousue. 6. Il joue de la guitare. 7. Il chante aussi.

4 *Jean jouait de la guitare.*

Juan . . . . guitarra.

5 *Prête-moi ta clé.*

. . . .

CORRIGE DE L'EXERCICE : 1 sin embargo no ha venido. 2 se lo he / se lo he comprado. 3 quiero ir a verle / quiero ir al restaurante. 4 tocaba la. 5 préstame tu llave.

****

LECCION DIECINUEVE.

Por teléfono

1 — Sí. Dígame.
2 — ¿Es usted la secretaria de la doctora Jiménez? (1)
3 — No. Soy su marido.
4 — Perdone. ¿Está la doctora?
5 — No. Está en el hospital. Acaba de salir. (2)
6 ¿Quiere dejarme el recado?
7 — Le telefoneaba para saber si esta tarde podía venir a ver a mi hijo.
8 Está enfermo y tiene mucha fiebre.
9 — De acuerdo. Se lo diré cuando vuelva.
10 Y usted no se inquiete, seguramente ha cogido frío;
11 los niños son fuertes y saben defenderse naturalmente.
12 ¿Quiere darme su dirección?
13 — Sí. Es: calle del Sabio número 3, tercero izquierda.
14 Adiós y muchas gracias.

PRONUNCIACION : 1 digamé 2 sécrétaria .. doctora Himénec 3 marido 4 perdoné 5 osspital acaba salir 6 récado 8 en'férmo .. fiébré. 9 .. vouélva 10 in'kiéte ségouramen'te .. coHido frio 11 .. fouértess .. défen'dérsé natouralmen'te 12 .. direk'cion' 13 ... sabio .. nouméro .. tercéro iskierda.

*****

Les phrases des leçons se font plus longues ; arrivez-vous à répéter chacune d'elles sans regarder le texte, après l'avoir lue ?

Sachez que cet exercice vous permettra d'arriver peu à peu à **penser en castillan.**

¡*Ojo*! (Attention !)
A la phrase n° 9 vous trouvez **cuando + présent du subjonctif.** Vous trouverez des explications sur cette construction à la page 295.

DIX-NEUVIEME LEÇON

Au (Par) téléphone

1 — Oui. Allo ! (dites-moi)
2 — Etes-vous la secrétaire du docteur Jiménez ?
3 — Non, je suis son mari.
4 — Excusez-moi. Le docteur (fém.) est-il [là] ?
5 — Non. Elle est à (dans) l'hôpital. Elle vient de sortir.
6 Voulez-vous me laisser le message (commission) ?
7 — Je lui téléphonais pour savoir si cet après-midi elle pouvait venir voir (à) mon fils.
8 Il est malade et il a beaucoup [de] fièvre.
9 — D'accord, je le lui dirai quand elle rentrera.
10 Et vous, ne vous inquiétez pas, il a sûrement pris froid ;
11 les enfants sont forts et ils savent se défendre naturellement.
12 Voulez-vous me donner votre adresse ?
13 — Oui. C'est rue du Sage numéro 3, troisième gauche.
14 Au revoir (Adieu) et merci beaucoup.

NOTES

(1) En castillan, nous trouvons *doctor:* docteur, mais aussi le féminin lorsqu'il s'agit d'une femme : *doctora.*
(2) *Acabar de:* s'exprime en français avec le passé récent venir de : *acabo de comer:* je viens de manger.

EJERCICIO: 1. ¿Está la doctora? **2.** Acaba de llegar. **3.** Han dejado un recado para ti. **4.** Se lo diré cuando vuelva. **5.** No te inquietes. **6.** Has cogido frío. **7.** Está enfermo.

EJERCICIO DE CONTROL
Ponga las palabras que faltan:

1 *Il vient de sortir / de manger.*

. . . .

. . . .

2 *Voulez-vous me laisser le message ?*

¿ . . . . . . usted . . . . ?

3 *Quand elle rentrera, je le lui dirai.*

. . . . diré.

****

LECCION VEINTE.

Una buena noticia

1 — Tengo que anunciaros algo.
2 — Esperamos que no sea una mala noticia.
3 — No. Es una buena noticia.
4 — ¿De qué se trata?
5 — Ya tengo el permiso de conducir.
6 — ¡Enhorabuena!
7   ¡Eso hay que celebrarlo!

PRONUNCIACION: noticia. **1** anoun'ciaross algo **2** espéramoss **4** trata **5** pérmiço .. con'doucir **6** en'orabouéna **7** célébrarlo

EXERCICE : **1.** Le docteur (fém.), est-il là ? **2.** Il vient d'arriver. **3.** Ils ont laissé un message pour toi. **4.** Je le lui dirai quand il rentrera. **5.** Ne t'inquiète pas. **6.** Tu as pris froid. **7.** Il est malade.

4 *J'ai pris froid / le journal.*

. .   . .

. .   . .

5 *Pouvez-vous me donner votre adresse ?*

¿Puede usted   . . . . ?

CORRIGE DE L'EXERCICE : **1** acaba de salir / acaba de comer. **2** quiere - dejarme el recado. **3** cuando vuelva se lo. **4** he cogido frío / he cogido el periódico. **5** darme su dirección.

****

VINGTIEME LEÇON

Une bonne nouvelle

1 — J'ai quelque chose à vous annoncer.
2 — Nous espérons que [cela] n'est (soit) pas une mauvaise nouvelle.
3 — Non. C'est une bonne nouvelle.
4 — De quoi s'agit-il ?
5 — J'ai (déjà) le permis de conduire.
6 — Félicitations !
7 Il faut (le) fêter cela !

8 ¿Se lo has dicho a Juan?

9 — No, pero voy a telefonearle para decírselo. (1)

10 — Invítale a cenar.

11 Pásamelo cuando hayas terminado.

12 — ¿Quién puede ocuparse de hacer las compras?

13 — Yo mismo.

8 ditcho .. 9 décírsélo 10 in'vitalé 11 paçamélo couan'do aïass terminado 12 kien' 13 mismo.

EJERCICIO: 1. Voy a deciros algo. 2. Es una buena noticia. 3. Se lo he dicho. 4. Vamos a telefonearle. 5. Quiero decírselo. 6. ¿De qué se trata? 7. Yo mismo.

*****

EJERCICIO DE CONTROL
Ponga las palabras que faltan:

1 *Je dois vous annoncer une mauvaise nouvelle.*

. . . . anunciaros . . . .

2 *De quoi s'agit-il ?*

¿ . . . . ?

3 *Il faut fêter cela.*

. . . . celebrarlo.

4 *Le lui as-tu déjà dit ?*

¿ . . . . ya?

****

8   L'as-tu (le lui as-tu) dit à Juan ?
9   — Non, mais je vais lui téléphoner pour le lui dire.
10 — Invite-le à dîner.
11   Passe-le moi lorsque tu auras (aies) fini.
12 — Qui peut s'occuper de faire les courses ?
13 — Moi-même.

NOTE

(1) Lorsqu'un verbe est accompagné de deux pronoms compléments, on doit **toujours** placer d'abord le pronom complément indirect : *decírselo* (se = c.i., lo = c.d.): le lui dire (le = c.d., lui = c.i.) ; *se* (c.i.) *lo* (c.d.) *has dicho:* tu le (c.d.) lui (c.i.) as dit ; *cántamelo* (me = c.i., lo = c.d.): chante-le moi ; *te lo cantaré:* je te le chanterai.

EXERCICE : 1. Je vais vous dire quelque chose. **2.** C'est une bonne nouvelle. **3.** Je le lui ai dit. **4.** Nous allons lui téléphoner. **5.** Je veux le lui dire. **6.** De quoi s'agit-il ? **7.** Moi-même.

5 *Je vais l'inviter à dîner / manger avec nous.*

. . .   .
. . .   .

CORRIGE DE L'EXERCICE : 1 tengo que - una mala noticia. **2** de qué se trata. **3** eso hay que. **4** se lo has dicho. **5** voy a invitarle a cenar / voy a invitarle a comer con nosotros.

****

Lección 20

LECCION VEINTIUNA.

VINGT ET UNIEME LEÇON

Revisión y notas

1. Tout au long des six dernières leçons, nous nous sommes attachés particulièrement à l'**étude du pronom**. Elles forment donc un tout qui donne une idée d'ensemble, sans pour autant être exhaustive, de l'utilisation des pronoms en castillan.

Bien saisir les pronoms eux-mêmes, l'utilisation que nous en faisons dans le texte castillan de chaque leçon et la place qu'ils occupent dans chaque phrase est un travail très important pour la suite de votre apprentissage. Ce n'est peut-être pas une tâche facile, mais elle est, par contre, loin d'être insurmontable !
Il n'y a donc pas lieu de s'inquiéter et ceci d'autant plus que nous allons continuer à les fréquenter, les préciser, et à bien renforcer votre acquis.

*****

Mais revenons-en aux pronoms :

2. **Les pronoms personnels** ont des formes différentes selon la fonction qu'ils ont dans la phrase, c'est-à-dire, selon qu'ils sont sujets, pronoms compléments non accompagnés d'une préposition, ou encore, pronoms compléments placés après une préposition.

Nous avons vu qu'à l'infinitif et à l'impératif (nous verrons plus tard que le gérondif se construit de la même façon), le pronom complément est soudé obligatoirement au verbe et se place après lui : *comprarme:* m'acheter ; *hablarte:* te parler ; *dímelo:* dis-le moi ; *déjame:* laisse-moi.

Dans la note numéro 2 de la leçon 18, nous remarquions que lorsque les deux pronoms compléments sont de la troisième personne, le complément indirect *le* ou *les* devient *se: decírselo:* le lui dire ; *se lo he dado:* je le lui ai donné.

Nous avons établi le tableau suivant non pas pour que vous l'appreniez par cœur coûte que coûte, mais surtout avec l'intention de vous fournir un point de repère complémentaire qui pourra vous être utile lorsque vous aurez un doute ou un problème particulier concernant les pronoms. De même, nous vous proposons un résumé ayant trait à leur usage.

Peut-être cela vous paraît-il trop complexe, alors... n'hésitez pas : laissez tomber. Vous-même sentirez quand il vous faudra y revenir. Quant à nous, nous ne manquerons pas de vous en donner l'occasion !

Lección 21

Tableau général

Personnes		Pronoms sujets	Pronoms compléments non accompagnés d'une préposition		Pronoms compléments précédés d'une préposition	Pronoms compléments précédés de la préposition *con*
			Directs	Indirects		
Singulier	1	*yo:* je moi	*me:* me	*me:* me	*mí:* moi	*conmigo:* avec moi
	2	*tú:* tu, toi	*te:* te	*te:* te	*ti:* toi	*contigo:* avec toi
	3	*él:* il, lui / *ella:* elle / *usted:* vous	*lo (le):* le / *la:* la	*le:* lui	*él:* lui / *ella:* elle / *usted:* vous	*con él:* avec lui etc.
Pluriel	1	*nosotros, as:* nous	*nos:* nous	*nos:* nous	*nosotros, as:* nous	
	2	*vosotros, as:* vous	*os:* vous	*os:* vous	*vosotros, as:* vous	
	3	*ellos:* ils, eux / *ellas:* elles / *ustedes:* vous	*los (les):* les / *las:* les	*les:* leur	*ellos:* eux / *ellas:* elles / *ustedes:* vous	
Réfléchi			*se:* se	*se:* se	*sí:* soi	*consigo:* avec soi

Résumé

A. **Pronoms sujets et pronoms prépositionnels** (en dépendance d'une préposition).

Ces pronoms ne se différencient entre eux qu'à la 1re et à la 2e personne du singulier.

B. **Pronoms compléments non accompagnés d'une préposition.**

1. L'enclise :

A l'infinitif, à l'impératif et au gérondif le pronom complément se place toujours après le verbe et se soude à lui :

Il me donne... : *Me da...*; Me donner : *Darme.*

Je te le donne : *Te lo doy;* Te le donner : *Dártelo.*

2. L'ordre des pronoms :

En toute circonstance, lorsque le verbe est accompagné de deux pronoms compléments, le pronom complément indirect doit être placé en premier :

Je vais te l'offrir : *Voy a regalártelo.*

Achète-le moi : *Cómpramelo.*

3. Pronoms de la 3e personne :

Si les deux pronoms compléments doivent être de la 3e personne (*le* ou *les* - puisque le complément indirect doit se placer toujours en premier - plus un autre pronom commençant par *l-*) le complément indirect *le* ou *les* devient systématiquement *se:*

Je la lui demande : *Se la pido.*

Le lui dire : *Decírselo.*

4. Voussoiement :

Usted et *ustedes* étant des pronoms de la 3e personne ils devront être remplacés par les pronoms compléments de la 3e personne correspondants :

Je vous demande ce service : *Le pido ese favor.*

5. Deux particularités à l'impératif : Si la 1re et la 2e personne du pluriel sont suivies du pronom complément, elles perdent leur consonne finale - *s* et *d* respectivement - :

Lavemos el coche: Lavons la voiture.

Lavémonos: Lavons-nous.

Lavad el coche: Lavez la voiture.

Lavaos: Lavez-vous.

Une exception : le verbe *ir* (aller) fait *idos* (allez-vous-en).

Note

L'utilisation du pronom *le*, à la place du pronom *lo*, en tant que complément direct (entre parenthèses dans le tableau) est assez répandue ; une certaine confusion existe à ce sujet.

La **Real Academia** autorise à se servir du pronom *le*, à la place du pronom *lo*, en tant que complément direct lorsque l'on fait référence à des personnes ; ainsi, on peut dire : *No lo conozco* ou *No le conozco:* Je ne le connais pas ; (au féminin l'emploi de *la* est prescrit: *No la conozco:* Je ne la connais pas). Cependant, elle conseille d'éviter, dans la mesure du possible, cet usage.

3. Au cours des premières leçons, nouş avons surtout étudié, en ce qui concerne les verbes, le présent de l'indicatif. A la leçon 17, nous avons introduit l'**imparfait de l'indicatif** et puisque nous en sommes aux tableaux, voici les terminaisons de l'imparfait des trois conjugaisons régulières en *ar, er,* et *ir.*

cant ar	com er	viv ir
cant aba	com ía	viv ía
cant abas	com ías	viv ías
cant aba	com ía	viv ía
cant ábamos	com íamos	viv íamos
cant abais	com íais	viv íais
cant aban	com ían	viv ían

Vous remarquerez que les terminaisons de la deuxième et de la troisième conjugaison sont les mêmes. Cela simplifie les choses, n'est-ce pas ?

****

LECCION VEINTIDOS.

Se bañaron

1 — La semana pasada acampamos junto al mar. **(1)**
2 — Tuvimos cuatro días de vacaciones y aprovechamos para ir a descansar.

PRONUNCIACION: bagnaron. 1 sémana ... acam'pamoss Houn'to... mar 2 touvimoss ... aprovétchamoss ... descan'sar.

4. **A écrire en castillan** (deuxième vague)

1. Je vais faire le marché. Veux-tu que je t'achète quelque chose ?
2. Veux-tu me laisser le journal ? Je suis très pressé.
3. Je m'imaginais que tu allais venir. — Je te l'avais dit.
4. Je le lui avais dit avant de m'en aller.
5. Mon fils a beaucoup de fièvre. — Vas-tu appeler le médecin ?
6. Téléphone-lui pour le lui dire.

5. **Traduction**

1. Voy a hacer la plaza. ¿Quieres que te compre algo?
2. ¿Quieres dejarme el periódico? Tengo mucha prisa.
3. Me imaginaba que ibas a venir. — Te lo había dicho.
4. Se lo había dicho antes de irme.
5. Mi hijo tiene mucha fiebre. — ¿Vas a llamar al médico?
6. Telefonéale para decírselo.

****

VINGT-DEUXIEME LEÇON

Ils se baignèrent

1 — La semaine dernière, nous avons campé (campâmes) près de la mer.
2 — Nous avons eu (eûmes) quatre jours de vacances et nous [en] avons profité (profitâmes) pour aller [nous] reposer.

NOTES

(1) Le français emploie de moins en moins le passé simple ; il est en général remplacé, même dans la langue écrite, par le passé composé ; c'est ce que nous avons fait dans la traduction française. En castillan, par contre, il s'agit d'un temps très usuel. Il est utilisé systématiquement lorsqu'il s'agit de faire référence à une action accomplie à un moment donné du passé dans une période de temps déjà écoulée : *ayer fui al cine:* hier j'allai au cinéma ; *el martes comí con ellos:* mardi - sous-entendu dernier - je mangeai avec eux. Il est important de se familiariser avec ce temps.

3   A la vuelta, visitamos algunos pueblos de la provincia de Santander.

4 — ¡Claro! Ahora me lo explico.

5   El miércoles os telefoneé a mediodía y pensé que vuestro teléfono no funcionaba.

6 — Sí, nos fuimos el martes al salir del trabajo. (2)

7 — ¿Hizo buen tiempo? (3)

8 — Hizo un tiempo estupendo. (4)

9   Yo me paseé mucho por la costa.

10 Elvira contempló mucho la playa y el mar.

11 Y no vimos a nadie.

12 — ¿Os bañasteis?

13 — Todas las mañanas a la salida del sol.

3 vouélta viçitamoss algounoss pouébloss ... provin'çia .. san'tan'der. **5** miércoless ... médiodia ... pén'sé ... foun'cionaba **6** fouimoss ... martéss. **7** iço **8** ésstoupen'do **9** passéé ... cossta. **10** élvira con'tem'plo ... plaïa **12** bagnasstéiss **13** salida ... sol.

EJERCICIO: 1. A la vuelta, nos vimos en su casa. **2.** ¿Hizo buen tiempo? **3.** Me paseé mucho. **4.** Ahora me lo explico. **5.** Vino el miércoles a comer. **6.** No había nadie en la playa. **7.** Todas las mañanas voy a hacer las compras.

3 Au retour, nous avons visité (visitâmes) quelques villages de la province de Santander.
4 — Evidemment ! Maintenant je comprends (je me l'explique)
5 (Le) mercredi je vous ai téléphoné (téléphonai) à midi et j'ai pensé (pensai) que votre téléphone ne fonctionnait pas.
6 — Oui, nous sommes partis (partîmes) (le) mardi en sortant (au sortir) du travail.
7 — A-t-il fait (fit-il) beau (bon) temps ?
8 — Il a fait (fit) un temps formidable.
9 Je me suis promené (promenai) beaucoup sur (par) la côte.
10 Elvira a beaucoup contemplé (contempla beaucoup) la plage et la mer.
11 — Et nous n'avons vu (ne vîmes à) personne.
12 — Vous êtes-vous baignés ? (baignâtes-vous ?)
13 — Tous les matins au lever (à la sortie) du soleil.

NOTES

(2) *Al* plus un **infinitif** exprime une idée de simultanéité, et il correspond à *cuando:* quand. Il peut être traduit par quand ou par en et le **participe présent** : *al comer me acordé:* quand je mangeais je m'en suis souvenu (souvins) ou : en mangeant je m'en souvins.

(3) Lorsqu'en castillan nous voulons exprimer que le temps est bon, nous dirons *bueno* ou *buen* à la place de *bello* qui est la traduction littérale de beau. Ainsi, il fait beau, est traduit par *hace bueno;* mais nous avons aussi : ce paysage est beau : *este paisaje es bello*.

(4) Notez qu'au passé simple, la 1re et la 3e personne du singulier portent toujours un accent. Font exception à cette règle quelques-uns des passés simples irréguliers les plus courants (voir page 455 et suivantes).

*****

EXERCICE : 1. Au retour, nous nous sommes vus (vîmes) chez lui. 2. A-t-il fait (fit-il) beau temps ? 3. Je me suis beaucoup promené (promenai beaucoup). 4. Maintenant je comprends. 5. Il est venu (vint) manger mercredi. 6. Il n'y avait personne sur la plage. 7. Tous les matins je vais faire les courses.

EJERCICIO DE CONTROL.
Ponga las palabras que faltan:

1 *La semaine dernière j'ai mangé (mangeai) avec lui au restaurant.*

.. .. comí ... .

.. ..

2 *Au retour je suis allé le voir.*

.. ..

****

LECCION VEINTITRES.

Vamos a su casa (1) o pequeños detalles

1 — Hace una semana que no he visto a los
Soley. (2)
2 — ¡Claro! El lunes pasado se fueron a Holanda.
(3)
3 — ¿Llevaron también a los niños?
4 — Sí, porque ya no tenían colegio. (4)
5 — ¿Sabes cuándo vuelven? (5)
6 — No estoy segura, pero creo que pronto
estarán de vuelta.

PRONUNCIACION: déta//es 1 soléï 2 lounéss ... olan'da 4 coléHio 6
pron'to

3   *Je me suis baigné (baignai) à la mer.*

.   . .   .

4   *Nous l'avons vu en sortant du cinéma.*

Lo   . . . .   visto   . . . .   cine.

5   *Hier il a fait (fit) très beau.*

.   . .   .

CORRIGE DE L'EXERCICE : 1 la semana pasada - con él en el restaurante. 2 a la vuelta he ido a verlo. 3 me bañé en el mar. 4 - hemos - al salir del -. 5 ayer hizo muy bueno.

****

VINGT-TROISIEME LEÇON

Allons chez eux ou petits détails

1 — Il y a une semaine que je n'ai pas vu (à) les Soley.
2 — Evidemment ! Lundi dernier ils sont partis (s'en allèrent) en Hollande.
3 — Ont-ils emmené (emmenèrent-ils) les enfants aussi ?
4 — Oui, parce qu'ils (déjà) n'avaient plus (d')école.
5 — Sais-tu quand ils rentrent ?
6 — Je ne suis pas sûre, mais je crois qu'ils seront bientôt de retour.

NOTES

(1) Chez, quand il signifie : dans la maison de, se dit en castillan : *a casa* ou *en casa de*, selon qu'il y a mouvement vers ou qu'il n'y en a pas.
(2) Jusqu'à présent, nous avons traduit la tournure impersonnelle : *hay* par : il y a, mais sachez que quand il s'agit du temps écoulé, en castillan nous disons : *hace*, et *hacía* pour : il y avait.
(3) En castillan, on utilise beaucoup plus *irse*: s'en aller, ou *salir* : sortir que *partir*, qui a plutôt le sens de casser, partager, diviser, etc.
(4) *Ya*: déjà, sert aussi à exprimer ne ... plus. *Ya no sé*: je ne sais plus.
(5) *Volver* a deux significations : rentrer ou retourner : *vuelvo a casa*: je rentre à la maison, et *volví a ese café*: je retournai à ce café.

Lección 23

7   Han ido solamente para hacer una visita a la
      madre de Anni, que estaba enferma. (6)

8 — ¿Sabes si es grave?

9 — No creo, pero para las personas mayores
    una operación es siempre delicada.

10 — ¿Quieres que vayamos a ver si han vuelto?

11 — Me parece una buena idea. (7)

12   Además, sé que tenían idea de ir luego de
      vacaciones a España.

13 — Entonces es posible que ya se hayan ido.

14 — Me extraña que lo hayan hecho tan rápido,
     pero es posible.

7 solamén'té ... viçita 8 grabé 9 perçonass maïoress ...
opéracion' ... délicada 10 vaïamoss 14 extragna ... aïan' étcho tan'
rapido.

EJERCICIO : 1. Hace una semana que no le veo. **2.** Lo
llevaron al colegio. **3.** No estoy segura. **4.** Vamos a
hacerle una visita. **5.** Me parece una buena idea. **6.** Se
han ido. **7.** Eso me extraña.

EJERCICIO DE CONTROL.
Ponga las palabras que faltan:

1 *Ne l'as-tu pas vue?*

  ¿ No . . . . ?

2 *Demain nous serons de retour à cinq heures.*

  . . . .

  . . . . .

3 *Je vais aller chez Jean à la sortie de [la] classe.*

  . . . . Juan . . . .

  . . . .

4 *Il y a deux jours que je suis malade.*

  . . . .

7   Ils sont seulement allés rendre visite à la mère d'Anni qui était malade.

8 — Sais-tu si c'est grave ?

9 — Je ne crois pas, mais pour les personnes âgées (majeures) une opération est toujours délicate.

10 — Veux-tu que nous allions voir s'ils sont rentrés ?

11 — Je pense que c'est (cela me semble) une bonne idée.

12   En plus je sais qu'ils avaient l'idée d'aller ensuite en vacances en Espagne.

13 — Alors, il est possible qu'ils soient déjà partis (s'en soient déjà allés).

14 — Ça m'étonne qu'ils l'aient fait si vite (rapide), mais c'est possible.

(6) *Hacer* est cousin de faire, puisqu'il dérive aussi du latin facer, dont il a perdu le f. *Hacer una visita:* visiter, rendre visite.

(7) *Parecer:* paraître, sembler. *¿Qué te parece?*: Qu'est-ce que tu en penses ? s'emploie très fréquemment dans ce sens.

EXERCICE : 1. Il y a une semaine que je ne le vois pas. 2. Ils l'ont emmené (l'emmenèrent) à l'école. 3. Je ne suis pas sûre. 4. Nous allons lui rendre visite. 5. Je pense que c'est une bonne idée. 6. Ils sont partis. 7. Cela m'étonne.

5   *Qu'est-ce que tu en penses ?*

¿ . . .   . ?

CORRIGE DE L'EXERCICE : 1 la has visto. 2 mañana estaremos de vuelta a las cinco. 3 voy a ir a casa de - a la salida de clase. 4 hace dos días que estoy enfermo. 5 qué te parece.

LECCION VEINTICUATRO.

Antes de comer

1 — ¿Qué estás haciendo? **(1)**
2 — Estoy jugando con Alicia.
3 — ¿A qué jugáis?
4 — Estamos jugando al ajedrez.
5 — ¿Y tú, qué haces?
6 — Estoy preparando la comida.
7 — ¿Qué has comprado para hoy?
8 — Carne, arroz, tomates, pepinos y berenjenas. ¿Qué te parece?
9 — ¡Ya se me hace la boca agua!
10 — Pero... tendrás que esperar porque todavía no está listo. **(2)**

11 — ¿Cuánto tiempo?
12 — Una hora, más o menos.
13 — Bueno, entonces date prisa porque tengo mucho hambre.
14 — Perdona Alicia. ¿A quién le toca jugar ahora? **(3)**

PRONUNCIACION: 2 Hougan'do aliçia 3 Hougaiss 4 aHédreç 6 préparan'do 8 carné arroç tomatéss pépinoss ... béren'Hénass 9 boca 10 ten'drass ... lissto 14 kién'.

VINGT-QUATRIEME LEÇON

Avant de manger

1 — Qu'es-tu en train de faire ? (Qu'es-tu faisant ?)

2 — Je suis en train de jouer avec Alicia.

3 — A quoi jouez-vous ?

4 — Nous sommes en train de jouer aux échecs.

5 — Et toi, que fais-tu ?

6 — Je suis en train de préparer le repas.

7 — Qu'as-tu acheté pour aujourd'hui ?

8 — [De la] viande, [du] riz, [des] tomates, [des] concombres et [des] aubergines. Qu'[en] penses-tu ?

9 — J'[en]ai déjà l'eau à la bouche ! (déjà la bouche se me fait eau).

10 — Mais... tu devras attendre parce que [ce] n'est pas encore prêt.

11 — Combien [de] temps ?

12 — Une heure à peu près (plus ou moins).

13 — Bon, alors dépêche-toi parce que j'ai très (beaucoup) faim.

14 — Excuse-moi, Alicia. A qui est-ce le tour de jouer maintenant ?

*****

NOTES

(1) Avec *estar* le participe présent exprime une action qui se fait à l'instant même ; *estoy jugando:* je suis en train de jouer.

(2) *Listo* est vif, intelligent ; *es una niña muy lista:* c'est une fille très intelligente. Lorsqu'il est accompagné de *estar,* il veut dire être prêt ; *¿Todavía no estás listo?*: N'es-tu pas encore prêt ?

(3) Dans la leçon 18, nous avons fait connaissance avec le verbe *tocar.* Voilà ici un nouveau sens de ce verbe : *me toca a mí:* c'est à mon tour.

EJERCICIO : 1. Estoy trabajando. **2.** ¿Qué te parece? **3.** Todavía no estamos listos. **4.** ¿Cuánto tiempo hace? **5.** Tres semanas más o menos. **6.** Date prisa porque tengo que irme. **7.** Te toca a ti.

EJERCICIO DE CONTROL.
Ponga las palabras que faltan:

1 *Qu'es-tu en train de manger | de faire ?*

¿ . . .   . ?

¿ . . .   . ?

2 *Est-elle prête ? | en train de jouer ?*

¿ . . . . ?

¿ . . . . ?

****

LECCION VEINTICINCO.

Me gusta el castellano (1)

1 — Quisiera aprender bien el castellano.
2 — ¿Por qué no vas a España?
3 — Probablemente iré el año que viene, pero no sé todavía qué región elegir.
4 — El mejor castellano se habla en Burgos y en Valladolid: en Castilla la Vieja.
5 — Creía que era en Madrid.

PRONUNCIACION: goussta. **3** probablémente... réHion' éléHir. **4** valladoli ... casstilla ... vieHa. **5** créia.

EXERCICE : 1. Je suis en train de travailler. **2.** Qu'en penses-tu ? **3.** Nous ne sommes pas encore prêts. **4.** Combien de temps cela fait-il ? **5.** Trois semaines à peu près. **6.** Dépêche-toi parce que je dois partir. **7.** C'est à ton tour.

3 *Aujourd'hui nous allons manger de la viande avec du riz.*

. . .   .

4 *Nous avons attendu deux heures à peu près.*

. . . . .   esperado   . . .   .

5 *C'est à ton tour.*

. .   . .

CORRIGE DE L'EXERCICE : 1 qué estás comiendo / haciendo. **2** está lista / está jugando. **3** hoy vamos a comer carne con arroz. **4** hemos - dos horas más o menos. **5** te toca a ti.

****

VINGT-CINQUIEME LEÇON

J'aime le castillan ou le castillan me plaît

1 — Je voudrais apprendre bien le castillan.

2 — Pourquoi ne vas-tu pas en (à) Espagne ?

3 — J'irai probablement l'année prochaine (qui vient), mais je ne sais pas encore quelle région choisir.

4 — Le meilleur castillan se parle à (en) Burgos et à (en) Valladolid : dans la Vieille Castille.

5 — Je croyais que c'était à (en) Madrid.

(1) *Gusto:* goût. Mais *gustar* (goûter) signifie surtout plaire : *esta calle me gusta:* cette rue me plaît. Il s'emploie dans le sens d'aimer, trouver à son goût. *¿Le gusta a usted esta comida?:* plaît-il à votre grâce ce repas ? Ce repas vous plaît-il ? *Me gusta mucho:* il me plaît beaucoup.

6 — En Madrid, se habla bien pero el idioma del pueblo no es tan puro. **(2)**

7 Sin embargo, si vas a Madrid encontrarás una vida más movida y una gran cantidad de espectáculos.

8 — ¿Y dónde se habla el peor castellano?

9 — Es difícil de decir y... no creo que se pueda hablar así. **(3)**

10 Casi todas las provincias tienen su acento propio y se encuentra en toda España gente que habla correctamente.

11 Cataluña, el País Vasco, Galicia, el País Valenciano, tienen su idioma propio y además sus habitantes hablan el castellano.

12 En Andalucía, se habla el castellano pero con un acento particular.

13 — Entonces ... España es un conjunto muy rico de pueblos.

14 — En efecto, es una tierra de una riqueza insospechada.

6 idioma ... pouro. **7** en'con'trarass ... movida ... gran' can'tidad (vous pouvez prononcer légèrement le d final) ... ésspectacouloss. **8** péor. **9** dificil ... décir ... pouéda açi. **10** caçi ... propio ... Hén'té ... correctamén'té. **11** catalougna, païss vassco, galicia ... valén'çiano ... abitan'téss. **12** an'dalouçia ... particoular. **13** con'Houn'to ... rico. **14** éfécto ... tierra ... rikéça in'ssosspétchada.

*****

EJERCICIO : 1. Me gusta viajar. **2.** Probablemente iré mañana. **3.** Creía que no ibas a venir. **4.** Esta comida es peor que la de ayer. **5.** Es difícil de decir. **6.** El idioma es un ser viviente. **7.** En esta región, la gente tiene mucho acento.

6 — A (En) Madrid on parle bien, mais la langue du peuple n'est pas si pure.

7   Néanmoins, si tu vas à Madrid, tu trouveras une vie plus mouvementée et une grande quantité de spectacles.

8 — Et où parle-t-on le pire castillan ?

9 — [C']est difficile à dire et... je ne crois pas que l'on puisse parler ainsi.

10   Presque toutes les provinces ont leur accent propre, et on trouve dans toute l'Espagne des gens qui parlent correctement.

11   [La] Catalogne, le Pays Basque, [la] Galicie, le Pays Valencien ont leur langue propre et en outre leurs habitants parlent le castillan.

12   En Andalousie, on parle castillan mais avec un accent particulier.

13 — Alors... l'Espagne est un ensemble de peuples très riche.

14 — En effet, c'est une terre d'une richesse insoupçonnée.

(2) *El idioma, la lengua,* les deux se disent couramment. Notez que *idioma* est masculin, malgré le a final. - *El pueblo:* le peuple et aussi le village, la localité.

(3) *No creo que:* je ne crois pas que, s'emploie, d'ailleurs comme en français, aussi dans le sens de : je ne pense pas que...

EXERCICE : 1. J'aime voyager. **2.** J'irai probablement demain. **3.** Je croyais que tu n'allais pas venir. **4.** Ce repas est pire que celui d'hier. **5.** C'est difficile à dire. **6.** La langue est un être vivant. **7.** Dans cette région, les gens ont beaucoup d'accent.

Lección 25

EJERCICIO DE CONTROL.
Ponga las palabras que faltan:

1 *J'aime le bon cinéma / voyager.*

.. .. buen ....

.. ..

2 *Je parle bien le français et le castillan.*

....

....

****

LECCION VEINTISEIS.

Un regalo

1 — Me gusta lo que haces. ¿Qué es? **(1)**
2 — Estoy haciendo una lámpara y esto será el pie. **(2)**
3 — ¿En madera tallada?
4 — Sí, me encanta trabajar la madera. Cuando la tallo siento que me habla. Es una materia noble.
5 — ¿Esta es la pantalla?

PRONUNCIACION: régalo. 2 lam'para ... pié. 3 madéra tallada. 4 en'can'ta ... sién'to ... matéria noble. 5 pan'talla.

3 *La langue du peuple est très riche.*

. . . .

4 *Pour un Français, la « jota » est difficile à dire.*

. . . .

. . . . .

5 *Ton accent me plaît.*

. . . .

CORRIGE DE L'EXERCICE : 1 me gusta el - cine / me gusta viajar. 2 hablo bien el francés y el castellano. 3 la lengua del pueblo es muy rica. 4 para un francés la ''jota'' es difícil de decir. 5 tu acento me gusta.

****

VINGT-SIXIEME LEÇON

Un cadeau

1 — J'aime ce que tu fais. Qu'est[-ce] ?
2 — Je suis en train de faire une lampe et ceci sera le pied.
3 — En bois taillé ?
4 — Oui, j'adore (m'enchante) travailler le bois. Quand je le taille, je sens qu'il me parle. C'est une matière noble.
5 — Ceci, c'est l'abat-jour (fém.) ?

NOTES

(1) *Lo que haces:* ce que tu fais ; *lo que dices me gusta:* ce que tu dis me plaît. En castillan pour ce type d'expressions on ne se sert pas du démonstratif mais de l'article suivi de *que* ou de *de*. ¡*Lo que aprendo*!: Ce que j'apprends !

(2) A la leçon 12, nous avons vu *este, esta,* etc. : ce, cette, etc. Il s'agissait des adjectifs démonstratifs que maintenant vous connaissez bien. Mais... attention ; *éste* (accent sur e), c'est le pronom ; *este vino es bueno:* ce vin est bon, et *éste es el buen vino:* celui-ci est le bon vin. Vous avez un exemple au féminin dans la phrase numéro 5.

Lección 26

6 — Sí. ¿Te gusta?

7 — Mucho. ¿Dónde la vas a poner?

8 — No es para mí. Quiero hacer un regalo. (3)

9   A las personas a las que quiero mucho me gusta regalarles algo hecho con mis propias manos.

10 — Es bonito lo que dices.

11 — Eso no tiene importancia. Es simplemente un gesto que me gusta hacer.

12 — ¿Para quién es el regalo?

13 — Para ti.

14 — Nunca me habían hecho un regalo como éste.

9 régalarless ...
propiass manoss. 11 im'portan'sia ... Hessto 14 noun'ca.

EJERCICIO: 1. Esto me gusta. 2. Me encanta ir al campo. 3. Este regalo es para ti. 4. Lo que haces es bonito. 5. ¿Te gustan sus manos? 6. He hecho esto para ella. 7. Nunca había venido hasta aquí.

EJERCICIO DE CONTROL
Ponga las palabras que faltan:

1 *Ce que tu dis n'est pas vrai.*

.. ..

2 *C'est mon cadeau / frère.*

.. ..

.. ..

3 *Cette lampe est pour moi.*

....

6 — Oui. Te plaît-il ?
7 — Beaucoup. Où vas-tu la mettre ?
8 — Elle n'est pas pour moi. Je veux faire un cadeau.
9 Aux personnes que j'aime beaucoup, j'aime (leur) offrir quelque chose fait de (avec) mes propres mains.
10 — C'est joli ce que tu dis.
11 — Cela n'a pas d'importance. C'est simplement un geste que j'aime faire.
12 — Pour qui est le cadeau ?
13 — Pour toi.
14 — Jamais on ne m'avait fait un cadeau comme celui-ci.

(3) *No es para mí:* ce n'est pas pour moi. Même chose que dans la note numéro deux. *Mí* (accent sur le i) est le pronom personnel à distinguer de l'adjectif possessif, qui ne porte pas d'accent : *para mí:* pour moi ; *mi casa:* ma maison.

EXERCICE : 1. Ceci me plaît. 2. J'adore aller à la campagne. 3. Ce cadeau est pour toi. 4. Ce que tu fais est joli. 5. Ses mains te plaisent-elles ? 6. J'ai fait ceci pour elle. 7. Je n'étais jamais venu jusqu'ici.

NUNCA HABÍA TRABAJADO LA MADERA

26

4 *J'aime ses gestes.*

. .   . .

5 *Je n'avais jamais travaillé le bois.*

. . . .

CORRIGE DE L'EXERCICE : 1 lo que dices no es verdad. 2 es mi regalo / es mi hermano. 3 esta lámpara es para mí. 4 me gustan sus gestos. 5 nunca había trabajado la madera.

Lección 26

LECCION VEINTISIETE.

Mañana iremos de campo (1)

1 — ¿Qué haremos mañana? Tenemos el día libre.
2 — Mañana no es hoy. Yo no sé lo que querré.
3 — Tú tendrás que llamar a Roberto y estoy casi seguro de que pasaréis el día estudiando.
4 — No me acordaba de que le había prometido llamarle para preparar el examen juntos.
5 — ¿Crees que estará ahora en casa?
6 — No lo sé. ¿ Por qué me lo preguntas ?
7 — Porque se me acaba de ocurrir una idea. (2)
8   ¿Qué te parece si vamos de campo?
9   Tú y Roberto podréis estudiar si queréis y yo jugaré a la pelota con los niños.
10 — Me gusta tu idea.
11 — Habrá que madrugar para aprovechar todo el día. (3)
12 — Voy a llamar a Roberto para ver si está de acuerdo.

PRONUNCIACION: irémoss ... campo. **1** arémoss **2** kérré **3** tén'drass ... robérto ... paçaréiss **4** acordaba ... prométido ... éxamen' **5** ésstara. **6** prégoun'tass **7** ocourrir **9** podréiss ... Hougaré ... pélota **11** abra.

NOTES

(1) *El campo:* le champ ou la campagne. *Ir de campo* veut dire : aller passer le jour à la campagne ou à la forêt, etc. : aller pique-niquer.
(2) *Ocurrir:* Arriver, se passer, avoir lieu, et aussi venir à l'esprit ou à l'idée, passer par la tête (pensez à occurrence : *ocurrencia*). *Lo que ocurre* c'est la même chose que *lo que pasa:* ce qui se passe.

VINGT-SEPTIEME LEÇON

Demain, nous irons pique-niquer (de champ)

1 — Que ferons-nous demain ? Nous avons la journée (le jour) [de] libre.

2 — Demain [ce] n'est pas aujourd'hui. Je ne sais pas ce que je voudrai.

3 — Tu devras appeler Roberto et je suis presque sûr que vous passerez la journée (le jour) à étudier (étudiant).

4 — Je ne me souvenais plus que je lui avais promis de l'appeler pour préparer l'examen ensemble.

5 — Crois-tu qu'il sera à la maison maintenant ?

6 — Je ne le sais pas. Pourquoi me le demandes-tu ?

7 — Parce que je viens d'avoir une idée.

8 Que penserais-tu d'aller pique-niquer ? (Que te semble si nous allons de champ ?)

9 Toi et Roberto, vous pourrez étudier si vous voulez, et moi, je jouerai à la balle avec les enfants.

10 — Ton idée me plaît.

11 — Il faudra se lever de bonne heure pour profiter [de] toute la journée.

12 — Je vais appeler Roberto pour voir s'il est d'accord.

(3) L'expression impersonnelle "il faut + infinitif" se rend par **hay que** + **infinitif**. Avec cette construction, on exprime, au présent, une obligation matérielle d'ordre général. *Hay que divertirse:* il faut s'amuser.
Había que ir: il fallait y aller (à l'imparfait).
Habrá que encargarlo: il faudra le commander (au futur).

EJERCICIO: 1. Hoy tengo el día libre. **2.** Estaba casi seguro de que no ibas a venir. **3.** No me acordaba. **4.** No tengo ni idea. **5.** Se me acaba de ocurrir. **6.** ¿Jugarás con nosotros? **7.** Nosotros lo haremos.

*****

EJERCICIO DE CONTROL
Ponga las palabras que faltan:

1 *Seras-tu chez toi demain ?*

¿ . . . . ?

2 *Il ira ce soir au cinéma.*

. . . .

****

LECCION VEINTIOCHO.

VINGT-HUITIEME LEÇON

Revisión y notas

1. Le Passé Simple (voir note 1 de la leçon 22). Nous traduisons ici directement en passé simple, malgré la tournure archaïsante en français.
Verbes en **ar**
(yo) *tomé el tren:* je pris le train.
(tú) *jugaste con él:* tu jouas avec lui.
(él, ella usted) *habló poco:* il, elle parla ou vous parlâtes peu.
(nosotros) *cantamos:* nous chantâmes.
(vosotros) *fumasteis mucho:* vous fumâtes beaucoup.
(ellos, ellas ustedes) *telefonearon tarde:* ils, elles téléphonèrent ou vous téléphonâtes tard.

EXERCICE : 1. Aujourd'hui j'ai la journée de libre. 2. J'étais presque sûr que tu n'allais pas venir. 3. Je ne m'en souvenais pas. 4. Je n'en ai aucune idée. 5. Je viens d'en avoir l'idée. 6. Joueras-tu avec nous ? 7. Nous le ferons.

3   *Je viens d'avoir une idée.*

  . . . .

4   *Irez-vous pique-niquer dimanche ?*

  ¿ . . . . ?

5   *Joueras-tu avec les enfants ?*

  ¿ . . . . ?

CORRIGE DE L'EXERCICE : 1 estarás en tu casa mañana. 2 irá esta noche al cine. 3 se me acaba de ocurrir una idea. 4 iréis de campo el domingo 5 jugarás con los niños.

****

Verbes en **er** ou **ir**
(yo) *comí arroz:* je mangeai du riz.
(yo) *escribí ayer:* j'écrivis hier.
(tú) *quisiste salir:* tu voulus sortir.
(tú) *saliste pronto:* tu sortis tôt.
(él, ella, usted) *volvió solo:* il, elle rentra ou vous rentrâtes seul.
(él, ella, usted) *dijo esto:* il, elle dit ou vous dîtes ceci.
(nosotros, as) *creímos en él:* nous crûmes en lui.
(nosotros, as) *vinimos enseguida:* nous vînmes tout de suite.
(vosotros, as) *prometisteis venir:* vous promîtes de venir.
(ellos, ellas, ustedes) *lo vieron:* ils, elles le virent ou vous le vîtes.
(ellos, ellas, ustedes) *fueron a comer:* ils, elles allèrent ou vous allâtes manger.
Ceci vous précise les formes du passé simple, mais en outre, vous pouvez le prendre comme une révision de

Lección 28

vocabulaire. Oui, en effet, nous avons déjà vu tous ces verbes dans les leçons précédentes... En aviez-vous oublié ? C'est tout à fait normal, et vous auriez tort de vous inquiéter, dans la mesure où nous y reviendrons encore très souvent. Pour l'instant, il s'agit de se familiariser petit à petit avec eux. L'amitié est une recherche de longue haleine. Vous êtes déjà sur la piste.

2. **Les noms de pays** s'emploient presque tous sans article : *Bélgica* (belHica): la Belgique ; *Suiza:* la Suisse ; *Inglaterra:* l'Angleterre ; *Alemania:* l'Allemagne ; *Italia:* l'Italie ; *Rusia* (roucia): la Russie ; *Holanda:* la Hollande ; *Argelia* (arHélia): l'Algérie ; *Marruecos:* le Maroc ; *Europa* (éouropa): l'Europe ; *Asia* (acia); *Africa, América, Portugal,* etc.
Parmi les exceptions, qui prennent l'article: *el Japón, la Argentina, el Brasil* (bracil), *el Perú:* le Pérou ; *los Estados Unidos:* les Etats-Unis ; *la China:* la Chine ; *el Salvador:* le Salvador. En outre, quand un nom de pays est suivi d'un complément, il prend l'article : *la Francia del siglo XVIII (dieciocho):* la France du XVIIIe siècle ; *la España de Carlos V (quinto):* l'Espagne de Charles-Quint.

3. **Le participe présent**
Formation :
Verbes en *-ar:* radical + *ando; jugar* ⟶ *jugando* (jouer, jouant).
Verbes en *-er* et en *-ir:* radical + *iendo; beber* ⟶ *bebiendo* (boire, buvant) ; *salir* ⟶ *saliendo* (sortir, sortant).
Le participe présent est plus connu en castillan comme *"el gerundio"* (Héroundio): le gérondif.
La durée : *estar* + **gérondif** (leçon 24, note 1).
Estar + gérondif correspond en français à "être en train de..." : *estoy hablando:* je suis en train de parler ; *estábamos comiendo:* nous étions en train de manger.

4. **Les démonstratifs** (voir note 2 de la leçon 26 et note 1 de la leçon 12) :
En castillan, il y a trois démonstratifs : *este, ese, aquel.* Ils peuvent être pronoms ou adjectifs.
Les pronoms démonstratifs sont toujours accentués. Mais cet accent que porte le pronom n'est pas seulement un simple signe qui viserait à établir une différence nous

permettant de ne pas les confondre, mais il indique aussi une insistance dans la prononciation.

Les pronoms démonstratifs :

Genre :	Masculin	Féminin	Neutre
1	éste: celui-ci éstos: ceux-ci	ésta: celle-ci éstas: celles-ci	esto: ceci
2	ése: celui-là ésos: ceux-là	ésa: celle-là ésas: celles-là	eso: cela
3	aquél: celui-là aquéllos: ceux-là	aquélla: celle-là aquéllas: celles-là	aquello: cela

(colonne de gauche : Personnes)

Le pronom neutre n'est pas accentué, mais cela ne pose aucun problème puisqu'il n'y a pas d'adjectif neutre ; par ailleurs, ses formes : *esto, eso* et *aquello,* sont invariables.

Les adjectifs démonstratifs :

Genre :	Masculin	Féminin
1	este: ce, cet . . . . (ci) estos: ces . . . . (ci)	esta: cette . . . . (ci) estas: ces . . . . (ci)
2	ese: ce, cet . . . . (là) esos: ces . . . . (là)	esa: cette . . . . (là) esas: ces . . . . (là)
3	aquel: ce, cet . . . . (là) aquellos: ces . . . . (là)	aquella: cette . . . . (là) aquellas: ces . . . . (là)

(colonne de gauche : Personnes)

Este est le démonstratif correspondant à la première personne. Il est utilisé aussi pour faire référence aux objets appartenant à la personne qui parle ou qui sont près d'elle : *ésta es mi casa:* celle-ci est ma maison.
Ese est le démonstratif correspondant à la deuxième personne. Il désigne les objets appartenant à la personne

à qui l'on s'adresse ou aux objets qui sont près d'elle: *ésa es tu hermana:* celle-là est ta sœur.

Aquel est le démonstratif correspondant à la troisième personne. Il nous sert à désigner ce qui est éloigné d'une manière générale : *aquélla fue una época...:* celle-là fut une époque...

Nous l'avons dit dans la précédente leçon de révision, mais nous le rappelons : un tableau n'est pas un point d'amarrage mais un point de repère. Maintenant, vous avez une idée de ce que sont les démonstratifs, mais ne vous y attardez pas. Si, par la suite, vous avez une difficulté, vous savez où vous pouvez vous reporter.

5. **Lo que... Lo de...** (voir note 1, leçon 26) :
Lo que como me gusta: Ce que je mange me plaît. *Esta casa es la de mi amiga:* Cette maison est celle de mon amie.

6. **Le Futur** (voir leçon 27) :
Verbes en **ar**
(yo) *tomaré el tren:* je prendrai le train.
(tú) *jugarás con él:* tu joueras avec lui.
(él, ella, usted) *hablará poco:* il, elle parlera ou vous parlerez peu.
(nosotros, as) *cantaremos:* nous chanterons.
(vosotros, as) *fumaréis mucho:* vous fumerez beaucoup.
(ellos, ellas, ustedes) *telefonearán tarde:* ils, elles téléphoneront ou vous téléphonerez tard.
Verbes en **er** ou **ir**
Comme les verbes en *ar;* c'est-à-dire :en ajoutant *é, ás, á, emos, éis, án* à l'infinitif ; *comer: comeré, comerás,* etc. ; *vivir: viviré, vivirás,* etc.

7. **Les mots négatifs**: *Nunca, jamás:* jamais (voir phrase 14, leçon 26) ; *nada:* rien ; *nadie:* personne (voir phrase 11, leçon 22) ; *tampoco:* non plus ; *ninguno:* aucun ; *ni:* ni, se construisent sans négation quand ils précèdent le verbe, et avec la négation *no,* quand ils le suivent.

8. **A écrire en castillan** (deuxième vague)

1 Fit-il beau temps dimanche dernier ? - Oui, et nous fûmes à la plage.
2 Cela faisait une semaine que j'étais rentré lorsqu'il me téléphona.
3 Qu'es-tu en train de faire ? - Je suis en train de jouer avec les enfants.
4 Je ne sais pas si tu aimeras ce repas. - Je pense qu'il me plaira.
5 Jamais tu ne m'avais dit ce que tu m'as dit aujourd'hui.
6 Demain je devrai me lever de bonne heure, parce que je dois partir en voyage. - Je t'accompagnerai à la gare.

9. **Traduction**

1 ¿Hizo buen tiempo el domingo pasado? - Sí, y fuimos a la playa.
2 Hacía una semana que había vuelto cuando me telefoneó.
3 ¿Qué estás haciendo? - Estoy jugando con los niños.
4 No sé si te gustará esta comida. - Creo que me gustará.
5 Nunca me habías dicho lo que me has dicho hoy.
6 Mañana tendré que madrugar porque tengo que salir de viaje. - Te acompañaré a la estación.

LECCION VEINTINUEVE.

Calado hasta los huesos

1 Pablo e Isabel se han dado cita a la salida del trabajo.
2 Quieren volver a casa juntos.
3 Como llueve y no tiene paraguas, Isabel decide entrar a tomar un té con Miguel en un bar. (1)
4 — Me extraña que Pablo se retrase, es siempre tan puntual...
5 — Habrá tenido, seguramente, un problema a última hora.
6 — Además, con este tiempo no se puede esperar fuera.
7 — En fin, esperemos que venga pronto.
8 — ¡Mírale ! Allí llega. Parece que me busca.
9 — Sí. Es él, voy a salir a decirle que estás aquí.
10 ¡Pablo...! Isabel está dentro; como no venías, hemos entrado a tomar algo.
11 — Habéis hecho bien. Yo creía que no iba a terminar nunca.
12 Empezaba a preocuparme porque no podía advertir a Isabel y no podía, tampoco, dejar el trabajo.
13 ¡Cómo llueve, estoy calado!
14 — Ven a tomar algo caliente.

PRONUNCIACION: calado ... ouéçoss 1 dado 2 volver 3 llouèvé ... paragouass ... décidé en'trar ... tomar ... miguel ... bar. 4 rétraçé poun'toual 5 oultima 6 espérar fouéra. 7 fin' espérémoss ven'ga 8 miralé a/i ... bousca. 9 aki 10 den'tro ... véniass ... en'trado 11 iba terminar. 12 em'pésaba préocouparmé ... advértir. 14 calien'té.

NOTES

(1) *Paraguas:* parapluie ; vous y trouvez *para:* pour et *aguas:* eaux ; pour les eaux. Ou encore : *Parar* c'est arrêter et vous pouvez penser à « arrêt des eaux ».

VINGT-NEUVIEME LEÇON

Trempé jusqu'aux os

1 Pablo et Isabel se sont donnés rendez-vous à la sortie du travail.

2 Ils veulent rentrer, à [la] maison, ensemble.

3 Comme il pleut et qu'elle n'a pas de parapluie, Isabel décide d'entrer prendre un thé avec Miguel dans un bar.

4 — [Cela] m'étonne que Pablo soit en retard (se retarde), il est toujours si (autant) ponctuel...

5 — Il aura eu sûrement un problème au dernier moment (heure).

6 — En plus, avec ce temps, on ne peut pas attendre dehors.

7 — Enfin, espérons qu'il arrivera (vienne) bientôt.

8 — Regarde-le ! Il arrive là-bas. Il semble (paraît) qu'il me cherche.

9 — Oui. [C']est lui, je vais sortir lui dire que tu es ici.

10 Pablo... ! Isabel est à l'intérieur (dedans), comme tu ne venais pas, nous sommes entrés prendre quelque chose.

11 — Vous avez bien fait. Je croyais que je n'allais jamais finir.

12 Je commençais à me préoccuper parce que je ne pouvais pas avertir Isabel et je ne pouvais, non plus, quitter (laisser le) mon travail.

13 Qu'est-ce qu'(Comment)il pleut ! Je suis trempé !

14 — Viens prendre quelque chose [de] chaud.

EJERCICIO: 1. Queríamos pasearnos juntos. **2.** Me extraña. **3.** A última hora no pude venir. **4.** Dentro hace más calor que fuera. **5.** Habéis hecho bien. **6.** Empezaba a preocuparme. **7.** Estoy calado.

EJERCICIO DE CONTROL
Ponga las palabras que faltan:

1 *Nous voulons rentrer ensemble / tôt.*

Queremos . . . .

Queremos . . . .

2 *Cela m'étonne qu'il ne soit pas encore arrivé.*

. . . . que no haya . . . .

3 *Je vais aller dehors pour le lui dire.*

Voy . . . . para . . . .

4 *Vous avez bien fait / ce que je voulais.*

. . . . bien.

. . . . quería.

5 *Comme il ne venait pas, nous sommes partis.*

. . . . nos . . . . . ido.

****

LECCION TREINTA.

Hacer su casa

1 — Los alumnos que he tenido este año quieren hacer una fiesta de fin de curso. **(1)**

PRONUNCIACION: 1 aloum'nos ... ténido ... agno ... fiéssta ... courço

EXERCICE : 1. Nous voulions nous promener ensemble. 2. Cela m'étonne. 3. Au dernier moment, je ne pus pas venir. 4. Dedans il fait plus chaud que dehors. 5. Vous avez bien fait. 6. Je commençais à me préoccuper. 7. Je suis trempé.

*****

CORRIGE DE L'EXERCICE : 1 volver juntos. / volver pronto. 2 me extraña - llegado todavía. 3 a ir fuera - decírselo. 4 habéis hecho / habéis hecho lo que. 5 como no venía - hemos.

*****

Petit à petit, la langue se fait plus idiomatique. Peut-être certaines tournures qui diffèrent du français vous échappent-elles, et si vous n'êtes pas un « passionné » des recherches en ce qui concerne les langues, continuez votre apprentissage sans **romperse la cabeza** *(vous casser la tête) avec les « pourquoi ». Vous vous y ferez peu à peu, tout naturellement.*

N'oubliez pas :

— qu'en castillan, même les verbes de mouvement sont conjugués aux temps composés avec *haber ;*
— que le *s* entre deux voyelles reste dur ;
— que *esperar* signifie espérer ou attendre ;
— de faire attention à la *jota* (Hota): *dejar, trabajo, juntos, ejercicio.*

****

TRENTIEME LEÇON

Faire sa maison

1 — Les élèves que j'ai eus cette année veulent faire une fête de fin d'année (cours).

NOTES

(1) *Año:* an ou année ; en castillan est toujours masculin.

2   Les he propuesto hacerla en nuestra casa. ¿Qué te parece? (2)

3 — Muy bien, pero no olvides que esta semana tenemos todos los días ocupados.

4 — ¿Tanto tenemos que hacer?

5 — Si queremos que la casa esté terminada antes de irnos de vacaciones, tendremos que trabajar mucho este mes. (3)

6 — Mañana, domingo, tenemos que raspar las dos habitaciones del segundo piso. (4)

7   El lunes habrá que ir a comprar la madera para terminar la escalera.

8   El martes podemos pintar la cocina y una habitación. (5)

9   El miércoles la otra habitación y comenzar la escalera.

10   El jueves terminar la escalera y arreglar la chimenea.

11   El viernes estaría bien poder limpiar y ordenar un poco todo.

12   Y el sábado... el sábado todo estaría listo para hacer la fiesta.

13 — Creo que es un buen programa y, además, será la ocasión para celebrar el fin de los trabajos.

14 — Pues... ¡Manos a la obra!

2 propouéssto acerla 3 olvidéss 5 éssté términada ... irnoss ... tén'drémoss 6 ... domin'go ... rasspar ... ségoun'do piço 7 ésscaléra. 8 podémoss pin'tar ... cocina 9 comen'sar 10 Houévéss ... arréglar ... tchiménéa 11 viernéss ésstaria ... poder lim'piar ... ordénar 12 sabado ... lissto 13 ... programa ... ocaçion ...14 obra.

NOTES

(2) Chez est une préposition qui n'existe pas en castillan et nous allons dire en nuestra casa: chez nous ; ven a mi casa: viens chez moi, etc.
(3) Este mes: ce mois-ci ; voilà l'adjectif démonstratif que nous avons vu précédemment.
(4) Tenemos que: nous devons ; il faut que nous... Vous en souvenez-vous ?

2   Je leur ai proposé de la faire dans notre maison. Qu'en penses-tu ?

3 — Très bien, mais n'oublie pas que cette semaine nous avons tous les jours occupés [tous nos jours sont pris].

4 — Avons-nous tant [de choses] à faire ?

5 — Si nous voulons que la maison soit finie avant de partir (nous en aller) en vacances, nous devrons travailler beaucoup ce mois -[ci].

6 — Demain dimanche nous devons décaper (râcler) les deux chambres du deuxième étage.

7   Lundi, il faudra aller acheter le bois pour finir l'escalier.

8   Mardi, nous pouvons peindre la cuisine et une chambre.

9   Mercredi, l'autre chambre et commencer l'escalier.

10   Jeudi, finir l'escalier et arranger la cheminée.

11   Vendredi, cela serait bien de nettoyer et ranger un peu tout.

12   Et samedi... samedi, tout serait prêt pour faire la fête.

13 — Je crois que c'est un bon programme et en plus cela sera l'occasion de (pour) fêter (célébrer) la fin des travaux.

14 — Alors... à l'œuvre ! (mains à l'œuvre !)

NOTES

(5) Avez-vous remarqué que devant chaque jour de la semaine, il y a toujours l'article *el?* On ne le place pas si nous utilisons *mañana:* demain (voir phrase numéro 6) ; *ayer:* hier, ou encore *pasado mañana:* après-demain et *antes de ayer* ou *anteayer:* avant-hier.

EJERCICIO: 1. Los alumnos han tenido un examen. **2.** No olvides tu trabajo. **3.** Acabo de terminar de leer el libro. **4.** Mañana, sábado, tomaré un día de descanso. **5.** Esta chimenea calienta mucho. **6.** Hoy, voy a limpiar mi habitación. **7.** No voy a dejar pasar la ocasión.

EJERCICIO DE CONTROL
Ponga las palabras que faltan:

1 *Mes amis ont fait une maison / une fête.*

. . . . han . . . .

. . . . han . . . .

2 *Il y a un mois que j'ai fini les cours / une semaine.*

. . . . que . . . . cursos.

. . . . que . . . .

. . . . . .

****

LECCION TREINTA Y UNA.

Las cuatro estaciones (1)

1 En primavera, la naturaleza se viste de colores.
2 Los árboles están en flor.
3 La vida resucita en los campos y los jardines florecen.
4 Los pájaros, como los niños, parecen despertarse.
5 Los armarios se vacían y se rellenan.

PRONUNCIACION: esstacioness. 1 primavéra ... natouraléça ... vissté ... coloréss 2 árboless ... flor 3 réçoucita ... Hardiness floréss. 5 ré*ll*énan'.

EXERCICE : 1. Les élèves ont eu un examen. 2. N'oublie pas ton travail. 3. Je viens de finir de lire le livre. 4. Demain, samedi, je prendrai un jour de repos. 5. Cette cheminée chauffe beaucoup. 6. Aujourd'hui, je vais nettoyer ma chambre. 7. Je ne vais pas laisser passer l'occasion.

3 *Mercredi il faudra aller acheter la peinture.*

. . . . que . . . .

. . pintura.

4 *Cette semaine il y a un bon programme de cinéma.*

. . . . de

cine.

5 *Dis-le moi / le lui.*

. . . . . .

. . . . . .

CORRIGE DE L'EXERCICE : 1 mis amigos - hecho una casa / mis amigos - hecho una fiesta. 2 hace un mes - terminé los. / hace una semana - terminé los cursos. 3 el miércoles habrá - ir a comprar la. 4 esta semana hay un buen programa. 5 dímelo / díselo.

****

TRENTE ET UNIEME LEÇON

Les quatre saisons

1 Au printemps, la nature s'habille en (de) couleurs.
2 Les arbres sont en fleur[s].
3 La vie ressuscite dans les champs, et les jardins fleurissent.
4 Les oiseaux comme les enfants, semblent se réveiller.
5 Les armoires se vident et se remplissent.

NOTES

(1) *Estación,* deux significations pour ce mot : gare et saison.

6   El verano es la estación en la que la tierra ofrece al hombre sus frutos.

7   Es la época de la cosecha en los campos y de la recolección de la fruta. **(2)**

8   Los días son más largos. El sol se levanta más pronto y se pone más tarde. **(3)**

9   En las ciudades, se aprovecha para coger las vacaciones. **(4)**

10 En otoño, el vino llega a las bodegas.

11 Los árboles dejan caer sus hojas.

12 Los colegiales vuelven a tomar el camino de la escuela.

13 En invierno, la vida es más lenta. La nieve reviste la tierra de blanco.

14 Todo parece reposar y, en silencio, se espera el nuevo ciclo.

6 bérano ... tiérra (r fortement roulé) ofréce ... om'bré ... froutoss 7 época ... cossétcha ... récolék'ción. 8 largoss ... lévan'ta ... pron'to 10 otogno ... bódégass 11 caér ... oHass 12 coléHialess ... camino ... ésscouéla 13 in'bierno ... len'ta niévé révissté 14 répoçar ... silen'cio ... nouébo ciclo.

*****

EJERCICIO: 1. Hoy me voy a vestir de blanco. 2. Estos árboles tienen muchas hojas. 3. Los pájaros vuelan. 4. Este verano hace mucho calor. 5. La cosecha ha sido muy buena. 6. El sol se levanta y se pone. 7. La fruta me gusta.

EJERCICIO DE CONTROL
Ponga las palabras que faltan:

1 *Cette année, la moisson aura lieu plus tôt.*

. . . . , . . cosecha tendrá lugar . . . .

6 L'été est la saison pendant (dans) laquelle la terre offre à l'homme ses fruits.

7 C'est l'époque de la moisson dans les champs et de la récolte des fruits.

8 Les jours sont plus longs. Le soleil se lève plus tôt et se couche (met) plus tard.

9 Dans les villes on [en] profite pour prendre les [des] vacances.

10 En automne, le vin arrive dans les caves.

11 Les arbres laissent tomber leurs feuilles.

12 Les écoliers reprennent le chemin de l'école.

13 En hiver, la vie est plus lente. La neige revêt la terre de blanc.

14 Tout semble reposer, et en silence on attend le nouveau cycle.

EXERCICE : 1. Aujourd'hui, je vais m'habiller en (de) blanc. **2.** Ces arbres ont beaucoup de feuilles. **3.** Les oiseaux volent. **4.** Cet été, il fait très chaud. **5.** La moisson a été très bonne. **6.** Le soleil se lève et se couche. **7.** J'aime les fruits.

NOTES

(2) *Fruta:* fruit, désigne les fruits comestibles d'une saveur agréable telles que la pomme, la fraise, la cerise, etc. Il est généralement employé au singulier dans le sens de « fruits » (au pluriel) : *a mí me gusta la fruta:* j'aime les fruits. *Fruto* (au masculin) est employé surtout pour faire référence à une conséquence ou un produit, *el fruto de mi trabajo:* le fruit de mon travail.

(3) Pour les astres, nous disons toujours *poner* (mettre) à la place de *acostarse* qui correspond à se coucher.

(4) Prendre : deux verbes en castillan : *coger* et *tomar.*

Lección 31

2   *Les arbres de mon jardin sont en fleurs.*

. . . . de mi . . . .

3   *Aujourd'hui, le soleil s'est couché plus tard qu'hier.*

. . . . se ha puesto . . . . que . . . .

4   *Chaque saison dure trois mois.*

Cada . . . . dura . . . .

****

LECCION TREINTA Y DOS

Los puntos cardinales

1   Me gustaría conocer un poco más España.
2   He hecho un amigo que me cuenta muchas cosas.
3   Hoy quiero hacerle algunas preguntas sobre la situación geográfica de ese país, que tanto me hace soñar. (1)
4   — ¡Hola Marcos! Te estaba esperando. (2)
5   — He venido en cuanto he podido y te traigo algunos mapas. Si quieres, podemos ojearlos juntos. (3)

PRONUNCIACION: poun'tos cardinaless. **1** goustaria. **2** couen'ta **3** prégoun'tass sobré sitouacion Héografica ... sognar. **4** marcoss ... ésspéran'do **5** podido ... traïgo ... mapas ... oHéarloss.

5 *En hiver il fait froid / en été, chaud.*

. .   . .   frío.

. .   . .

CORRIGE DE L'EXERCICE: 1 este año la - más pronto. **2** los árboles - jardín están en flor. **3** hoy el sol - más tarde - ayer. **4** estación - tres meses. **5** en invierno hace. / en verano hace calor.

****

TRENTE-DEUXIEME LEÇON

Les points cardinaux

1   J'aimerais connaître un peu plus [l']Espagne.
2   Je [me] suis fait un ami qui me raconte beaucoup [de] choses.
3   Aujourd'hui je veux lui poser (faire) quelques questions sur la situation géographique de ce pays qui me fait tant rêver.
4   — Salut, Marcos ! J'étais en train de t'attendre.
5   — Je suis venu dès que j'ai pu et je t'apporte quelques cartes. Si tu veux nous pouvons [y] (les) jeter un coup d'œil ensemble.

NOTES

(1) *Hacerle algunas preguntas:* lui poser quelques questions ; nous pouvons dire aussi *ponerle algunas preguntas; poner* dans ce sens, c'est effectivement, aussi, poser. Retenez les deux possibilités et n'oubliez pas que ces deux verbes sont très riches en sens.

(2) *Te estaba esperando:* je t'attendais, mais dans le sens dont nous avons parlé au paragraphe numéro trois de la leçon 28. Allez-y !

(3) Le verbe *ojear* (la racine est *ojo:* œil) veut dire regarder, examiner. Dans la phrase numéro 4 des exercices vous avez une expression qui s'y rattache et qui est d'ailleurs très courante ; *echar una ojeada:* jeter un coup d'œil.

6 — De acuerdo. Con los mapas, será más fácil hacerme una idea. (4)

7 — España y Portugal forman la península Ibérica.

8 En líneas generales, podemos decir que España limita:

9 Al norte con Francia y el mar Cantábrico. (5)

10 — ¿El mar Cantábrico?

11 — Sí, el mar Cantábrico es el nombre que dan los españoles

12 a esa parte del Atlántico.

13 Al sur, España limita. con el mar Mediterráneo y Africa en general.

14 Al este, con el Mediterráneo y al oeste, con Portugal y el océano Atlántico.

6 fassil 7
portougal forman' ... penin'soula ibérica 8 linéass Hénéraless ... limita 9 ..norté ... fransia .. can'tabrico 11 nom'bré ... ésspagnoless 12 parté ... atlan'tico. 13 sour ... méditérráneo ... africa. 14 oéssté.

EJERCICIO: 1. He hecho un amigo en la playa. 2. Quería hacerle algunas preguntas. 3. He venido en cuanto he podido. 4. Vamos a echar una ojeada. 5. Me gustaría comprar algunos mapas. 6. Los puntos cardinales son: norte, sur, este y oeste.

EJERCICIO DE CONTROL
Ponga las palabras que faltan:

1 *Donne-moi un peu plus d'argent / Donnez-moi.*

. . . . de dinero.

. . . .

2 *Nous voulons lui faire un cadeau.*

. . . . un . . . .

6 — D'accord. Avec les cartes il [me] sera plus facile de me faire une idée.

7 — [L']Espagne et [le] Portugal forment la péninsule Ibérique.

8 En règle (lignes(s) générales(s)), nous pouvons dire que [l']Espagne est délimitée (limite) :

9 Au nord par (avec) [la] France et la mer Cantabrique.

10 — La mer Cantabrique ?

11 — Oui, la mer Cantabrique est le nom que donnent les Espagnols

12 à cette partie de l'Atlantique.

13 Au sud [l']Espagne est délimitée par (limite avec) la mer Méditerranée et [l']Afrique en général.

14 A l'est par (avec) la Méditerranée et à l'ouest par (avec) [le] Portugal et l'océan Atlantique.

NOTES

(4) Ne pas confondre *mapa*: carte, et *carta*: lettre.

(5) *Mar* en castillan est masculin dans le langage courant (la mer Rouge : *el mar Rojo),* mais il est féminin dans le langage des marins et des pêcheurs. Il l'est aussi dans des locutions comme haute mer : *alta mar,* basse mer : *baja mar ;* un tas de choses : *la mar de cosas.*

EXERCICE : 1. Je me suis fait un ami à la plage. **2.** Je voulais lui (ou vous) poser quelques questions. **3.** Je suis venu dès que j'ai pu. **4.** Nous allons jeter un coup d'œil. **5.** J'aimerais acheter quelques cartes. **6.** Les points cardinaux sont : [le] nord, [le] sud, [l']est et [l']ouest.

3 *Il vint dès qu'il put.*

. . . . en . . . .

4 *Si tu vas vers le nord tu trouveras la mer.*

Si . . . . encontrarás . . . . .

****

LECCION TREINTA Y TRES

Un año

1 Enero es el primer mes del año. A menudo, decimos:

2 Estamos a principios de año. (1)

3 Febrero es el mes más corto del año.

4 En marzo, se cierra el primer trimestre y comienza la primavera.

5 En abril, aguas mil. (2)

6 Mayo es el mes de las flores.

7 Junio: comienzo del verano, vacaciones escolares y fin del primer semestre.

8 Julio tiene dos significados en castellano. (3)

9 Agosto es el mes de la cosecha. De ahí viene la frase: "Hacer su agosto". (4)

10 El otoño comienza en septiembre.

11 En octubre, el tiempo es ya más gris.

12 La vida nocturna disminuye en noviembre. El año va apagándose.

13 En diciembre, entramos en invierno y nos preparamos para

14 festejar el fin de año y el año nuevo.

PRONUNCIACION: 1 énéro ... primér mess ... ménoudo décimoss. 2 prin'cipioss 3 fébréro... corto 4 março ciérra ... trimesstré ... comien ça 5 abril ... mil. 6 maïo 7 Hounio ... sémesstré. 8 Houlio ... siHnificadoss. 9 agossto ... aï ... frassé 11 octoubré ... griss. 12 noctouna disssinouïe ... nobiem'bré ... apagan'doçé 13 dissiem'bré en'tramoss ... préparamoss 14 fesstéHar.

5   *Il fait plus de chaleur au sud qu'au nord.*

. . . . calor . . . . . que al . . . . .

CORRIGE DE L'EXERCICE : 1 dame un poco más. / déme (ou dadme)
un poco más de dinero. **2** queremos hacerle - regalo. **3** vino - cuanto
pudo. **4** vas hacia el norte - el mar. **5** hace más - al sur - norte.

****

TRENTE-TROISIEME LEÇON

Un an (ou une année)

1   Janvier est le premier mois de l'année. Souvent nous
    disons :
2   Nous sommes au début (à principes) de l'année.
3   Février est le mois (le) plus court de l'an.
4   En mars se termine (ferme) le premier trimestre et
    commence le printemps.
5   En avril ne te découvre pas d'un fil.
6   Mai est le mois des fleurs.
7   Juin : début (commencement) de l'été, vacances
    scolaires et fin du premier semestre.
8   Juillet a deux significations en castillan.
9   Août est le mois de la moisson. De là vient la
    phrase : « Faire son août ».
10 L'automne commence en septembre.
11 En octobre, le temps est déjà plus gris.
12 La vie nocturne diminue en novembre. L'année va
    s'éteignant.
13 En décembre, nous entrons en hiver ; et nous nous
    préparons (pour) à
14 fêter la fin de l'année et le nouvel an.

NOTES

(1) *Principio:* commencement, début, mais aussi : principe.
(2) Cette phrase est un proverbe et nous l'avons traduit non pas
    littéralement ; en avril, eaux mille (des eaux par milliers), mais par le
    proverbe correspondant en français.
(3) *Julio* est aussi bien juillet que le prénom Jules.
(4) *"Hacer su agosto"* est une locution qui veut dire « faire son beurre »,
    s'enrichir.

EJERCICIO: 1. Fiestas de principios de año. **2.** Este trimestre me ha parecido corto. **3.** Dicen que en abril llueve mucho. **4.** Este semestre tendremos más vacaciones **5.** Esta ciudad tiene mucha vida nocturna **6.** Aquel invierno fue más frío. **7.** Fiestas de fin de año.

EJERCICIO DE CONTROL
Ponga las palabras que faltan:

1 *L'hiver dernier il neigea souvent / fit très froid.*

. . . . nevó . . . .

. . . . hizo . . . .

2 *Nous venons de commencer la nouvelle année.*

. . . . de comenzar . . . .

3 *Cet été, il a fait très chaud.*

. . . . mucho . . . . .

4 *Pourras-tu venir l'été prochain ?*

¿ . . . . el . . . . ?

5 *Nous ferons la fête de fin d'année ensemble.*

Haremos . . . . de . . . .

****

LECCION TREINTA Y CUATRO.

El color

1 — Háblame de los colores.
2 — Haremos una frase para cada color y tú los combinarás luego. (1)

PRONUNCIACION: 1 ablamé. 2 arémoss ... com'binarass.

EXERCICE : 1. Fêtes de début d'année. **2.** Ce trimestre m'a semblé court. **3.** On dit (ils disent) qu'en avril il pleut beaucoup. **4.** Ce semestre, nous aurons plus de vacances. **5.** Cette ville a beaucoup de vie nocturne. **6.** Cet hiver-là fut plus froid. **7.** Fêtes de fin d'année.

ESTE VERANO HA HECHO MUCHO CALOR

CORRIGE DE L'EXERCICE: 1 el invierno pasado - a menudo. / el invierno pasado - mucho frío. **2** acabamos - el nuevo año. **3** este verano ha hecho - calor. **4** podrás venir - verano próximo. **5** la fiesta de fin - año juntos.

****

TRENTE-QUATRIEME LEÇON

La couleur (masculin)

1 — Parle-moi des couleurs.
2 — Nous ferons une phrase pour chaque couleur et toi, tu les combineras après.

NOTES

(1) Remarquez : *y tú los combinarás:* et toi tu les combineras ; ce *tú* est traduit en français par toi, tu... A la leçon numéro 2, nous disions déjà que l'emploi des pronoms en castillan exprime une certaine insistance.

3   En Africa, hay una mayoría negra.

4   El color de la sangre de todos los hombres es rojo.

5   La esperanza se representa con el color de los árboles: el verde.

6   Amarillo es el color del sol.

7   Gris el del tiempo de lluvia.

8   "La vida en rosa" (2) es una canción de Edith Piaf.

9   El color castaño, es el que generalmente llamamos marrón,

10 palabra que se ha convertido en un galicismo muy empleado

11 en todas las partes de España. (3)

12 Tus ojos tienen el color del cielo y el mar: son azules.

13 La nieve es blanca.

14 La lista de los colores es inmensa, pero puedes obtener muchos mezclando los que hemos enumerado. (4)

3 maïoria. 4 san'gré 5 esspérança ... répréçen'ta ... vérdé. 6 amari/lo 7 /louvia. 8 roça ... can'cion. 9 casstagno ... marron'. 10 palabra con'bértido ... galicissmo ... ém'pléado. 12 oHoss ... ciélo ... açuless. 14 in'men'sa ... obténer ... méç'clan'do ... énoumérado.

NOTES

(2) Etant donné qu'il s'agit du titre d'une chanson très connue nous avons traduit mot à mot. Néanmoins si la chanson était castillane nous aurions dit : La vida de color de rosa (voir phrase 1 de l'exercice). Lorsqu'il s'agit d'indiquer le type de matière ou parler des couleurs (dans l'habillement, par exemple)'en' se traduit par de. Je vais peindre !a table en bleu : voy a pintar la mesa de azul.

*****

EJERCICIO: 1. Tú ves siempre todo de color de rosa. **2.** Este gris no me gusta. **3.** No bromees. **4.** Tenemos que elegir un color. **5.** Yo prefiero el verde o el amarillo. **6.** Dame mi camisa azul. **7.** Mezclando el rojo y el blanco he obtenido el rosa.

3	En Afrique il y a une majorité noire.
4	La couleur du sang de tous les hommes est rouge.
5	L'espoir se représente par (avec) la couleur des arbres : le vert.
6	Jaune est la couleur du soleil.
7	Gris celle du temps de pluie.
8	« La vie en rose » est une chanson d'Edith Piaf.
9	La couleur marron (châtain) est celle que nous appelons généralement « marrón »,
10	mot qui est devenu (s'est converti en) un gallicisme très employé
11	partout (en toutes les parties de) en Espagne.
12	Tes yeux ont la couleur du ciel et [de] la mer : ils sont bleus.
13	La neige est blanche.
14	La liste des couleurs est immense, mais tu peux en obtenir beaucoup en mélangeant celles (ceux) que nous avons énumérées.

NOTES

(3) *En todas las partes:* partout.
(4) *Mezclando:* en mélangeant ; le participe présent français, précédé de en, donne un véritable gérondif en castillan. En général, il exprime la manière et répond donc à la question comment ? - *He roto la taza:* j'ai cassé la tasse ; - *¿Cómo?:* comment ? - *Jugando:* en jouant.

EXERCICE : 1. Tu vois toujours tout en rose. **2.** Ce gris ne me plaît pas. **3.** Ne plaisante pas. **4.** Nous devons choisir une couleur. **5.** Je préfère le vert ou le jaune. **6.** Donne-moi ma chemise bleue. **7.** En mélangeant le rouge et le blanc j'ai obtenu le rose.

Lección **34**

EJERCICIO DE CONTROL
Ponga las palabras que faltan:

1 *La nature est une symphonie de couleurs.*

. .   . .`   . .   . . . . sinfonía   . .

. . . . . .

2 *Au printemps beaucoup de fruits sont encore verts.*

. .   . .   muchas   . . . .

. . . .

****

LECCION TREINTA Y CINCO.

TRENTE-CINQUIEME LEÇON

Revisión y notas

1. **Pronunciación**: Rappelez vous que le *c* devant *e* et *i* se prononce comme un s imparfait. Si vous savez l'anglais, prononcez comme le th dur dans think. Exercez-vous : *lección, tercera, cinco, conocer, decimos, principio, vacaciones, hacer, fácil.* Le *z* se prononce toujours comme le c dans *ce, ci.* Rappelons que les sons français en, on, un, in, n'existent pas en castillan, la voyelle suivie de *n* ou *m* garde toujours sa valeur propre. Par exemple, dans *lección,* prononcez le *o* et le *n* séparément, comme en français dans **on**éreux. Exercez-vous : *pronunciación, canción, nunca, seguramente, quieren, tienen, tendremos, domingo, marrón, estación, pronto.*

2. **L'infinitif est précédé de a** après un verbe de mouvement : je vais acheter un livre : *voy a comprar un libro.* Il viendra me le dire : *vendrá a decírmelo.* Dans les autres cas, il n'y a pas de règle fixe pour la préposition.

3 *J'aime les couleurs de ta maison.*

. . . .

4 *De quelle couleur vas-tu peindre ta chambre ?*

¿ . . . . pintar . .

. . . . ?

5 *Je voudrais la peindre en blanc.*

Quisiera . . . . de . . . . . .

CORRIGE DE L'EXERCICE: 1 la naturaleza es una - de colores. **2** en primavera - frutas están todavía verdes. **3** me gustan los colores de tu casa. **4** de qué color vas a - tu habitación. **5** pintarla - blanco.

****

3. Acabar: achever, finir, synonyme de *terminar:* terminer. Dernièrement, vous avez trouvé quelques phrases avec ce verbe, mais avec la préposition *de, acabar de,* c'est venir de, c'est-à-dire avoir fait quelque chose à l'instant. Je viens de parler de vous: *acabo de hablar de usted.*

Lección 35

4. **Complément direct avec** *a*. Me plaire, à moi ?
M'attendre à moi ? Cet emploi du à, abusif en français (et
répandu dans le midi) est correct en castillan, quand il
s'agit d'une personne ou d'une chose personnifiée.
J'attends un ami : *espero a un amigo*. Tromper la mort :
engañar a la muerte (état personnifié).
Querer s'emploie sans *a* quand il signifie vouloir, mais
avec *a* quand il signifie aimer. Mon amie veut un enfant :
mi amiga quiere un niño. J'aime les enfants : *quiero a los
niños*.

5. **Les nombres**. Pour apprendre à compter, n'oubliez
pas de lire régulièrement les numéros des pages.
Notons les particularités suivantes :
Ciento (100) : suivi d'un nom, d'un adjectif qualificatif ou
de *mil* ou *millón* perd la syllabe *to*: 102 francs : *ciento dos
francos;* mais... : 100 francs : *cien francos;* 100 000 : *cien
mil;* 100 000 000 millions : *cien millones*.
Doscientos (200), *trescientos* (300), etc. ne s'apocopent
pas ; cependant, ils changent le *o* en *a* au féminin :
cuatrocientas rosas: 400 roses.
Attention à 500, 700 et 900 : **quin***ientos,* **sete***cientos* et
nove*cientos*.
Un millar: un millier. *Mil millones:* un milliard.

6. **En cuanto...** (voir phrase numéro 5, leçon 32) :
Cuanto selon le mot qui le précède ou le suit change de
signification ; en général, il signifiera combien : *¿cuánto le
debo?*: combien vous dois-je ?
Dans la phrase que nous avons vue *(en cuanto he podido),*
il veut dire : dès que ; ou encore : aussitôt que j'ai pu.

7. **A écrire en castillan** (deuxième vague) :

1 Viendras-tu m'attendre à la sortie du travail s'il ne
   pleut pas ?
2 Ce mois-ci, je ne suis pas sorti souvent de chez moi. -
   Moi non plus.

****

3 Veux-tu que nous allions voir le coucher du soleil ensemble ?

4 Je voudrais vous poser quelques questions. Etes-vous d'accord ?

5 Ce trimestre, je me suis beaucoup fatigué. - Moi aussi.

6 Ces fruits sont verts. - J'aime les pommes rouges.

8. **Traduction**

1 ¿Vendrás a esperarme a la salida del trabajo si no llueve?

2 Este mes, no he salido a menudo de mi casa. - Yo tampoco.

3 ¿Quieres que vayamos a ver la puesta de sol juntos?

4 Quisiera hacerle algunas preguntas. ¿Está de acuerdo?

5 Este trimestre me he cansado mucho. - Yo también.

6 Esta fruta está verde. - Me gustan les manzanas rojas.

*****

Tout en vous proposant chaque jour du nouveau, nous reviendrons constamment sur ce que vous avez déjà vu (surtout lors de la deuxième vague), quand les exercices reprendront à la fois les nouveautés de la journée et les points essentiels de la leçon revue. Ainsi, la mise en place se fera d'elle-même.

*****

Nous avons déjà vu trente-cinq leçons. Vos connaissances sont sans doute hésitantes et vagues par endroits, il n'y a pas de quoi s'en faire. Une langue s'apprend lentement.

****

LECCION TREINTA Y SEIS.

Después del viaje

1 — ¿Os habéis fijado en el paisaje? **(1)**
2 — Acabamos de llegar y todavía no hemos visto gran cosa.
3   Pero lo poco que hemos visto desde el coche, nos ha parecido maravilloso.
4 — Yo, como conducía, no me he fijado mucho.
5 — ¿Es la primera vez que venís aquí?
6 — Sí. No conocíamos esta región.
7 — Si no estáis demasiado cansados del viaje, podemos ir a dar un pequeño paseo. **(2)**
8 — Me han dicho que cerca de aquí hay un manantial. **(3)**
9 — ¿Podrías acompañarnos hasta allí?

10 — ¡Claro que sí! Además no está muy lejos.
11   De paso, os enseñaré la gruta. ¡Ya veréis, es fantástica! **(4)**
12   Esperad un momento, voy a coger mi linterna.
13   La gruta es muy oscura y quiero que veáis el río subterráneo.
14   ¡Ya está! ¡En marcha!

PRONUNCIACION: viaHé **1** fiHado ... païçaHé **3** parécido maravi//oço **4** con'doucia **5** priméra *beç* ... *béniss* **6** conociamoss **7** démassiado ... passéo **8** ditcho ... manan'tial **9** podriass acom'pagnarnoss **11** passo ... en'ségnaré ... grouta ... véréiss ... fan'tastica **12** esspéra (d) ... momen'to ... lin'térna **13** oscoura ... véaiss ... rio soubtérranéo **14** martcha.

TRENTE-SIXIEME LEÇON

Après le voyage

1 — Avez-vous regardé (vous êtes-vous fixés dans) le paysage ?

2 — Nous venons d'arriver et nous n'avons pas encore vu grand-chose.

3   Mais le peu que nous avons vu depuis la voiture nous a paru merveilleux.

4 — Moi, comme je conduisais, je n'ai pas fait très attention (je ne me suis pas fixé beaucoup).

5 — Est[-ce] la première fois que vous venez ici ?

6 — Oui. Nous ne connaissions pas cette région.

7 — Si vous n'êtes pas trop fatigués du voyage, nous pouvons aller faire (donner) une petite promenade.

8 — On m'a dit que près d'ici il y a une source.

9 — Pourrais-tu nous accompagner jusque-là ?

10 — Bien sûr ! (Clair que oui). En plus, elle n'est pas très loin.

11   Au (de) passage, je vous montrerai la grotte. (Déjà) Vous verrez, elle est fantastique !

12   Attendez un moment, je vais prendre ma lampe de poche (lanterne).

13   La grotte est très sombre (obscure) et je veux que vous voyiez la rivière souterraine.

14   « Ça y est ! » En route (marche) !

*****

NOTES

(1) *Fijarse*: se fixer. Très employé dans le sens de regarder, voir, remarquer, observer. (Voir aussi phrase numéro 4). *Fíjate en lo que comes*: fais attention à ce que tu manges.

(2) *Dar un paseo*: faire une promenade ; *dar una vuelta*: faire un tour.

(3) **On** n'a pas d'équivalent en castillan. Nous allons le traduire différemment selon le cas ; et plus tard, nous vous donnerons une liste des possibilités existantes. Ici, **on** est traduit par la troisième personne du pluriel et cela parce que le sujet est indéfini.

(4) *Enseñar*: montrer, mais aussi : enseigner ou encore apprendre.

Lección 36

EJERCICIO: 1. ¿Te has fijado? **2.** Acabamos de llegar. **3.** ¿Quién conducía? **4.** Vamos a dar un paseo. **5.** De paso, te enseñaré el jardín. **6.** Esperad un momento. **7.** ¡En marcha!

EJERCICIO DE CONTROL
Ponga las palabras que faltan:

1 *Fais attention à ce que tu dis.*

. . . . . . en . . . . . . dices.

2 *Dimanche, tu conduisais une voiture rouge.*

. . . . tú . . . .

3 *Je suis trop fatigué pour aller me promener.*

. . . . a

. . . .

****

LECCION TREINTA Y SIETE.

Voy a poner la mesa

1 — ¿Cuántos seremos hoy a comer?
2 — Cinco o seis, porque no sé si Eduardo ha invitado a una amiga de clase.
3 — Bueno, voy a poner seis cubiertos por si acaso viene su amiga. **(1)**
4 — Pon el mantel que está sobre la silla, está recién planchado. **(2)**

PRONUNCIACION: 1 sérémoss **2** édouardo **3** coubiértoss ... acaço **4** pon' ... man'tél ... si//a ... récién' plan'tchado

*****

EXERCICE : 1. As-tu vu ? 2. Nous venons d'arriver. 3. Qui conduisait ?
4. Nous allons faire une promenade. 5. Au passage, je te montrerai le
jardin. 6. Attendez un moment. 7. En route !

*****

4   *On m'avait dit que tu n'allais pas venir.*

Me   . . . .   no   . . . . .   venir.

5   *Si vous n'êtes pas pressés, attendez un moment.*

Si no   . . . . , ...

CORRIGE DE L'EXERCICE : 1 fíjate - lo que. 2 el domingo - conducías
un coche rojo. 3 estoy demasiado cansado para ir - pasearme. 4 habían
dicho que - ibas a. 5 tenéis prisa, esperad un momento.

****

TRENTE-SEPTIEME LEÇON

Je vais mettre la table

1 — Combien serons-nous aujourd'hui à table (man-
        ger) ?
2 — Cinq ou six parce que je ne sais pas si Eduardo a
        invité une amie de classe.
3 — Bon, je vais mettre six couverts au cas où (pour le
        cas) son amie viendrait (vient).
4 — Mets la nappe qui est sur la chaise, elle vient
        d'être repassée.

NOTES

(1) *Por si acaso:* au cas où, pour le cas où, en cas que, à tout hasard, si
     par hasard. Beaucoup de possibilités pour cette locution.
(2) *Recién,* qui est l'apocope de *recientemente,* récemment, ne
     s'emploie que devant les participes passés. Notez le parallélisme
     avec *acabar de* que nous avons déjà vu. Si vous voulez en savoir
     plus, consultez la prochaine leçon de révision.

5   Voy a preguntarle a Jerónimo si quiere ayudarte; así, todo estará listo enseguida.
6 — Yo voy a ir poniendo los platos. **(3)**
7 — ¡Jerónimo! ¿Quieres llevar al comedor seis cuchillos, seis tenedores y seis cucharillas?
8   Marcelo está poniendo la mesa y necesita ayuda.
9 — Voy a coger la bandeja y, de paso, llevaré los vasos y el pan.
10   Dile a Marcelo que las servilletas están en el cajón de la derecha.
11 — Creo que sólo falta el agua y el vino.
12 — Inés ha ido a buscar algunas flores y dos velas.
13 — Me gusta comer en una mesa preparada con gusto.
14 — Y tienes razón, la comida es mejor.

5 Héromino ... aïoudarté ... en'séguida 6 ponién'do ... platoss. 7 llévar ... comédor ... coutchi//oss ... ténédoréss ... coutchari//ass 8 marcélo 9 bandéHa pan' 10 dilé ... servi//étass 11 solo falta 12 inéss ... bélass 13 goussta 14 raçon.

EJERCICIO: 1. ¿Quieres poner la mesa? **2.** ¿Cuántos cubiertos pongo? **3.** Pon el mantel y las servilletas rojas. **4.** Esas flores están recién cogidas **5.** Telefonéame antes por si acaso no puedo venir. **6.** ¿Quieres ayudarme? **7.** Esta mesa está puesta con mucho gusto.

EJERCICIO DE CONTROL
Ponga las palabras que faltan:

1 *Combien d'entre nous ont été invités à la fête ?*

¿ . . . . de entre . . . .

. . . . ?

5 Je vais demander à Jerónimo s'il veut t'aider, ainsi tout sera prêt tout de suite.

6 — Entre-temps je vais mettre les assiettes. (Je vais aller mettant).

7 — Jerónimo! Veux-tu apporter à la salle à manger six couteaux, six fourchettes et six petites cuillères ?

8 Marcelo est en train de mettre la table et a besoin d'aide.

9 — Je vais prendre le plateau et au passage j'apporterai les verres et le pain.

10 Dis(-lui) à Marcelo que les serviettes [de table] sont dans le tiroir de droite.

11 — Je crois qu'il manque seulement l'eau et le vin.

12 — Inés est allée chercher quelques fleurs et deux bougies.

13 — J'aime manger sur (dans) une table préparée avec goût.

14 — Et tu as raison, le repas est meilleur.

NOTES

(3) *Ir*, suivi d'un gérondif peut exprimer une suite d'actions ou de mouvements.

EXERCICE : 1. Veux-tu mettre la table ? 2. Je mets combien de couverts ? 3. Mets la nappe et les serviettes de table rouges. 4. Ces fleurs viennent d'être cueillies. 5. Téléphone-moi avant au cas où je ne pourrais (peux) pas venir. 6. Veux-tu m'aider ? 7. Cette table est mise avec beaucoup de goût.

2 *Les couverts sont dans le tiroir de gauche.*

¿ . . . .

. . . .

3 *Veux-tu m'aider à porter les chaises ?*

¿ . . . . llevar . . . . ?

****

LECCION TREINTA Y OCHO.

En el mercado

1 De vez en cuando, me gusta ir al mercado. **(1)**

2 Hay un ambiente muy particular y muy diferente del que se encuentra en las tiendas de cada barrio.

3 Olores y voces se entremezclan formando un todo muy animado. **(2)**

4 Pero... allí oigo vocear a una pescadera. Voy a ver qué pescado tiene. **(3)**

5 — ¡Sardinas frescas! ¡Recién llegadas esta mañanita! **(4)**

PRONUNCIACION: 2 am'bien'té ... diféren'té ... tien'dass ... barrio. **3** oloréss ... vocéss ... en'trémeç'clan' ... animado. **4** oïgo vocéar ... pesscadéra **5** sardinass frésscass ... magnanita

*****

4 *Il ne manquait que toi.*

Sólo . . . .

5 *Le repas que tu nous avais préparé était très bon.*

. . . . tú nos . . . .

. . . .

CORRIGE DE L'EXERCICE : 1 cuántos - nosotros han sido invitados **a** la fiesta. 2 los cubiertos están en el cajón de la izquierda. 3 quieres ayudarme a - las sillas. 4 faltabas tú. 5 la comida que - habías preparado estaba muy buena.

****

TRENTE-HUITIEME LEÇON

Au marché

1 De temps en temps j'aime aller au marché.
2 Il y a une ambiance très particulière et très différente de celle que l'on trouve dans les magasins de chaque quartier.
3 Odeurs et voix s'entremêlent formant un tout très animé.
4 Mais... là-bas j'entends (j'ouïs) crier une poisson-nière. Je vais voir quel poisson elle a.
5 — Sardines fraîches ! Elles viennent d'arriver ce matin !

NOTES

(1) *De vez en cuando,* « de fois en quand » : de temps en temps.
(2) *Voces:* voix ; *la voz:* la voix ; *vocear* (phrase n° 4) : crier quelque chose ; *vocear los periódicos:* crier les journaux. *No deis voces:* (ne donnez pas voix) ne criez pas.
(3) *Oír:* ouïr, mais en français on ne se sert plus de ce verbe et nous le traduisons par entendre, qui a pris ce sens. Vous ne pourrez pas utiliser de la même façon le verbe *entender* qui en castillan veut dire comprendre.
(4) Si vous continuez à avoir un problème avec *recién,* allez directement à la leçon 42.
Mañanita: petit matin, un peu familier.

6   ¡Buenos días, señor! ¿Qué desea? ¡Todo es
     fresco!
7 — Quisiera medio kilo de anchoas y una raja de
     merluza. **(5).**
8   Luego iré a la carnicería y a la charcutería
     pero antes voy a comprar huevos y fruta.
9 — Buenos días, señora. Quisiera medio kilo de
     naranjas y tres o cuatro limones.
10 — ¿Algo más? **(6)**
11 — Sí, un kilo de uvas y unos trescientos
     cincuenta gramos de cerezas para hacer un
     pastel.
12   Eso es todo. ¿Cuánto es? **(7)**
13 — Trescientas veintisiete pesetas.
14 — Adiós y gracias. **(8)**
15 — A usted.

6 deçea 7 médio kilo ...
an'tchoass ... raHa ... merlouça 8 carniçéria ... tcharcoutéria ... ouévoss
9 naran'Has ... limonéss 11 ouvass ... tresscien'tass cin'couen'ta
gramoss ... céréçass ... passtél.

EJERCICIO: 1. Vamos a verle de vez en cuando. **2.** En su
barrio, hay muchas tiendas. **3.** Me gusta el olor de estas
naranjas. **4.** No te oigo bien. **5.** ¿Algo más? **6.** Eso es
todo. **7.** ¿Cuánto es?

EJERCICIO DE CONTROL
Ponga las palabras que faltan:

1 *De temps en temps tu vas les voir / nous mangeons du poisson.*

. . . .

. . . .

2 *Dans ton quartier il y a beaucoup d'ambiance.*

. . . .

3 *Le marché est toujours très animé.*

. . . . está siempre . . . .

6 — Bonjour monsieur ! Que désirez-vous ? Tout est
frais !

7 — Je voudrais un demi kilo d'anchois et une tranche
de colin.

8 — Après j'irai à la boucherie et à la charcuterie mais
avant je vais acheter [des] œufs et [des] fruits.

9 — Bonjour madame. Je voudrais un demi kilo
d'oranges et trois ou quatre citrons.

10 — Quelque chose d'autre (plus) ?

11 — Oui, un kilo de raisin et environ (quelques) trois
cent cinquante grammes de cerises pour faire un
gâteau.

12 — Cela sera (est) tout. Combien (est-ce ?) ça fait ?

13 — Trois cent vingt-sept pesetas.

14 — Au revoir (Adieu) et merci.

15 — [Merci] A vous.

NOTES

(5) Retenez ce *quisiera* (je voudrais) qui peut vous être très utile pour
formuler une demande d'une façon correcte et polie. Même si nous
n'avons pas encore abordé ni le conditionnel ni l'imparfait du subjonctif, il est important de savoir qu'avec le verbe *querer*
l'expression d'un désir ou d'un souhait doit être introduite
avec l'imparfait du subjonctif. Je voudrais parler avec M. Martínez : *Quisiera hablar con el señor Martínez.*

(6) *Algo* et *nada* peuvent être pronoms (quelque chose et rien) ou
adverbes (un peu et pas du tout ou nullement).
Haz algo : Fais quelque chose. *De nada :* De rien. *Algo lejos :* Un peu
loin. *No es nada tonto :* Il n'est pas bête du tout.

(7) *¿Cuánto?* peut être adverbe ou adjectif. Devant un verbe, en tant
qu'adverbe, il est invariable : *¿Cuánto es?:* Combien est-ce ? Mais il
est adjectif et s'accorde s'il se rapporte à un nom : *¿Cuántas
personas había?:* Combien de personnes y avait-il ?

(8) *Adiós*, littéralement adieu ; néanmoins, c'est un mot très employé
dans les mêmes circonstances que le « au revoir » français.

*****

EXERCICE : 1. Nous allons le voir de temps en temps. **2.** Dans son
quartier il y a beaucoup de magasins. **3.** J'aime l'odeur de ces oranges.
4. Je ne t'entends pas bien. **5.** Quelque chose d'autre ? **6.** Cela sera
tout. **7.** Combien ça fait (est-ce ?).

4 *Désirez-vous quelque chose d'autre ?*

¿ . . . . ?

5 *Combien ça fait ?*

¿ . . . . ?

****

LECCION TREINTA Y NUEVE.

Vestirse

1 — ¿Qué hace ahí toda esa ropa ? **(1)**
2 — No te preocupes por todo ese desorden.
3   Como empieza a hacer frío, he comenzado
      a sacar la ropa de invierno. **(2)**
4   Esta tarde lavaré y guardaré una parte de la
      ropa de verano.
5   Y mañana iremos a comprar unos pantalo-
      nes para ti, que... ¡buena falta te hacen!
6 — Yo prefiero ir el domingo al Rastro para
      poder comprarlos más baratos. **(3)**
7 — Tú, siempre estás haciendo economías,
      pero tienes razón.
8   Si todos hicieran como tú, la vida no estaría
      tan cara.
9   Pruébate esta chaqueta, creo que ya no te
      vale. **(4)**

PRONUNCIACION: vésstirssé 1 ropa 2 déssorden' 3 em'piéça ... sacar 4 lavaré ... gouardaré ... parté. 5 pan'taloness 6 préfiéro ... rasstro 7 économiass 8 iciéran 9 prouébaté ... tchakéta ... valé

CORRIGE DE L'EXERCICE : **1** de vez en cuando, vas a verlos / de vez en cuando comemos pescado. **2** en tu barrio hay mucho ambiente. **3** el mercado - muy animado. **4** desea usted algo más. **5** cuánto es.

****

TRENTE-NEUVIEME LEÇON

S'habiller

1 — Que fait là tout ce linge ?
2 — Ne t'en fais (préoccupe) pas pour tout ce désordre.
3 — Comme il commence à faire froid, j'ai commencé à sortir les vêtements d'hiver.
4 — Cet après-midi je laverai et je rangerai (garderai) une partie des vêtements d'été.
5 — Et demain nous irons acheter des pantalons pour toi... tu en as bien besoin ! (que bonne manque te font).
6 — Je préfère aller dimanche au « Rastro » pour pouvoir les acheter meilleur marché.
7 — Tu es toujours en train de faire des économies, mais tu as raison.
8 — Si tous faisaient comme toi, la vie ne serait pas si chère.
9 — Essaie cette veste, je crois qu'elle ne te va plus (déjà ne te vaut plus).

NOTES

(1) *Ropa:* vêtement: *el abrigo es ropa de invierno:* le manteau est un vêtement d'hiver. Mais *ropa* signifie aussi : linge ; *ropa interior:* linge de corps.

(2) Si vous lisez la traduction que nous avons faite en français, il vous semblera que nous nous répétons. C'est exprès. *Empezar* et *comenzar* sont deux verbes très utilisés, ils veulent dire commencer.

(3) *El rastro:* la trace. Mais ici *el Rastro* est l'équivalent du marché aux puces. C'est ainsi qu'on le nomme en castillan.

(4) *Valer:* valoir. C'est un verbe très riche en sens. Ici employé dans le sens de servir. Retenez aussi : *vale:* ça va, ça marche.

10 — Me está demasiado corta, pero no la tires. (5)
11   Se la voy a dar a Daniel y a Lidia ya que tienen la misma talla.
12 — ¿Te acuerdas de este vestido? Hace años que no me lo pongo.
13 — Póntelo, a mí me gusta mucho.
14 — Es una pena que no tenga zapatos y medias que vayan con él.

10 corta ... tiréss
11 daniél ... lidia ... talla. 12 vésstido ... pon´go 13 pon´télo 14 péna ... ten´ga zapatoss ... vaïan´.

EJERCICIO: 1. ¿Qué haces ahí? 2. Estos días ha comenzado a hacer más frío. 3. He empezado a escribir a Roberto. 4. Pruébate esta camisa. 5. Este vestido es demasiado largo para mí. 6. Prefiero comprar una talla más pequeña 7. Quiero unos zapatos negros.

EJERCICIO DE CONTROL
Ponga las palabras que faltan:

1 *Aujourd´hui je vais m´habiller en blanc.*

. . . .

2 *Demain je dois laver beaucoup de linge.*

. . . .

3 *Mes pantalons sont trop longs pour toi.*

. . .   .

para ti.

4 *Après tu essaieras la veste que je t´ai achetée.*

Luego te . . . .

comprado.

10 — Elle est (m'est) trop courte pour moi, mais ne la jette pas.

11 — Je vais la (lui) donner à Daniel et à Lidia puisqu'ils ont la même taille.

12 — Te souviens-tu de cette robe ? Il y a des années que je ne (me) la mets pas.

13 — Mets-la, je l'aime beaucoup (masc.) (à moi me plaît beaucoup).

14 — C'est dommage (est une peine) que je n'aie pas des souliers et des bas qui aillent avec (lui).

NOTES

(5) *Me está bien, mal, mejor:* me va bien, mal, mieux. *Estar,* dans ce sens, se traduit donc par aller.

EXERCICE : 1. Que fais-tu là ? 2. Ces jours-ci il a commencé à faire plus froid. 3. J'ai commencé à écrire à Roberto. 4. Essaie cette chemise. 5. Cette robe est trop longue pour moi. 6. Je préfère acheter une taille plus petite. 7. Je veux des chaussures noires.

5 *C'est dommage qu'il pleuve.*

. . . . que llueva.

CORRIGE DE L'EXERCICE : 1 hoy voy a vestirme de blanco. 2 mañana tengo que lavar mucha ropa. 3 mis pantalones son demasiado largos. 4 probarás la chaqueta que te he. 5 es una pena.

LECCION CUARENTA.

La televisión

1 — ¿Qué lees?
2 — Estoy echando una ojeada al programa de televisión. (1)
3 — ¿Hay algo interesante?
4 — Hasta ahora, no he encontrado nada que valga la pena. (2)
5 — Mira a ver lo que ponen en la cuarta cadena.
6 — ¡Hombre! Esta noche, ponen ''Tiempos modernos'' de Charlie Chaplin. (3)
7 — Ya la he visto pero me gustaría verla de nuevo.
8 — Me encantan las películas de Charlot.
9 — Podemos telefonear a Susana, a Clemente y a Rosa y proponerles que cenemos juntos.
10 — Y luego, podríamos reunirnos con Vicente y ver la película en su casa.
11 — Muy bien. Un poco de ''tele'' no está tampoco mal.
12 — ¡Claro que no!

Inocencia

13 — Niños, apagad la televisión e id a acostaros. (4)
14 — Mamá... por favor, deja que nos quedemos dos o tres muertos más.

PRONUNCIACION: téléviçion' 1 léess. 2 étchan'do. 3 in'téréçanté 4 balga. 5 cadéna. 6 modérnoss. 8 pélicoulass tcharlo. 9 souçana ... clémen'te ... proponerless ... cénémos. 10 réounirnos ... biçen'té 11 télé. inocen'cia. 13 apagad ... acosstaross. 14 kédémoss ... mouértoss.

QUARANTIEME LEÇON

La télévision

1 — Que lis-tu ?
2 — Je suis en train de jeter un coup d'œil au programme de télévision.
3 — Y a-t-il quelque chose [d']intéressant ?
4 — Jusqu'à présent je n'ai rien trouvé qui [en] vaille la peine.
5 — Regarde pour (à) voir ce que l'on passe (mettent) à (dans) la quatrième chaîne.
6 — (Homme !) Tiens ! Ce soir (nuit) ils passent (mettent) « Les temps modernes » de Charlie Chaplin.
7 — Je l'ai déjà vu, mais j'aimerais le revoir (le voir à nouveau).
8 — J'adore (m'enchantent) les films de Charlot.
9 — Nous pouvons téléphoner à Susana, à Clemente et à Rosa, et leur proposer de dîner (que nous dînions) ensemble.
10 — Et après nous pourrions nous réunir avec Vicente et voir le film chez lui.
11 — Très bien. Un peu de « télé » ce n'est pas mauvais non plus.
12 — Bien sûr que non !

Innocence

13 — Les enfants, éteignez la télévision et allez (à) vous coucher.
14 — Mama... s'il te plaît (par faveur), laisse nous rester (laisse que nous restions) deux ou trois morts [de] plus.

NOTES

(1) *Estoy echando una ojeada:* je jette un coup d'œil (je suis en train de jeter un coup d'œil).
(2) *Hasta ahora:* (jusqu'à maintenant) jusqu'à présent. Nous revoyons ici *valer:* valoir et *pena:* peine.
(3) *Hombre:* homme ; s'emploie aussi comme exclamation, pour marquer la surprise ou l'admiration. Souvenez-vous : le *h* est toujours muet.
(4) *Y* (et) devient *e* lorsque le mot suivant commence par *i* ou *hi: Grecia e Italia:* la Grèce et l'Italie. De même, *o* (ou) devient *u* devant un mot commençant par *o* ou *ho: Uno u otro, me es igual:* l'un ou l'autre, cela m'est égal.

EJERCICIO: 1. ¿Qué leías ayer? **2.** ¿Ponen alguna película interesante? **3.** Hasta ahora no he tenido tiempo. **4.** Yo no he apagado la televisión. **5.** Quédate con nosotros. **6.** Me han propuesto un nuevo trabajo. **7.** Hoy he visto de nuevo a Juan.

EJERCICIO DE CONTROL
Ponga las palabras que faltan:

1   *Demain je lirai le journal à la sortie du travail.*

. . . .

. .   . .

2   *J'ai vu à la télévision un programme très intéressant.*

. .   . .   en la   . . . .

. . .   .

3   *La télévision est un moyen de communication.*

. . . .

. . . .

****

LECCION CUARENTA Y UNA.

Una carta

1 — Me parece que han llamado a la puerta. **(1)**
2 — Yo no he oído nada, pero es posible.

PRONUNCIACION: pouérta 2 oïdo

EXERCICE : 1. Que lisais-tu hier ? **2.** Passe-t-on un film intéressant ? **3.** Jusqu'à présent je n'ai pas eu le temps. **4.** Je n'ai pas éteint la télévision. **5.** Reste avec nous. **6.** On m'a proposé un nouveau travail. **7.** Aujourd'hui j'ai revu Juan (vu à nouveau Juan).

¡LA TELEVISIÓN ES UN MEDIO DE COMUNICACIÓN!

4 *Plus tard tu te rendras compte.*

. . . .

5 *Le film que nous avons vu hier était très bon.*

. . . .

. . . . .

CORRIGE DE L'EXERCICE : 1 mañana leeré el periódico a la salida del trabajo. **2** he visto - televisión un programa muy interesante. **3** la televisión es un medio de comunicación. **4** más tarde te darás cuenta. **5** la película que vimos ayer era muy buena.

****

QUARANTE ET UNIEME LEÇON

Une lettre

1 — Il me semble que l'on a frappé (ont appelé) à la porte.

2 — Je n'ai rien entendu, mais [c']est possible.

NOTES

(1) *Llamar:* appeler ; *me llamo Juan:* je m'appelle Juan. Nous avons vu aussi : *llamar por teléfono:* appeler par téléphone ou téléphoner. Et maintenant *llamar a la puerta:* frapper à la porte ou sonner.

3   Tenemos que llamar al electricista para que venga a arreglarnos el timbre. **(2)**
4 — Voy a abrir.
5 — Buenas tardes. ¿Señores de Vázquez? **(3)**
6 — Sí, aquí es.
7 — Esta carta certificada es para ustedes.
8   ¿Puede firmar aquí, por favor?
9 — Por supuesto, pase un momento, voy a coger un bolígrafo.
10 — ¿Quién es?
11 — El cartero, trae una carta para nosotros.
12 — ¿De dónde viene?
13 — No lo sé, ahora mismo lo miramos, pero antes voy a firmar porque el cartero está esperando en el pasillo.
14   ¡Vaya! Ahora no sé donde he dejado el bolígrafo. **(4)**

---

3 élék'tricissta ... *b*en'ga ... tim'bré 4 abrir. 5 vaçkec 7 certificada 8 firmar 9 soupouessto paçé ... boligrafo 11 cartéro 13 passi//o 14 vaïa ... déHado.

EJERCICIO: 1. Llaman a la puerta. 2. Voy a abrir. 3. ¿Cómo firmas tú? 4. Pasad un momento. 5. Déjame un bolígrafo. 6. Tus cartas nos gustan. 7. Esperé en el pasillo.

EJERCICIO DE CONTROL
Ponga las palabras que faltan:

1   *L'électricien va venir pour réparer la sonnette.*

. .   electricista   . .   . .

. .   . .

2   *Ouvre-moi la porte.*

. . . .

3   Nous devons appeler (à) l'électricien pour qu'il vienne nous réparer (arranger) la sonnette.

4 — Je vais ouvrir.

5 — Bon après-midi. Monsieur et madame (seigneurs) de Vazquez ?

6 — Oui, [c']est ici.

7 — Cette lettre recommandée est pour vous.

8   Pouvez-vous signer ici, s'il vous plaît ?

9 — Certainement (par supposé), entrez (passez) un moment, je vais prendre un stylo à bille.

10 — Qui est-ce ?

11 — Le facteur, il apporte une lettre pour nous.

12 — D'où vient-elle ?

13 — Je ne (le) sais pas. Nous allons voir cela tout de suite (maintenant même nous le regardons), mais avant je vais signer parce que le facteur attend (est attendant) dans le couloir.

14   Zut ! maintenant je ne sais pas où j'ai mis (laissé) le stylo à bille.

NOTES

(2) Réparer : *reparar,* mais on dit beaucoup plus souvent *arreglar:* arranger.

(3) *Señores* est le pluriel de señor (seigneur) : monsieur. C'est un vocable utilisé aussi bien pour désigner un groupe de messieurs qu'un couple (en Espagne lors du mariage, la femme prend le nom du mari), lorsque celui-ci n'est pas connu de la personne qui parle. C'est quand même une façon de parler très polie.

(4) ¡*Vaya*! C'est une exclamation très courante. C'est aussi la première et troisième personne du singulier du présent du subjonctif du verbe *ir:* aller. Elle répond très bien à l'emploi du: zut ! français.

EXERCICE : 1. On frappe à la porte. 2. Je vais ouvrir. 3. Comment signes-tu ? 4. Entrez un instant. 5. Laisse-moi un stylo à bille. 6. Tes lettres nous plaisent. 7. J'attendis dans le couloir.

3 *J'ai reçu une lettre recommandée.*

. . recibido . . . .

4 *Je dois m'acheter un stylo à bille.*

. . . .

****

LECCION CUARENTA Y DOS.

Revisión y notas

1. **Avez-vous vu ?** se dit, mot à mot : Avez vu vous ?
ou : Vous avez vu ? *¿Ha visto usted?* ou *¿Usted ha visto?*
Le pronom ne se place jamais entre avoir et le participe
passé. *¿Ha pagado usted?* : Avez-vous payé ? *¿Me ha
comprendido usted?* : M'avez-vous compris ? - *¿Qué ha
dicho usted?* : Qu'avez-vous dit ?
De même (puisque l'auxiliaire est toujours avoir et non
être) : Etes-vous venu ? : *¿Ha venido usted?*
Avec les autres personnes, sauf *ustedes,* le pronom se
supprime sauf nécessité. A-t-il vu ? : *¿Ha visto?* Sont-ils
venus ? : *¿Han venido?* As-tu commencé ? : *¿Has empezado?* Avons-nous fini ? : *¿Hemos terminado?*

2. **On.** A la leçon 36 nous parlions du **on** et à la phrase
numéro 8 nous disions : *Me han dicho:* on m'a dit.
Lorsque le sujet est indéfini, le on est traduit par la
troisième personne du pluriel.
Maintenant relisez les phrases numéros 2, 5 et 1 des
leçons 38, 40 et 41 respectivement.
Le **on** peut être traduit aussi :
— par la **forme pronominale :**
- quand le complément est un nom de chose qui devient
alors sujet du verbe : on dit tant de choses ! : *¡se dicen
tantas cosas!*
- quand le complément est un nom de personne
indéterminée ou que le verbe ne permet pas l'équivoque :

5 *Signez ici, s'il vous plaît.*

. . . .

CORRIGE DE L'EXERCICE : **1** el - va a venir para arreglar el timbre. **2** ábreme la puerta. **3** he - una carta certificada. **4** tengo que comprarme un bolígrafo. **5** firme aquí, por favor.

****

QUARANTE-DEUXIEME LEÇON

on demande secrétaire : *se necesita secretaria.*

— par **se** :

- quand le complément représente une personne déterminée : on les appellera : *se les llamará.*

- quand le verbe est intransitif : on y mange très bien : *allí se come muy bien.*

— par la **troisième personne du pluriel** ou par la **forme pronominale** :

- quand le sujet représente une collectivité : au siècle dernier on voyageait peu : *en el siglo pasado viajaban poco* (ici on pourrait également employer la forme pronominale).

- dans certaines locutions : on dit : *dicen, se dice.*

— par ''**uno**'', ''**una**'' :

- quand l'emploi de **se** peut donner à la phrase un sens ambigu : on a ses petites habitudes : *uno* ou *una tiene sus pequeñas costumbres.*

- *quand le pronom* on *représente en réalité la première personne du singulier :* on se porte bien : *uno* ou *una se encuentra bien.*

— par le verbe à la **première personne du pluriel** si le pronom **on** représente le pronom français **nous** : on est tous allés en vacances : *todos hemos ido de vacaciones.*

— par un **nom collectif** s'il précède un verbe pronominal de sens réciproque : on s'entraide dans cette ville : *la gente se ayuda mutuamente en esta ciudad.*

Nous ferons des renvois lorsque les possibilités non encore vues apparaîtront ; pour l'instant vous n'avez pas besoin de vous y attarder.

3. **Recién:** (voir phrases 4 de la leçon 37 et 5 de la leçon 38.) Ce mot s'emploie toujours devant un participe passé. Mais en Amérique Latine, il est très employé avec les verbes actifs dans le sens de « il y a peu de temps ». *Recién llegamos:* nous venions d'arriver ou à peine arrivés. *Están recién cogidas:* elles viennent d'être cueillies ; *están recién llegados:* ils viennent d'arriver ; *está recién hecho:* cela vient d'être fait ; *estaba recién comido:* il venait de manger.
Et aussi : *casa recién construida:* maison récemment construite ; *recién nacido:* nouveau-né ; *recién salido:* frais paru (le journal).

4. **Ir avec gérondif** : (voir phrase 6, leçon 37) ; lorsqu'il s'agit d'exprimer une **idée de progression,** de développement, on emploie *ir* avec le gérondif : *las nubes iban ocultando el cielo:* Les nuages cachaient peu à peu le ciel. Lorsqu'il s'agit d'une **suite d'actions ou de mouvements** et non pas d'une progression proprement dite, on peut aussi se servir de *ir* suivi d'un gérondif : *El hombre contaba las horas que iban pasando :* L'homme comptait les heures qui passaient l'une après l'autre.
S'il s'agit d'un **mouvement qui se prolonge,** on

****

LECCION CUARENTA Y TRES.

Esperamos a un amigo

1 — ¿Adónde vas?
2 — Voy a la estación. Juan llega a las nueve y media y, probablemente, vendrá cargado.
3 — ¿Vas a ir en coche?
4 — No. Voy a coger el autobús. Hoy, hay demasiada circulación.
5 — ¿Quieres que te acompañe?
6 — Si no tienes nada que hacer y quieres venir, te espero.

PRONUNCIACION: 2 ven'dra cargado 4 aoutobous 5 acom'pagné

l'exprime par *andar* suivi d'un gérondif : *anduvo buscando todo el día:* il chercha toute la journée.

5. **A écrire en castillan** (deuxième vague)

1 Est-ce la première fois que tu viens ici ? - Oui je ne connaissais pas cette ville.
2 La nappe vient d'être repassée. - Je vais mettre la table.
3 De temps en temps, j'aime aller au jardin. - Moi aussi.
4 Essaie cette chemise. - Elle ne me va plus.
5 Ici il n'y a rien qui vaille la peine.
6 A-t-on frappé à la porte ? - Je ne crois pas.

6. **Traduction**

1 ¿Es la primera vez que vienes aquí? - Sí, no conocía esta ciudad.
2 El mantel está recién planchado. - Voy a poner la mesa.
3 De vez en cuando, me gusta ir al jardín. - A mí, también.
4 Pruébate esta camisa. - Ya no me vale.
5 Aquí no hay nada que valga la pena.
6 ¿Han llamado a la puerta? - No creo.

****

QUARANTE-TROISIEME LEÇON

Nous attendons (à) un ami

1 — Où vas-tu ?
2 — Je vais à la gare. Juan arrive à (les) neuf [heures] et demie et il sera (viendra) probablement chargé.
3 — Vas-tu [y] aller en voiture ?
4 — Non. Je vais prendre l'autobus. Aujourd'hui il y a trop de circulation.
5 — Veux-tu que je t'accompagne ?
6 — Si tu n'as rien à (que) faire et [si] tu veux venir, je t'attends.

7 — De acuerdo. Voy a peinarme y nos vamos. **(1)**

8 — Entre los tres, podremos llevar todas las maletas,

9   y, si pesan demasiado, cogeremos un taxi.

10 — ¿Crees que vendrá muy cargado?

11 — No lo sé, pero, en su última carta, me decía que tenía intención de quedarse aquí unos meses. **(2)**

12   Creo que ha alquilado una casa vieja a quince kilómetros de aquí.

13 — ¿Y qué quiere hacer? **(3)**

14 — No tengo ninguna idea sobre sus planes.

PRONUNCIACION:

7 péinarmé 8 én'tré ... malétass 9 péçan ... coHérémoss ... tassi 11 in'ten'cion' ... kédarssé 12 alkilado ... kilométross 14 planéss.

EJERCICIO: 1. La estación no está lejos del centro de la ciudad. **2.** El autobús te dejará a la puerta de casa. **3.** Antes de ayer, había mucha circulación. **4.** Teresa iba a su casa muy cargada. **5.** La hemos ayudado los cuatro. **6.** Tengo la intención de hacerme una mesa. **7.** Todavía no tengo planes para el próximo año.

7 — D'accord. Je vais me peigner et nous partons.
8 — A (entre les) trois nous pourrons porter toutes les valises
9 et si elles sont trop lourdes (pèsent trop) nous prendrons un taxi.
10 — Crois-tu qu'il sera (viendra) très chargé ?
11 — Je ne le sais pas, mais dans sa dernière lettre, il me disait qu'il avait [l']intention de rester ici quelques mois.
12 Je crois qu'il a loué une vieille maison à quinze kilomètres d'ici.
13 — Et que veut-il faire ?
14 — Je n'ai aucune idée sur ses projets (plans).

NOTES

(1) Voir leçon 23, note numéro 3.
(2) *Unos meses:* nous traduisons ici ce *unos* par : quelques, qui correspond à *alguno, algunas. Unos, unas* au pluriel expriment plus l'indétermination que *algunos* ou *algunas.*
(3) Vous familiarisez-vous déjà avec ce verbe ? je fais : *yo hago* ; je faisais : *yo hacía;* je ferai : *yo haré;* fait : *hecho.*

EXERCICE : 1. La gare n'est pas loin du centre de la ville. **2.** L'autobus te laissera à la porte de [la] maison. **3.** Avant-hier, il y avait beaucoup de circulation. **4.** Teresa allait chez elle très chargée. **5.** Nous l'avons aidée tous les quatre. **6.** J'ai l'intention de me faire une table. **7.** Je n'ai pas encore de projets pour l'année prochaine.

*****

La prononciation figurée est une béquille dont vous n'avez plus besoin. Nous allons néanmoins continuer à vous la donner encore pendant quelques leçons en vous conseillant de ne pas la regarder systématiquement.
Jetez-y un coup d'œil seulement lorsque vous aurez un doute. Vous vous apercevrez en deux ou trois leçons qu'elle ne vous sert plus.

EJERCICIO DE CONTROL
Ponga las palabras que faltan:

1 *Le dernier autobus passe à une heure du matin.*

. . . . pasa . . . .

. . . . . .

2 *Veux-tu m'accompagner ?*

¿ . . . . ?

3 *Je dois m'habiller et me peigner avant de sortir.*

. . . .

. . . .

****

LECCION CUARENTA Y CUATRO.

Saldos

1 – Es fin de temporada. (1)
2 El inventario comienza a hacerse en los comercios.
3 Pronto será la época de las rebajas. (2)
4 — Si estás de acuerdo, mañana, podemos levantarnos pronto e ir a ver si compramos algo. (3)
5 Las rebajas han comenzado.
6 — Sí. Yo necesito zapatos ¿y tú?
7 — Yo quería hacer esta tarde una pequeña lista de lo que me parece más necesario.

PRONUNCIACION: saldoss 1 tem'porada 2 in'ven'tario ... comércioss 3 rébaHass

4   *J'ai seulement une valise.*

. . . .

5   *Il avait l'intention d'acheter une vieille maison.*

. . . .

. . . .

CORRIGE DE L'EXERCICE : 1 el último autobús - a la una de la
mañana 2 quieres acompañarme 3 tengo que vestirme y peinarme
antes de salir 4 tengo solamente una maleta. 5 tenía la intención de
comprar una casa vieja.

****

QUARANTE-QUATRIEME LEÇON

Soldes

1   [C']est [la] fin de saison.
2   L'inventaire commence à se faire (dans les
    commerces) chez les commerçants.
3   Bientôt [ça] sera l'époque des (rabais) soldes.
4 — Si tu es d'accord, demain nous pouvons nous
    lever tôt et aller voir si nous achetons quelque
    chose.
5   Les soldes ont commencé.
6 — Oui. J'ai besoin de souliers. Et toi ?
7 — Je voulais faire cet après-midi une petite liste de
    ce qui me semble [le] plus nécessaire.

NOTES

(1) *Temporada:* saison. Auparavant nous avons dit que saison est aussi
    estación; les quatre saisons : *las cuatro estaciones.*
(2) *Rebaja:* rabais. Lorsque vous aurez la possibilité d'écouter quelqu'un
    qui parle castillan, vous vous apercevrez que l'on dit beaucoup plus
    souvent *rebajas* que *saldos* qui correspond à soldes.
(3) Et : *Y.* Mais *y* devient *e* devant tout mot commençant par le son
    i vocalique (écrit *i* ou *hi*).

8 — De todas formas, no creo que necesitemos muchas cosas.

9 — En esta casa todos somos muy cuidadosos.

10 — Si no nos gastamos todo el presupuesto que hemos previsto,

11　me gustaría comprar unas cuantas planchas de madera de pino.

12 — ¿Qué quieres hacer con ellas?

13 — Una biblioteca.

14 — ¡Ah, sí! ya no me acordaba.

8 nécésitémoss 9 couidadossos 10 gasstamoss ... préçoupouéssto ... prévissto 13 bibliotéca.

EJERCICIO: 1. La nueva temporada de cine, todavía, no ha comenzado. **2.** En ciertas zapaterías, hay ya rebajas. **3.** De todas las formas, yo no podré ir. **4.** Yo me gasto poco dinero en vestidos. **5.** Tenemos un presupuesto de cinco mil pesetas. **6.** José es muy cuidadoso. **7.** Necesito unos zapatos.

EJERCICIO DE CONTROL
Ponga las palabras que faltan:

1　*Nous prendrons les vacances hors saison.*

. . . . fuera de

. . . .

2　*Aujourd'hui je me suis levé tôt.*

. . . .

3　*Ce mois-ci il y a des soldes partout.*

. . . .

. . . . . .

8 — De toute façon (toutes formes) je ne crois pas que nous ayons besoin de beaucoup de choses.

9 — Dans cette maison nous sommes tous très soigneux.

10 — Si nous ne dépensons pas tout le budget que nous avons prévu,

11 j'aimerais acheter quelques planches en bois de sapin.

12 — Que veux-tu en faire ? (avec elles ?)

13 — Une bibliothèque.

14 — Ah, oui ! je ne m['en] souvenais plus.

EXERCICE : 1. La nouvelle saison de cinéma n'est pas encore commencée. **2.** Dans certains magasins de chaussures il y a déjà des soldes. **3.** De toute façon je ne pourrai pas y aller. **4.** Je dépense peu d'argent en vêtements. **5.** Nous avons un budget de cinq mille pesetas. **6.** José est très soigneux. **7.** J'ai besoin de souliers.

4 *J'ai besoin de me promener souvent.*

. . . .

5 *Ce matin j'ai dépensé soixante francs.*

. . . . me he . . . . fran-

cos

CORRIGE DE L'EXERCICE : 1 tomaremos las vacaciones - temporada. **2** hoy me he levantado pronto. **3** este mes hay rebajas en todos los sitios. **4** necesito pasearme a menudo. **5** esta mañana - gastado sesenta.

LECCION CUARENTA Y CINCO.

Un triste y banal fin

1 Sacado de un periódico, de la sección titulada:

2 "Eso no les pasa más que a los demás." (1)

3 El relato literal que leemos es el siguiente: (2)

4 Un carpintero y sus dos hijos se matan al caer de un balcón a la calle. (3)

5 Sevilla: - Ayer, a las cinco y cinco de la tarde, el señor R. Pérez, carpintero de profesión,

6 se hallaba en el balcón de su domicilio, (4)

7 situado en el cuarto piso del inmueble que habitaba,

8 teniendo en brazos a su hijo Joaquín de dos años de edad.

9 De pronto, el otro hijo del señor R. Pérez, cayó a la calle

10 y, al querer impedirlo, el desgraciado señor resbaló (5)

11 al pisar una cáscara de plátano que se encontraba en el suelo;

12 el padre perdió el equilibrio y cayó también a la calle con el niño que tenía en sus brazos.

13 Los tres resultaron muertos en el acto.

14 La esposa y madre se ha vuelto loca. (6)

ME HE VUELTO DESCONFIADO

PRONUNCIACION: trissté ... banal 1 sacado ... sek'cion titoulada. 3 rélato litéral ... léémoss ... siguien'té 4 carpin'téro ... matan' 5 sévi//a ... péreç ... profession' 6 domicilio 7 in'mouéblé 8 braços ... Hoakin' édad (le d seulement esquissé) 9 caïo 10 im'pédirlo ... dessgraciado ... réssbalo 11 pissar ... casscara platano ... souélo 12 perdio ... ékilibrio 13 réçoultaron' ... ak'to 14 esspoça.

QUARANTE-CINQUIEME LEÇON

Une fin triste et banale

1 Tiré d'un journal. De la rubrique (section) intitulée :
2 « Cela n'arrive (ne les passe) qu'aux autres » (autrui).
3 Le récit littéral que nous lisons est le suivant :
4 Un menuisier et ses deux fils se tuent en tombant (au tomber) d'un balcon, dans la rue (à la rue).
5 Seville : - Hier à (les) cinq [heures] cinq de l'après-midi, monsieur R. Pérez, menuisier de profession,
6 se trouvait au (dans le) balcon de son domicile,
7 situé au (dans le) quatrième étage de l'immeuble qu'il habitait,
8 tenant dans ses bras (en bras) (à) son fils Joaquín, âgé de deux ans.
9 Soudain, l'autre fils de (du) monsieur R. Pérez, tomba dans la rue
10 et, en voulant (à le vouloir) l'[en] empêcher, le malheureux homme (monsieur) glissa
11 lorsqu'il marcha (au fouler) [sur] une peau de banane qui se trouvait par terre ;
12 le père perdit l'équilibre et tomba aussi dans la rue, avec l'enfant qu'il tenait dans ses bras.
13 Les trois furent (résultèrent) tués sur le coup (dans l'acte).
14 L'épouse et mère est devenue folle.

NOTES
(1) *Pasar:* passer, mais aussi *ocurrir:* arriver ; nous l'avons déjà vu. Voir note numéro 2 de la leçon 27.
(2) *Leemos:* nous lisons ; *leamos* ou *vamos a leer:* lisons. *Siguiente,* u muet.
(3) *Al caer:* en tombant (au tomber). Voir leçon 49, paragraphe numéro 1.
(4) Trouver: *encontrar* ou *hallar;* se trouvait : *se encontraba* ou *se hallaba.*
(5) *Impedir:* empêcher ; *impedimento:* empêchement. *Impedirlo:* « empêcher-le » : empêcher cela.
(6) *Se ha vuelto loca:* (s'est tournée folle). *¿Te has vuelto loco?* (t'es-tu tourné fou) es-tu devenu fou ? *Me he vuelto desconfiado:* je suis devenu méfiant.

EJERCICIO: **1.** Yo compro todos los días el periódico. **2.** ¿Cuál es su profesión? **3.** Estoy domiciliado en Córdoba. **4.** Vivo en un inmueble nuevo. **5.** Esta mañana, mi padre se ha caído en la calle. **6.** Mi madre coge a mi hermano pequeño en brazos. **7.** He encontrado un bolígrafo en el suelo.

EJERCICIO DE CONTROL
Ponga las palabras que faltan:

1 *Mes frères et moi nous lisons le journal ensemble.*

. . . .

. . . . . .

2 *Notre adresse est la suivante.*

. . . .

3 *Chez mes amis il y a trois balcons avec des fleurs.*

. . . .

. . . .

****

LECCION CUARENTA Y SEIS.

La familia

1 Mi abuela y mi abuelo, por parte de mi padre, son originarios del campo: son campesinos.
2 La madre de mi madre, mi abuela, también nació en el campo.
3 Mi otro abuelo murió durante la guerra. Yo no le he conocido.

PRONUNCIACION: 1 abouéla ... oriHinarioss cam'péçinoss 2 nacio 3 mourio douran'té guérra (u muet ; les rr roulés)

EXERCICE : 1. J'achète le journal tous les jours. 2. Quelle est votre profession ? 3. Je suis domicilié à Cordoue. 4. Je vis dans un immeuble neuf. 5. Ce matin mon père est tombé dans la rue. 6. Ma mère prend mon petit frère dans ses bras. 7. J'ai trouvé un stylo à bille par terre.

*****

4 *J'aime les bananes.*

. . . .

5 *Je voulais l'empêcher.*

. . . .

CORRIGE DE L'EXERCICE : 1 mis hermanos y yo leemos el periódico juntos. 2 nuestra dirección es la siguiente. 3 en casa de mis amigos hay tres balcones con flores. 4 me gustan los plátanos. 5 quería impedirlo.

****

QUARANTE-SIXIEME LEÇON

La famille

1 Ma grand-mère et mon grand-père du côté (pour part) de mon père sont originaires de la campagne : ils sont paysans.
2 La mère de ma mère, ma grand-mère, est aussi née à (dans) la campagne.
3 Mon autre grand-père est mort (mourut) pendant la guerre. Je ne l'ai pas connu.

4   Yo soy el mayor de los nietos por parte de mis abuelos paternos. (1)

5   Los hijos e hijas de mis tías son mis primos y primas.

6   A mis abuelos, les gusta verse rodeados de sus nietos.

7   Algunos de mis primos tienen hijos.

8   Biznietos y bisabuelos juegan, a menudo, juntos como si tuvieran la misma edad.

9   Cuando se les observa, es muy fácil estar de acuerdo con el refrán que dice:

10 ''Los extremos se tocan''.

11 Personas mayores y niños dan, a menudo, el mismo tipo de alegrías y preocupaciones.

12 Las unas por su sabiduría,

13 y los otros por su vitalidad.

14 Para nuestros predecesores, así como para nuestros descendientes somos, a veces, espejos.

4 niétoss ... patérnoss
5 tiass ... primoss 6 verssé rodéadoss 8 biçniétoss ... biçabouéloss 9 obsserva ... réfran' 10 ésstrémoss 11 alégriass 12 sabidouria 13 bitalida(d) 14 prédécéçoress ... desscen'dien'tess ... esspéHoss.

LOS EXTREMOS SE TOCAN

EJERCICIO: 1. Mis abuelos son muy mayores. **2.** Mis padres son hijos de campesinos. **3.** Mi hermana es la mayor de la familia. **4.** Nuestra casa está rodeada de jardines. **5.** Hoy, he tenido una gran alegría. **6.** Los niños tienen mucha vitalidad. **7.** En tu casa, hay un gran espejo.

4   Je suis l'aîné des petits-fils du côté (pour part) de mes grands-parents paternels.

5   Les fils et filles de mes tantes sont mes cousins et cousines.

6   Mes grands-parents aiment (A mes grands-parents leur plaît) se voir entourés de leurs petits-enfants.

7   Quelques-uns de mes cousins ont des enfants (fils).

8   Arrière-petits-enfants et arrière-grands-parents jouent souvent ensemble comme s'ils avaient le même âge.

9   Lorsqu'on les observe, il est très facile [d']être d'accord avec le proverbe qui dit :

10   « Les extrêmes se touchent ».

11   Personnes âgées et enfants donnent souvent le même type de joies et [de] préoccupations.

12   Les unes par leur sagesse,

13   et les autres par leur vitalité.

14   Pour nos prédécesseurs ainsi que (comme) pour nos descendants, nous sommes parfois [des] miroirs.

NOTE

(1) *Mayor:* majeur. Mais nous trouvons aussi dans cette leçon d'autres sens, ainsi : aîné (voir phrase n° 4) et personnes âgées (voir phrase n° 11). Nous verrons par la suite que *mayor* sera parfois une composante pour la formation du comparatif et du superlatif.

Cette leçon n'offre pas de difficulté particulière. Il s'agit surtout de s'accrocher un peu au vocabulaire nouveau qui vous est donné. Mais comme dans la prochaine leçon de révision nous allons vous donner quelques éclaircissements concernant les possessifs, vous pouvez déjà commencer ici même à vous adapter à eux. Souvenez-vous de ceux que nous avons déjà vus : sa maison : *su casa;* votre amie : *vuestra amiga ;* leur sagesse : *su sabiduría.*

EXERCICE : 1. Mes grands-parents sont très âgés. 2. Mes parents sont des enfants de paysans. 3. Ma sœur est l'aînée de la famille. 4. Notre maison est entourée de jardins. 5. Aujourd'hui j'ai eu une grande joie. 6. Les enfants ont beaucoup de vitalité. 7. Chez toi, il y a un grand miroir.

Lección 46

EJERCICIO DE CONTROL
Ponga las palabras que faltan:

1 *Les paysans travaillent la terre.*

. . . .

2 *Pendant la guerre d'Espagne il y eut plus d'un million de morts.*

. . . . hubo . . .

. . . . millón . . . .

3 *Je n'ai pas connu mes grands-parents du côté de mon père.*

Yo . . . .

. . . .

****

LECCION CUARENTA Y SIETE.

Cuestión de cartera

1 — Nuestro coche está averiado y no estará
   arreglado antes de diez días.
2   ¿Y el vuestro?
3 — El nuestro está en el garaje y nos han dicho
   que tienen para rato.
4 — ¿Y cómo vamos a hacer para ir a Suecia la
   semana que viene? **(1)**
5 — Tenemos muchas posibilidades, a saber: el
   avión, el tren, el barco, la moto, además de
   la bicicleta y del autostop.

PRONUNCIACION: 1 avériado 3 garaHé 4 souécia 5 possibilidadess...
avion' tren' barco biciklèta ... aoutostop

4 *Les proverbes expriment la sagesse du peuple.*

. . . . expresan . . . .

. . . . . .

5 *Parfois nous nous regardons dans un miroir.*

. . . .

*****

CORRIGE DE L'EXERCICE : 1 los campesinos trabajan la tierra. 2 durante la guerra de España - más de un - de muertos. 3 no he conocido a mis abuelos por parte de mi padre. 4 los refranes - la sabiduría del pueblo. 5 a veces, nos miramos en un espejo.

****

QUARANTE-SEPTIEME LEÇON

Question de portefeuille

1 — Notre voiture est en panne et elle ne sera pas réparée (arrangée) avant (de) dix jours.
2 Et la vôtre ?
3 — La nôtre est au (dans le) garage et on nous a (ont) dit qu'il y en avait (qu'ils en ont) pour un bon moment.
4 — Et comment allons nous faire pour aller en (à) Suède la semaine prochaine ?
5 — Nous avons beaucoup [de] possibilités, à savoir : l'avion, le train, le bateau, la moto, en plus du vélo et [de] l'auto-stop.

NOTES

(1) *La semana que viene:* la semaine qui vient. Peut-être cette construction est-elle un peu plus utilisée : *la semana próxima:* la semaine prochaine. A vous de choisir.

Leçon 47

6 — ¿Y por qué no, también, el burro o el mulo?

7 — Yo había pensado que podíamos ir a pie.

8 — Sois muy graciosos pero tenemos un problema y hay que resolverlo.

9 — Más vale reírse que enfadarse.

10 — El avión es más rápido que el tren y que el barco. **(2)**

11 — El avión es tan caro como el barco.

12 Y el tren es menos caro que el avión y que el barco,

13 y como nuestros monederos no soportan las alturas y se marean... **(3)**

14 — ¡Entonces... guiados por la voz de la razón... iremos en tren!

6 bourro ... moulo **8** gracioçoss ... réssolverlo **9** réirssé ... en'fadarssé **13** monédéross ... soportan' ... altourass ... maréan' **14** guiadoss (u muet) ... voç.

EN BARCO, ME MAREO

EJERCICIO: 1. Acabo de llevar el coche al garaje. **2.** Todavía tengo para un buen rato. **3.** No te enfades por tan poca cosa. **4.** Nuestra casa es más grande que la vuestra. **5.** Su hijo es más pequeño que el nuestro. **6.** Sus abuelos son tan mayores como los nuestros. **7.** En barco, me mareo.

EJERCICIO DE CONTROL
Ponga las palabras que faltan:

1 *La voiture ne sera pas prête pour lundi.*

. . . .

. . . . . .

6 — Et pourquoi pas aussi l'âne ou le mulet ?

7 — J'avais pensé que nous pouvions [y] aller à pied.

8 — Vous êtes très drôles (gracieux) mais nous avons un problème et il faut le résoudre.

9 — Il vaut mieux en rire (se rire) que se fâcher.

10 — L'avion est plus rapide que le train et le bateau.

11 — L'avion est aussi cher que (comme) le bateau.

12   Et le train est moins cher que l'avion et que le bateau.

13   Et comme nos porte-monnaies ne supportent pas les hauteurs et [qu'ils] ont le mal de mer...

14 — Alors... guidés par la voix de la raison... nous irons en train !

(2) Les phrases 10, 11 et 12 vous montrent la formation classique du comparatif. Nous verrons cela un peu plus en détail dans la prochaine leçon de révision.

(3) *Me mareo:* j'ai mal au cœur. En castillan, le mal de mer est aussi *un mareo,* il n'y a pas comme en français deux manières différentes pour exprimer cette même sensation de nausée. Remarquez que dans *mareo* les trois premières lettres *mar* signifient mer.

EXERCICE : 1. Je viens d'emmener la voiture au garage. 2. J'en ai encore pour un bon moment. 3. Ne te fâche pas pour si peu de chose. 4. Notre maison est plus grande que la vôtre. 5. Son fils est plus petit que le nôtre. 6. Ses grands-parents sont aussi âgés que les nôtres. 7. En bateau j'ai le mal de mer.

2 *Pardon, y a-t-il un garage près d'ici ?*

Perdone, ¿ . . . . ?

3 *Notre quartier est moins animé que le vôtre.*

. . . .

. . . .

4 *L'année dernière il a fait plus froid que celle-ci (cette année-ci).*

. . . . hizo . . . .

Lección 47

5   *Mes amis habitent aussi loin que vous.*

. . .   .

. . . .

****

LECCION CUARENTA Y OCHO.

Lo nuestro (1)

1 — Este jersey, ¿es el mío o el tuyo?
2 — Ese es el mío.
3   Si quieres, póntelo pero te estará demasiado grande. (2)
4 — No, voy a buscar el mío.
5 — El tuyo se lo ha puesto Mayte esta mañana. (3)
6   Pero ponte el suyo, te irá muy bien con esa ropa.
7 — Después de todo... no es una mala idea.
8 — Es una ventaja que la ropa de unos sirva para otros.
9 — Y que todos nosotros estemos de acuerdo para funcionar así.
10 — Es mejor que:
11   Lo mío mío y lo tuyo de entrambos. (4)

PRONUNCIACION: 1 Hersséï ... mio ... tuïo. 5 maïté. 8 ben'taHa ... sirba. 11 en'tram'boss.

*****

CORRIGE DE L'EXERCICE : **1** el coche no estará listo para el lunes. **2** hay un garaje cerca de aquí. **3** nuestro barrio es menos animado que el vuestro. **4** el año pasado - más que éste. **5** mis amigos viven tan lejos como vosotros (ou ustedes).

****

QUARANTE-HUITIEME LEÇON

Ce qui est à nous

1 — Ce pull est le mien ou le tien ?

2 — Celui-là est le mien.

3 Si tu veux mets-le mais il sera (t'ira) trop grand [pour toi].

4 — Non, je vais chercher le mien.

5 — Le tien c'est Mayte qui l'a mis (se l'a mis) ce matin.

6 Mais mets le sien, il t'ira très bien avec ce que tu portes (ces vêtements).

7 — Après tout... [ce] n'est pas une mauvaise idée.

8 — [C']est un avantage que les vêtements des uns servent aux (serve pour) autres.

9 — Et que nous tous nous soyons d'accord pour agir (fonctionner) ainsi.

10 — [C']est mieux que :

11 Ce qui est à moi est à moi et ce qui est à toi est à nous deux.

*****

NOTES

(1) *Lo nuestro:* ce qui est à nous ; *lo mío:* ce qui est à moi (phrase n° 11). Retenez seulement pour l'instant cet emploi. Il s'agit là d'un hispanisme que nous préciserons ·par la suite. Voir le paragraphe n° 5 de la leçon 28.

(2) *Te estará bien:* t'ira bien. Nous avons déjà expliqué ce type de construction. Vous pouvez regarder la note n° 5 de la leçon 39.

(3) Mettre un vêtement sur soi, *ponérselo* (se le mettre).

(4) Proverbe.

Refranes: (5)

1   No se ganó Zamora en una hora.
2   Por el hilo se saca el ovillo.
3   Quien mucho abarca, poco aprieta.

PRONUNCIACION: 1 çamora. 2 ilo ... oɓillo. 3 abarca ... apriéta.

EJERCICIO: 1. Mi jersey es menos bonito que el tuyo. **2.** El suyo es más grande que el mío. **3.** Después de todo ... creo que podré arreglarme. **4.** Este pescado es mejor que aquél. **5.** Este pantalón me está tan bien como ése. **6.** Tengo que ir a buscar a los niños. **7.** Yo, por mi parte, estoy de acuerdo.

ES DEMASIADO GRANDE PARA MI

EJERCICIO DE CONTROL
Ponga las palabras que faltan:

1   *Mets ce pantalon et dis-moi s'il te va bien.*

. . . .
. . . .

2   *Il est trop grand pour moi.*

. . . .

Proverbes :

1   Ne s'est pas gagné Zamora en une heure. [Rome
    ne s'est pas faite en un jour.]
2   Par le fil on sort la pelote. [Petit à petit l'oiseau fait
    son nid.]
3   Qui beaucoup embrasse, peu étreint. [Qui trop
    embrasse, mal étreint.]

NOTES

(5) Il s'agit de trois anciens proverbes castillans qui riment et ont une
    sonorité particulière. Dans le texte français, vous trouverez la
    traduction littérale et entre crochets leurs correspondants français.

EXERCICE : 1. Mon pull est moins joli que le tien. 2. Le sien est plus
grand que le mien. 3. Après tout... je crois que je pourrai m'arranger. 4.
Ce poisson est meilleur que celui-là. 5. Ce pantalon me va aussi bien
que celui-là. 6. Je dois aller chercher les enfants. 7. Moi, de mon côté,
je suis d'accord.

*****

3   *Je ne crois pas qu'il me serve.*

    . .   . .

4   *Achète-moi du fil blanc et le journal.*

    . . . .

5   *J'aime les proverbes.*

    . .   . .

CORRIGE DE L'EXERCICE : 1 ponte este pantalón y dime si te está
bien. 2 es demasiado grande para mí. 3 no creo que me sirva. 4
cómprame hilo blanco y el periódico. 5 me gustan los refranes.

LECCION CUARENTA Y NUEVE.

Revisión y notas

1. **Al caer:** en tombant (au tomber). C'est une forme très usuelle ; ainsi : *al despertarme:* en m'éveillant ; *al salir de casa:* en sortant de chez moi ; (*al salir de la casa:* en sortant de la maison) ; *al llegar:* en arrivant.
Voir note numéro 2 de la leçon 22.

2. **Au, à la** se disent : *en el, en la,* quand il n'y a pas de mouvement et *al, a la,* dans le sens contraire. *Estoy en el balcón:* je suis au balcon ; *voy al balcón:* je vais au balcon.

3. **Le comparatif :** Voir à la leçon 47 les phrases 10, 11 et 12 et les phrases 4, 5 et 6 *del ejercicio.* Si vous les avez retenues, vous savez déjà comment se forme le comparatif en castillan. Nous avons donc : pour le comparatif de supériorité **más ... que** : *tu hijo es más joven que el mío:* ton fils est plus jeune que le mien. Pour le comparatif d'infériorité : **menos ... que** : *el tren es menos rápido que el avión:* le train est moins rapide que l'avion. Et pour le comparatif d'égalité : **tan ... como:** *los europeos son tan simpáticos como los africanos:* les Européens sont aussi sympathiques que les Africains.
Voici les comparatifs irréguliers, avec lesquels nous avons déjà fait connaissance: *malo-peor:* mauvais-pire ; *bueno-mejor:* bon-meilleur ; *pequeño-menor:* petit-plus petit ; *grande-mayor:* grand-plus grand.
Pour *mayor,* regardez la note n° 1 de la leçon 46.
Pour *mejor,* remarquez qu'en français vous avez deux mots : mieux et meilleur, adverbe et adjectif.

4. **Les possessifs :** en ce qui concerne l'adjectif, nous trouvons en castillan deux sortes de possessifs :

Mi:	mon, ma	*Mis:*	mes	*Nuestro, a, os, as:* notre, nos		
Tu:	ton, ta	*Tus:*	tes	*Vuestro, a, os, as:* votre, vos		
Su:	son, sa	*Sus:*	ses	*Su, Sus:*		leur,	leurs

et

QUARANTE-NEUVIEME LEÇON

Mío, a, os, as: mien, mienne, etc.	*Nuestro, a, os, as:* notre, nos
Tuyo, a, os, as: tien, tienne, etc.	*Vuestro, a, os, as:* votre, vos
Suyo, a, os, as: sien, sienne, etc.	*Suyo, a, os, as:* leur, leurs

Mi, tu, su, se placent toujours devant le nom. *Mío, tuyo, suyo,* vont toujours après le nom.
Attention au possessif *su* qui peut signifier : son, leur et votre (lorsqu'on vouvoie quelqu'un).

Pour ce qui est des pronoms possessifs, leur forme n'est autre que l'adjectif *mío, tuyo, suyo,* etc., précédé de l'article ; *este coche es el mío:* cette voiture est la mienne ; *ese garage es el suyo:* ce garage-là est le sien, etc. Nous ne nous attardons plus ici, vous connaissez déjà tout cela.

5. **A écrire en castillan** (deuxième vague)

1 Je vais prendre le train. - Veux-tu que je t'accompagne ?
2 C'est l'époque des soldes de fin de saison. - Je vais acheter.
3 Que lis-tu ? - C'est un livre de proverbes.
4 Mon frère Jean est l'aîné de la famille. - Quel âge a-t-il ?
5 Ton travail est aussi intéressant que le mien.
6 Ce pull est à moi, mais tu peux le mettre.

6. **Traduction**

1 Voy a coger el tren. - ¿Quieres que te acompañe?
2 Es la época de las rebajas de fin de temporada. - Voy a comprar.
3 ¿Qué lees? - Es un libro de refranes.
4 Mi hermano Juan es el mayor de la familia. - ¿Qué edad tiene?
5 Tu trabajo es tan interesante como el mío.
6 Este jersey es mío pero puedes ponértelo.

DEUXIEME VAGUE (segunda ola)

Nous en sommes au point où, sans difficulté, vous comprenez le sens général des phrases, même si parfois cela ne se fait qu'après une deuxième lecture.

Il est tout à fait normal qu'il y ait encore des expressions qui vous paraissent bizarres, des mots qui s'obstinent à vous échapper, et puis... surtout les verbes. Vous commencez à vous y retrouver dans la conjugaison des réguliers en *ar, er* et *ir;* restent, bien que vous en connaissiez déjà quelques-uns, les irréguliers ; désormais nous allons les étudier d'un peu plus près. Pas d'impatience — *No se ganó Zamora en una hora* —. Par l'usage quotidien vous allez finir par « les avoir ».

* *

LECCION CINCUENTA.

Un largo fin de semana

1 — Dentro de dos semanas, tendré un puente de cinco días. **(1)**

2 — Eso, más que un puente parece un acueducto. ¿Estás seguro?

3 — Sí. Nos hemos arreglado entre los compañeros de trabajo.

4 — Entonces, podríamos ir a esquiar. **(2)**

A partir de maintenant, vous ne trouverez plus de prononciation figurée. A l'occasion, nous vous préciserons certains mots qui, pour une raison quelconque, pourraient présenter une difficulté particulière.

Nous allons maintenant aborder la **phase plus active** du travail. Vous allez arriver ainsi à avoir une précision beaucoup plus grande.

A partir de la leçon 50, une fois la leçon du jour étudiée, vous reprendrez une leçon du début (en commençant par la première !). La façon de procéder est celle-ci :

— Lire la leçon à haute voix (après l'avoir écoutée, si vous disposez des enregistrements), en vérifiant sur le texte français le sens des passages dont vous ne seriez pas sûr.

Puis traduire en castillan, à haute voix, chaque phrase du texte français et vérifier à l'aide du texte castillan.

*****

Si vous le désirez, vous pouvez compléter cette deuxième vague en écrivant, après avoir parlé. Cela n'est pas indispensable, mais vous facilitera, si vous en avez besoin, l'acquisition du castillan écrit.

****

CINQUANTIEME LEÇON

Une longue fin de semaine

1 — Dans deux semaines j'aurai un pont de cinq jours.
2 — Cela ressemble à un (paraît un) aqueduc plus qu'[à] un pont. [En] es-tu sûr ?
3 — Oui. Nous nous sommes arrangés entre camarades (les compagnons) de travail.
4 — Alors, nous pourrions aller skier.

NOTAS

(1) *Dentro:* dedans ; *ahí dentro:* là-dedans. Et aussi : *dentro de la casa:* dans la maison. Mais encore : *dentro de un año:* d'ici un an ou dans un an.
(2) *Esquiar* (esskiar) aussi bien skier que faire du ski, mais on ne dira pas en castillan *"hacer esquí"*.

5 — Es una buena ocasión para que me muestres el refugio del que me has hablado. **(3)**

6 — ¿A partir de qué momento estarás libre?

7 — Del jueves por la tarde al miércoles por la mañana.

8 — Perfecto. Podemos coger el tren de las diez de la noche,

9   y así llegaremos al amanecer al pueblecito del que te he hablado.

10   Podemos desayunar allí y hacer las compras para los cinco días. **(4)**

11 — Como las mochilas son grandes, no habrá problema.

12 — A dos kilómetros del pueblo, comienza el camino de montaña,

13   y como en esta época hay mucha nieve, podremos ponernos los esquíes.

14 — No olvides que yo no he hecho mucho esquí de fondo.

EJERCICIO: **1.** La semana que viene hay un puente de cuatro días. **2.** Dentro de una hora, tengo una cita. **3.** Me he arreglado con mis amigos. **4.** ¿Me harás conocer a tu familia? **5.** Mi mochila es muy pesada. **6.** Conozco un camino de montaña muy bonito. **7.** Voy a desayunar en un bar.

5 — [C']est une bonne occasion pour que tu me montres le refuge dont tu m'as parlé.

6 — A partir de quel moment seras-tu libre ?

7 — Du jeudi (par l')après-midi au mercredi matin (par la matinée).

8 — Parfait. Nous pouvons prendre le train de (les) dix [heures] du soir

9 et ainsi nous arriverons au lever du jour au petit village dont je t'ai parlé.

10 Nous pouvons [prendre le] petit déjeuner là-bas et faire les courses pour les cinq jours.

11 — Comme les sacs à dos sont grands il n'[y] aura pas [de] problème.

12 — A deux kilomètres du village commence le chemin de montagne,

13 et comme à cette époque il y a beaucoup de neige, nous pourrons (nous) mettre les skis.

14 — N'oublie pas que je n'ai pas fait beaucoup [de] ski de fond.

*****

NOTAS

(3) Dont : *del que.* Vous avez un autre exemple dans la phrase numéro 9. Pour l'instant, nous n'allons pas vous donner d'explication, mais retenez ce type de construction.

(4) *Desayunar* (déçaïounar): prendre le petit déjeuner. *Ayunar:* jeûner. *Desayunar* est donc : defaire le jeûne. *Desayunar* correspond littéralement à déjeuner en français. La différence ne se trouve que dans l'heure !

EXERCICE : 1. La semaine prochaine il y a un pont de quatre jours. 2. D'ici une heure j'ai un rendez-vous. 3. Je me suis arrangé avec mes amis. 4. Me feras-tu connaître ta famille ? 5. Mon sac à dos est très lourd. 6. Je connais un chemin de montagne très joli. 7. Je vais prendre le petit déjeuner dans un bar.

EJERCICIO DE CONTROL
Ponga las palabras que faltan:

1 *D'ici combien de temps seras-tu libre ?*

¿ . . . .

. . . . . ?

2 *Es-tu sûr qu'il y a un pont la semaine prochaine ?*

¿ . . . .

. . . . ?

****

LECCION CINCUENTA Y UNA.

Un aspecto cultural

1 — Cuando fui a España hubo algo que me
    sorprendió.
2 — ¿Qué es lo que te sorprendió?
3 — No vi casi ningún perro, ni gato, ni pájaro,
    en fin, todo ese tipo de animales
4   que suele haber en las casas, en las familias
    en las que estuve. (1)
5 — Eres observador. En efecto, tienes razón.
6   En ese aspecto, España es muy diferente de
    Francia.
7 — Yo pensaba que era todo lo contrario.
8 — ¿Y a qué crees que es debido?

3 *Nous prendrons le train de sept heures du matin.*

. . . .

. . . .

4 *Mon petit déjeuner est froid.*

. . . .

5 *Il y a beaucoup de neige dans ces montagnes.*

. . . .

CORRIGE DE L'EXERCICE : 1 dentro de cuánto tiempo estarás libre. **2** estás seguro de que hay un puente la semana que viene. **3** cogeremos el tren de las siete de la mañana. **4** mi desayuno está frío. **5** hay mucha nieve en esas montañas.

Segunda ola: 1ª lección.

* *

CINQUANTE ET UNIEME LEÇON

Un aspect culturel

1 — Lorsque je suis allé (j'allai) en (à) Espagne, j'ai été surpris (il y eut) [par] quelque chose (qui me surprit).

2 — Qu'est-ce qui t'a surpris ?

3 — Je n'ai vu (vis) [pour ainsi dire] presque aucun chien, ni chat, ni oiseau, enfin tout ce genre (type) d'animaux

4 qu'on a l'habitude d'avoir dans les maisons, dans les familles où je suis allé (je fus).

5 — Tu es observateur. En effet, tu as raison.

6 En ce domaine (cet aspect) [l']Espagne est très différente de [la] France.

7 — Je pensais que [c']était tout le contraire.

8 — Et à quoi crois-tu que c'est dû ?

NOTAS

(1) *Soler:* avoir l'habitude de, avoir coutume de faire, arriver souvent. Voir leçon 56 paragraphe n° 4.

Lección 51

9 — No lo sé. Quizás como es un país más cálido
y la gente vive más fuera de casa, (2)

10 no necesita tanto introducir en su casa ese
aspecto de la naturaleza. (3)

11 — Esa puede ser una razón, pero también hay
otras.

12 — ¿Cuáles por ejemplo? (4)

13 — El ritmo de vida...

14 — ¿Tú crees?   (Continuará)

EJERCICIO: 1. Su interés me ha sorprendido. 2. Suele
venir todos los domingos. 3. Los países del sur de
Europa son más cálidos que los del norte. 4. Eso puede
ser una razón. 5. ¿Cuál es tu sitio? 6. No conocía este
aspecto de la cuestión. 7. El lunes la gente no está tan
animada.

EJERCICIO DE CONTROL
Ponga las palabras que faltan:

1 *Ce que j'ai vu m'a plu.*

. . . .

2 *En Andalousie les gens ont l'habitude de se coucher plus tard.*

. . . .

acostarse . . . .

3 *Je n'en ai pas autant besoin que toi.*

. . . .

4 *Quelle est ton adresse ?*

¿ . . . . ?

5 *Crois-tu qu'il viendra ?*

¿ . . . . ?

9 — Je ne le sais pas. Peut-être, comme c'est un pays
plus chaud et [que] les gens vivent plus en dehors
de chez eux,

10 n'ont-ils pas autant besoin [d']introduire chez eux
cet aspect de la nature.

11 — Cela peut être une raison, mais il y [en] a aussi
[d']autres.

12 — Lesquelles par exemple ?

13 — Le rythme de vie...

14 — Crois-tu ?   (A suivre)

NOTAS

(2) *Quizá* ou *quizás:* peut-être. *Quizás iré:* j'irai peut-être.
La gente: les gens, singulier, ou *las gentes,* pluriel. Le *g* devant *e* et *i*
a le même son guttural que le *j* (noté H).

(3) *Tanto:* autant ou tant. Comme *mucho, poco,* etc. est variable : *tanta
gente:* autant de gens.

(4) *¿Cuál?*: lequel ? ou laquelle ?, au pluriel : *¿cuáles?* pour les deux
genres. Nous réviserons ceci.

EXERCICE : 1. Son intérêt m'a surpris. 2. Il a l'habitude de venir tous
les dimanches. 3. Les pays du sud de l'Europe sont plus chauds que
ceux du nord. 4. Cela peut être une raison. 5. Quelle est ta place ? 6. Je
ne connaissais pas cet aspect de la question. 7. Le lundi les gens ne
sont pas aussi animés.

CORRIGE DE L'EXERCICE : **1** lo que he visto me ha gustado. **2** en
Andalucía la gente suele - más tarde. **3** no tengo tanta necesidad como
tú. **4** cuál es tu dirección. **5** crees que vendrá.

Segunda ola: 2ª lección.

Lección 51

LECCION CINCUENTA Y DOS.

Un aspecto cultural (continuación y fin)

1 — Sí. El nivel de vida es menos alto en España que en Francia. **(1)**
2 Sobre todo en las ciudades, y un animal necesita estar bien cuidado.
3 — Sí, es posible que tengas razón.
4 ¿Crees que hay todavía otros motivos?
5 — Me parece que otro factor importante, y más aún en las ciudades, es éste:**(2)**
6 Tengo la impresión de que en Francia la gente vive más aislada, más sola.
7 En España se vive más con los otros, se está más acompañado, **(3)**
8 y quizá, no se busca tanto la compañía de un perro o un gato.
9 Este conjunto de razones y otras de diversa índole pueden servirte
10 para que te hagas una idea de ese detalle que te sorprendió en España.

11 — ¿Qué árbol da las aceitunas?
12 — Ninguno.
13 — Sí, hombre, el olivo.
14 — No señor, no las da, se las quitan. **(4)**

CINQUANTE-DEUXIEME LEÇON

Un aspect culturel (suite et fin)

1 — Oui. Le niveau de vie est moins élevé (haut) en Espagne qu'en France.
2   Surtout dans les villes, et un animal a besoin d'être bien soigné.
3 — Oui, il est possible que tu aies raison.
4   Crois-tu qu'il y a encore [d']autres motifs ?
5 — Il me semble qu'[un] autre facteur important, et plus encore dans les villes, est celui-ci :
6   J'ai l'impression qu'en France les gens vivent plus isolés, plus seuls.
7   En Espagne on vit plus avec les autres, on a plus de compagnie (on est plus accompagné),
8   et on ne cherche peut-être pas autant la compagnie d'un chien ou d'un chat.
9   Cet ensemble de raisons et d'autres de diverse[s] sorte[s] peuvent te servir
10   pour que tu te fasses une opinion (idée) sur (de) ce détail qui t'a surpris (te surprit) en Espagne.

11 — Quel arbre donne les olives ?
12 — Aucun.
13 — Mais si, voyons (oui homme), l'olivier.
14 — Non, monsieur, il ne les donne pas, on les lui enlève (à lui les enlèvent).

*****

NOTAS

(1) Remarquez qu'à la leçon précédente nous parlions de *ritmo de vida:* rythme de vie. Quoique les leçons se suivent, la conversation change ici de thème et nous parlons de *nivel de vida:* niveau de vie. Il s'agit de deux choses différentes aussi bien en castillan qu'en français.
(2) *Aún:* encore ; lorsque *aún* porte l'accent il a le même sens que *todavía.*
(3) Remarquez ce *se vive:* on vit. Si vous avez des difficultés, consultez la leçon numéro 42 paragraphe 2.
(4) *Quítese el abrigo:* ôtez votre pardessus (votre manteau). *Un quitasol* (kitaçol): un parasol (de soleil). *Este asunto me quita el sueño:* cette affaire me fait perdre (m'enlève) le sommeil.

EJERCICIO: 1. Mi nivel de vida no es muy alto. **2.** Los niños necesitan cuidados particulares. **3.** No ha venido aún. **4.** En las ciudades, hay mucha gente que vive aislada. **5.** ¿Vienes sola o acompañada? **6.** Me gustó sobre todo el gesto que tuvo con los niños. **7.** ¡Sírvete!

EJERCICIO DE CONTROL
Ponga las palabras que faltan:

1   *Quelle est votre profession?*

¿ . . . . ?

2   *La vie est plus chère dans les villes que dans les villages.*

. . . .

. . . .

****

LECCION CINCUENTA Y TRES.

En la carretera

1 — Venimos de Poitiers y vamos a Jaén, una de las capitales de provincia de Andalucía. (1)
2   Tenemos intención de pararnos a pasar la noche cerca de la frontera.
3 — Empiezo a estar un poco cansada de conducir.

EXERCICE : 1. Mon niveau de vie n'est pas très élevé (haut). **2.** Les enfants ont besoin de soins particuliers. **3.** Il n'est pas encore venu. **4.** Dans les villes il y a beaucoup de gens qui vivent isolés. **5.** Viens-tu seule ou accompagnée ? **6.** J'ai surtout aimé le geste qu'il a eu avec les enfants. **7.** Sers-toi !

3 *Il me semble que tu es très seul.*

. . . .

4 *J'ai l'impression que tu t'en fais trop.*

. . . .

. . . .

5 *Il avait raison.*

. . . .

CORRIGE DE L'EXERCICE : 1 cuál es su profesión. **2** la vida es más cara en las ciudades que en los pueblos. **3** me parece que estás muy solo. **4** tengo la impresión de que te preocupas demasiado. **5** tenía razón.

Segunda ola: 3ª lección.

****

CINQUANTE-TROISIEME LEÇON

Sur (dans) la route

1 — Nous venons de Poitiers et nous allons à Jaén, l'un des chefs-lieux de département (capitale de province) d'Andalousie.

2 Nous avons [l']intention de nous arrêter pour (à) passer la nuit près de la frontière.

3 — Je commence à être un peu fatiguée de conduire.

NOTAS

(1) La division géographique et administrative de l'Espagne étant différente de celle de la France, nous avons traduit *capital de provincia* par chef-lieu de département, mais que cela ne vous induise pas en erreur : le fonctionnement est tout autre au niveau administratif.

4   Se está haciendo de noche y hay que pensar en buscar un hotel o un lugar para poder acampar y dormir esta noche. (2)

5 — Y si, además, tú estás cansada, hay que pararse cuanto antes. (3)

6 — Mañana, en la frontera, preguntaremos cuál es el camino más corto para llegar a Jaén.

7   Al día siguiente, después de haber pasado la frontera: (4)

8 — Buenos días, señora. Vamos a Jaén ¿qué carretera nos aconseja tomar?

9 — Es muy sencillo. Yo les aconsejo lo siguiente:

10   De aquí a Madrid, pueden coger la autopista: (5)

11   la entrada está a un kilómetro de aquí, a mano derecha. (6)

12   Una vez en Madrid, pueden seguir todavía por la autopista

13   y dejarla un poco más tarde para coger las carreteras nacionales

14   y, así, tendrán la ocasión de visitar las tierras del Quijote.

15 — Muchas gracias. Adiós.

EJERCICIO: 1. ¿Tienes intención de pararte para comer? 2. En invierno, se hace de noche más pronto. 3. ¿Qué me aconseja usted? 4. La entrada de la autopista no está lejos. 5. La carretera nacional es más bonita. 6. Una vez en la ciudad, es muy sencillo encontrar un hotel. 7. Dímelo cuanto antes.

EJERCICIO DE CONTROL
Ponga las palabras que faltan:

1 *Qu'as-tu l'intention de faire ?*

¿ . . . . ?

4   Il commence à faire nuit et il faut penser à
     chercher un hôtel ou un lieu pour pouvoir camper
     et dormir cette nuit.
5 — Et si en plus tu es fatiguée il faut s'arrêter au plus
     vite (combien avant).
6 — Demain, à la frontière nous demanderons quel est
     le chemin [le] plus court pour arriver à Jaén.
7   Le lendemain (au jour suivant) après (d')avoir
     passé la frontière :
8 — Bonjour Madame. Nous allons à Jaén, quelle route
     nous conseillez-vous [de] prendre ?
9 — [C']est très simple. Je vous conseille ceci (le
     suivant) :
10   D'ici à Madrid vous pouvez prendre l'autoroute :
11   l'entrée se trouve (est) à un kilomètre d'ici, à (main)
     droite.
12   Une fois à Madrid vous pouvez continuer (suivre)
     par l'autoroute,
13   et la laisser un peu plus tard pour prendre les
     routes nationales,
14   et, ainsi vous aurez l'occasion de visiter les terres
     de « Don Quichotte ».
15 — Merci beaucoup. Adieu.

NOTAS

(2) *Se está haciendo de noche:* littéralement, comme nous l'avons déjà
vu, cela serait : il est en train de se faire nuit.

(3) *Cuanto antes:* au plus vite, ou le plus vite possible. Mais aussi *cuanto
antes vengas más tranquilos estaremos:* plus tôt tu seras venu plus
tranquilles nous serons. Nous verrons encore d'autres constructions.

(4) Le lendemain : *el día siguiente* (le jour suivant), ici : *al día* (au jour)
pour la continuité du récit.

(5) *Autopista:* (autopiste), autoroute. En Espagne elles sont payantes et
cela vous oblige à connaître aussi les mots *peaje* (péaHé): péage et
pagar: payer. Mais ne vous inquiétez pas si vous les avez oubliés
lorsque vous serez là-bas. On vous les rappellera !

(6) *A mano derecha:* à main droite, à droite. *A mano izquierda*
(içkiérda): à main gauche, à gauche.

EXERCICE : **1.** As-tu l'intention de t'arrêter pour manger ? **2.** En hiver il
fait nuit plus tôt. **3.** Que me conseillez-vous ? **4.** L'entrée de l'autoroute
n'est pas loin. **5.** La route nationale est plus jolie. **6.** Une fois en ville, il
est très simple de trouver un hôtel. **7.** Dis-le moi au plus vite.

Leçon 53

2 *Je cherche un hôtel dans le centre ville.*

. . . .

. . . . . .

3 *D'ici une heure nous serons à la frontière.*

. . . .

. . . .

4 *Le lendemain il était malade.*

. . . .

5 *Je veux lire « Don Quichotte ».*

. . . .

****

LECCION CINCUENTA Y CUATRO.

Una costumbre

1 Las calles se animan.
2 — Me parece que ahora hay más gente por la calle. (1)
3 — ¡Claro! Los comercios cierran y la gente sale del trabajo. (2)
4 Es la hora de volver a casa o de ir a tomar unos vinos.
5 — ¿Qué quieres decir?
6 — Perdona, no te lo he explicado. Es casi un rito en España.

CORRIGE DE L'EXERCICE : **1** qué tienes intención de hacer. **2** busco un hotel en el centro de la ciudad. **3** dentro de una hora, estaremos en la frontera. **4** al día siguiente, estaba enfermo. **5** quiero leer el Quijote.

Segunda ola: 4ª lección.

****

CINQUANTE-QUATRIEME LEÇON

Une coutume

1   Les rues s'animent.
2 — Il me semble que maintenant il y a plus [de] monde
     (gens) dans (par) la rue.
3 — Bien sûr ! Les magasins (commerces) ferment et
     les gens sortent [de leur lieu de] (du) travail.
4   [C']est l'heure de rentrer à [la] maison ou d'aller
     prendre quelques verres (vins).
5 — Que veux-tu dire ?
6 — Excuse-moi, je ne te l'ai pas [encore] expliqué.
     [C']est presque un rite en Espagne.

NOTAS

(1) *Gente:* gens. Comme vous le voyez, *gente* peut être traduit souvent
    par monde.
(2) *Comercio:* commerce ; mais l'homme de la rue utilise ce mot pour
    faire référence aux magasins: *tiendas,* que nous connaissons déjà.

7 ''Ir de vinos'' quiere decir ir con algunos amigos a tomar algo a un bar o a una cafetería. **(3)**

8 En España es algo muy corriente, sobre todo, el viernes por la tarde, el sábado y el domingo.

9 Se entra en un bar, se bebe un vaso,

10 y, si es mediodía, se toma, además, una tapa; **(4)**

11 luego se va a otro bar y se hace lo mismo.

12 Cada una de las personas paga una ronda.

13 — ¿Y no terminan borrachos?

14 — No más que en otros lugares. Cada país regula sus costumbres. **(5)**

EJERCICIO: 1. ¿A qué hora cierran los comercios? 2. ¿Vienes a tomar unos vinos? 3. ¡Vamos a beber un vaso! 4. ¿Cierran ustedes a mediodía? 5. Yo hago lo mismo que tú. 6. Esta ronda la pago yo. 7. Se ha ido a ''dormir la mona''.

EJERCICIO DE CONTROL
Ponga las palabras que faltan:

1 *Dans mon quartier il y a beaucoup de commerces.*

. . . .

7   « Aller de vins » veut dire aller avec des (quelques) amis prendre quelque chose dans (à) un bar ou dans (à) une caféteria.

8   En Espagne c'est quelque chose [de] très courant, surtout le vendredi (après-midi) soir, le samedi et le dimanche.

9   On rentre dans un bar et [l']on boit un verre,

10 et si [c']est [à] midi, on prend un amuse-gueule en plus.

11 Après on va dans (à) un autre bar et on fait la même chose.

12 Chacune des personnes paie une (ronde) tournée.

13 — Et ils ne finissent pas ivres (ivrognes) ?

14 — Pas plus que dans [d']autres endroits. Chaque pays réglemente (règle) ses coutumes.

NOTAS

(3) *"Ir de vinos"* (aller de vins). La vie de tous les jours d'une communauté « fait » sa langue. Cette locution castillane est intraduisible et malgré la traduction que nous vous donnons à la phrase 4, vous ne comprendrez son sens exact qu'après avoir lu l'ensemble du texte.

(4) *Tapa:* amuse-gueule. L'apéritif *(aperitivo)* est l'ensemble de ce que l'on boît et mange. Plusieurs *tapas* peuvent faire un repas. En général ce sont des hors-d'œuvre.

(5) *Costumbre* (cosstoum'bré): coutume ; mais aussi mœurs (n° 5 exercice de contrôle). En castillan, vous entendrez souvent dire : *tengo costumbre de...:* j'ai l'habitude de... Pour ce mot donc, il faut retenir les trois sens.

EXERCICE : 1. A quelle heure ferment les magasins ? **2.** Viens-tu prendre quelques verres ? **3.** Allons boire un verre ! **4.** Fermez-vous à midi ? **5.** Je fais la même chose que toi. **6.** Cette tournée c'est moi qui la paie. **7.** Il est allé « cuver son vin ».

2 *Il se fait tard.*

. . . .

3 *C'est l'heure de rentrer.*

. . . .

4 *Cette tournée n'est pas encore payée.*

. . . . pagada . . . .

5 *Chaque pays a ses mœurs.*

. . . .

****

LECCION CINCUENTA Y CINCO.

Medios de transporte

1 — ¿Qué hay allí? Parece que hay mucha gente.
(1)
2 — No ha pasado nada, es la parada del autobús y la gente está en la cola.
3 — Creí que era un accidente. **(2)**
4 — A las horas punta, es siempre igual. **(3)**
5 La gente utiliza cada vez más los transportes colectivos. **(4)**
6 — Eso está bien, así habrá menos polución, menos tráfico y menos ruido.
7 — Actualmente, los ayuntamientos de las ciudades más importantes
8 se preocupan bastante por crear zonas peatonales,
9 sobre todo, en los barrios viejos y alrededor de los monumentos artísticos. **(5)**
10 — Me parece una excelente idea.
11 — Los habitantes de las ciudades exigen de las autoridades un sistema de vida más agradable.

*****

Segunda ola: 5ª lección.

****

CINQUANTE-CINQUIEME LEÇON

Moyens de transport

1 — Qu'y a-t-il là-bas ? On dirait qu'il y a beaucoup de monde.
2 — Il ne s'est rien passé, [c']est l'arrêt de l'autobus et les gens font (est dans) la queue.
3 — J'ai cru (je crus) que [c']était un accident.
4 — Aux heures [de] pointe [c']est toujours pareil (égal).
5 Les gens utilisent de plus en plus les transports en commun (collectifs).
6 — C'est bien, ainsi il y aura moins [de] pollution, moins [de] trafic et moins [de] bruit.
7 — Actuellement, les municipalités (mairies) des villes [les] plus importantes
8 se préoccupent (assez) de (pour) créer [des] zones piétonnières,
9 surtout dans les vieux quartiers et autour des monuments artistiques.
10 [Cela] me semble une excellente idée.
11 — Les habitants des villes exigent des autorités un cadre (système) de vie plus agréable.

NOTAS
(1) *Me parece:* il me semble. (Voir note n° 7 leçon 23). *Parece que:* on dirait que.
(2) *Accidente* (ak'ciden'té): accident.
(3) Aux heures de pointe : *a las horas de punta,* ou *a las horas punta.*
(4) *Cada vez más:* (chaque fois plus) de plus en plus.
(5) *Viejo:* vieux, mais aussi ancien.

Lección 55

Al pie de la letra

12 — No me ha tocado nada en la lotería. (6)
13 — ¿También jugabas?
14 — No, pero como dicen que es cuestión de suerte...

EJERCICIO: 1. Parece que ha habido un accidente. 2. La parada del autobús está en esta misma calle. 3. A las horas punta, hay mucho tráfico. 4. Llueve cada vez más. 5. Voy a visitar los barrios viejos. 6. Me han tocado novecientas cincuenta y ocho pesetas con setenta y cinco céntimos en la lotería. 7. Es excelente.

*****

EJERCICIO DE CONTROL
Ponga las palabras que faltan:

1 *A l'entrée du cinéma il y avait une grande queue.*

. . . .

. . . .

2 *Je t'attendrai près de l'arrêt de l'autobus.*

. . . .

. . . .

3 *Les transports en commun sont de plus en plus agréables.*

. . . .

. . . .

Au pied de la lettre

12 — Je n'ai rien gagné (ne m'a touché rien) à (dans) la loterie.
13 — Jouais-tu aussi ?
14 — Non, mais comme on dit que [c'] est [une] question de chance...

NOTAS

(6) Voici un nouveau sens du verbe *tocar*. (Voir leçons 18 et 24, note 3). *Me ha tocado mucho dinero en la lotería:* j'ai gagné beaucoup d'argent à la loterie. *Me ha tocado una bici en la tómbola:* j'ai gagné un vélo à la tombola.

EXERCICE : 1. On dirait qu'il y a eu un accident. **2.** L'arrêt de l'autobus est dans cette même rue. **3.** Aux heures de pointe, il y a beaucoup de trafic. **4.** Il pleut de plus en plus. **5.** Je vais visiter les quartiers anciens. **6.** J'ai gagné neuf cent cinquante huit pesetas et soixante quinze centimes à la loterie. **7.** C'est excellent.

4 *Les monuments artistiques se trouvent souvent dans les quartiers*

anciens des villes.

. . . .

. . . . , ...

. . . .

CORRIGE DE L'EXERCICE : 1 a la entrada del cine, había una gran cola. **2** te esperaré cerca de la parada del autobús. **3** los transportes colectivos son cada vez más agradables. **4** los monumentos artísticos se encuentran, a menudo, en los barrios viejos de las ciudades.

Segunda ola: 6ª lección.

LECCION CINCUENTA Y SEIS.

Revisión y notas

1. Pronunciación. Etant donné que nous ne vous offrons plus la prononciation figurée, nous allons vous donner quelques précisions qui fermeront définitivement la boucle en ce qui concerne ce point de votre apprentissage.

2. L'alphabet. Voici les 28 lettres de l'alphabet castillan, avec leur nom en prononciation figurée :

a, a - *b*, bé - *c*, cé - *ch*, tché - *d*, dé - *e*, é - *f*, éfé - *g*, Hé - *h*, atché - *i*, i - *j*, Hota - *k*, ka - *l*, élé - *ll*, éllé (entre éyé et élié) - *m*, émé - *n*, éné - *ñ*, é-gné - *o*, o - *p*, pé - *q*, kou - *r*, érré - *s*, écé - *t*, té - *u*, ou - *v*, ouve - *x*, ékiss - *y*, i griega (ou ye) - *z*, céta (ou céda).

Un a : *una a;* un b : *una b;* le c : *la c;* etc., en castillan toutes les lettres sont du genre féminin.

Lorsque vous aurez recours au dictionnaire, souvenez-vous que *ch, ll* et *ñ* ont leur rubrique à part ; après celle correspondant au c, l et n respectivement. (Dans certains nouveaux dictionnaires on peut parfois trouver *la ch* dans la rubrique de *la c*).

3. L'orthographe. En écrivant ne coupez jamais *ll* en fin de ligne, comme en français (mil-lion, bil-let), coupez avant : *mi-llón, bi-llete.* De même pour *rr (doblé érré)* bien qu'il s'agisse de deux lettres : *bu-rro:* âne, *tie-rra:* terre.

Vous avez pu remarquer que l'orthographe castillane est très simple *(muy sencilla).* Ainsi *ortografía:* orthographe, *fotografía:* photographie ; *teatro:* théâtre, *bicicleta:* bicyclette ; *atención:* attention ; *difícil:* difficile.

La principale difficulté d'orthographe pour ceux qui veulent écrire en castillan est l'emploi de *b* et *v* — et ceci nous intéresse, nous rappelant la similitude de prononciation de ces deux lettres.

Une phrase comme : *servir un vaso de vino:* servir un verre de vin, est pleine de pièges pour l'écolier qui apprend à écrire en castillan, et qui peut écrire ''serbir un baso de bino'', se fiant à son oreille.

CINQUANTE-SIXIEME LEÇON

Dans l'alphabet, *b* et *v* s'appelaient autrefois la *bé* et la *vé;* mais les instituteurs leur donnant, comme tout le monde, le même son de *b* relâché étaient obligés, pour se faire comprendre, de préciser : *b de burro* (âne), *v de corazón* (le *v* rappelant aux enfants la forme d'un cœur) ou encore *v de vaca* (de vache).

Il y a également une certaine confusion entre *g* et *j* dans les mots comme : *mujer:* femme, *región:* région, *dirigir:* diriger, où l'une ou l'autre lettre aurait la même valeur phonétique. Pour vous, cela sera surtout, en tout cas pour l'instant, une question de pratique. Il n'est pas encore souhaitable de vous faire rentrer dans la forêt touffue des règles.

Le *s* et le *m* ne se doublent pas : *comisión:* commission, *inmenso:* immense, *posible:* possible, *impresión:* impression.

Le *n* et le *c* doublés se rencontrent dans quelques mots : *innovación, innumerable, lección, acción,* etc., et la syllabe se sépare entre les deux. Mais, d'une façon générale, la langue castillane évite des lettres doubles : *aceptar:* accepter, *acelerar:* accélérer, *aprender:* apprendre.

4. **Soler.** (Voir leçon 51, note nº 1). L'ancien verbe français souloir correspond à ce verbe castillan très usuel de nos jours. C'est une des diverses façons de dire

"souvent" en castillan avec : *a menudo* et *muchas veces*.
Suele llover en primavera: il pleut souvent au printemps.
Suelo enterarme antes de decidirme: j'ai coutume de me
renseigner avant de me décider.

5. **¿Cuál?** (Voir leçon 51, note nº 4). Il est important de
retenir à propos de cet interrogatif : 1º qu'il n'est pas
précédé de l'article (ne dites pas *¿el cuál?*) ; 2º qu'il est
remplacé par *qué,* invariable, lorsqu'il est suivi d'un nom :
¿Qué libro es el tuyo?: Quel livre est le tien ? *¿Qué
carretera tomó usted?:* Quelle route avez-vous prise ?

6. **A écrire en castillan**

1 Dans un mois je serai à Rome.
2 Qu'est-ce qui t'a plu autant ? - Leur sympathie.
3 J'ai coutume de me coucher tôt.
4 J'ai donné beaucoup de raisons. - Lesquelles ?

****

LECCION CINCUENTA Y SIETE.

Antes de las vacaciones

1 — He telefoneado a la estación y he reservado
tres literas.
2 — Menos mal que no te has olvidado, creía
que no íbamos a poder irnos. (1)
3 — En Navidad, todo el mundo quiere coger el
tren los mismos días.
4 — ¿Podrás pasar por la estación para coger los
billetes y las reservas?
5 — Esta tarde tengo que arreglar unos asuntos
pero tendré tiempo de ir.
6 — ¿Quieres que te haga un cheque?
7 — Sí, prefiero. Así, no tendré que ir al banco.
8 — Como ninguna de las tres fumamos, he
pedido un compartimento

5 Nous avons l'intention de prendre l'autoroute jusqu'à la frontière.
6 On dirait que tu es de plus en plus fatigué.

7. Traduction

1 Dentro de un mes, estaré en Roma.
2 ¿Qué es lo que te ha gustado tanto? - Su simpatía.
3 Suelo acostarme pronto.
4 He dado muchas razones. - ¿Cuáles?
5 Tenemos intención de coger la autopista hasta la frontera.
6 Parece que estás cada vez más cansado.

*****

Segunda ola: 7ª lección (revisión).

****

CINQUANTE-SEPTIEME LEÇON

Avant les vacances

1 — J'ai téléphoné à la gare et j'ai réservé trois couchettes.
2 — Heureusement (moins mal) que tu n'as (ne t'as pas) pas oublié, je croyais que nous n'allions pas pouvoir partir (nous en aller).
3 A (en) Noël tout le monde veut prendre le train les mêmes jours.
4 — Pourras-tu passer à (par) la gare (pour) prendre les billets et les réservations ?
5 — Cet après-midi je dois régler (arranger) quelques affaires mais j'aurai le temps d'[y] aller.
6 — Veux-tu que je te fasse un chèque ?
7 — Oui, je préfère. Ainsi je n'aurai pas à aller à la banque.
8 — Comme aucune [de nous trois ne fume] (de les trois fumons) j'ai demandé un compartiment

NOTAS

(1) *Menos mal* (moins mal) : heureusement.

9　　　en el que esté prohibido fumar.
10 — ¿Tenemos que hacer transbordo?
11 — A lo sumo una vez, en la frontera.. Pero se
　　　me ha olvidado preguntarlo. (2)
12 — Me informaré esta tarde.
13 — Pregunta también si tenemos derecho a
　　　algún descuento. (3)
14 — No creo. A no ser que nos dejen viajar gratis
　　　por ser simpáticas. (4)

EJERCICIO: 1. Quiero reservar una litera. 2. Menos mal
que has venido. 3. Ya he comprado los billetes. 4. Tengo
un asunto importante entre manos. 5. Este cheque no
está firmado. 6. Tenemos que hacer dos transbordos. 7.
Nos han hecho una reducción importante.

EJERCICIO DE CONTROL
Ponga las palabras que faltan:

1 *Je n'ai pas pu prendre de couchettes.*

. . .　. . .　. . . . . . .　. . . . .　. . . . . . .

2 *Nous irons [voyagerons] assis.*

. . . . . .　. . . . .

3 *Nous avons la réduction de famille nombreuse.*

. . . .　. . . .　. . . . .　. .　. . . . .

. . . .

9 où il est (soit) interdit de fumer.

10 — Faut-il changer de train (faire un transbordement) ?

11 — Tout au plus une fois, à la frontière. Mais j'ai (se m'a) oublié de le demander.

12 — Je me renseignerai cet après-midi.

13 — Demande aussi si nous avons droit à une (quelque) réduction (escompte).

14 — Je ne crois pas. Sauf (à ne pas être que) si on nous laisse voyager gratis [parce que nous sommes] (pour être) sympathiques.

NOTAS

(2) *A lo sumo:* tout au plus.

(3) *Descuento* (escompte) : réduction. Mais vous avez aussi : *reducción;* avec le même sens mais peut-être un peu moins utilisé. Vous le trouverez aux exercices.

(4) *A no ser que:* sauf si, à moins que.

EXERCICE : 1. Je veux réserver une couchette. **2.** Heureusement que tu es venu. **3.** J'ai déjà acheté les billets. **4.** J'ai une affaire importante entre les mains. **5.** Ce chèque n'est pas signé. **6.** Nous devons changer deux fois (faire deux changements) de train. **7.** On nous a fait une réduction importante.

4 *Je vais me renseigner à la gare.*

. . . .

5 *Ici il est interdit de fumer.*

. . . .

CORRIGE DE L'EXERCICE : 1 no he podido coger literas; **2** iremos sentados. **3** tenemos el descuento de familia numerosa. **4** voy a informarme en la estación. **5** aquí está prohibido fumar.

N'oubliez pas :

— *De revenir en arrière lorsque vous aurez un problème avec la prononciation.*

— *De continuer à faire des renvois si une difficulté s'obstine à entraver votre chemin.*

— *De prêter plus d'attention à partir de maintenant à ces locutions qui n'ont pas d'équivalent direct en français. Elles sont en général très usuelles. Les notes 1, 2 et 4 de cette leçon vous en donnent un exemple.*

Segunda ola: 8ª lección.

LECCION CINCUENTA Y OCHO.

Bromeando

1 — Me estoy lavando la cabeza. Luego, si tienes tiempo, me cortarás el pelo. **(1) (2)**

2 — Bien. ¿Vas a tardar mucho?

3 — No, enseguida termino. ¿Puedes traerme una toalla limpia? **(3)**

4 — Toma. Voy a coger el peine y las tijeras.

5 — No me hagas una escabechina ¡eh!

6 — Con tal de que no te deje calvo, ya valdrá. **(4)**

7 — ¡Cuidado! Hazlo despacito y no me cortes una oreja. **(5)**

8 — Eres un miedoso.

9 — Y tus comentarios me dan buenas razones.

10 — ¡Ya está! Ya puedes ir a ver si te aceptan para hacer el servicio militar.

11 — ¡A sus órdenes, mi sargento! Voy a mirarme en el espejo. **(6)**

12 — Por haber tenido miedo, usted se pondrá el uniforme de faena

13 y me pelará tres toneladas de patatas de aquí a mediodía. **(7) (8)**

CINQUANTE-HUITIEME LEÇON

En blaguant

1 -— Je suis en train de me laver la tête. Après, si tu as le temps, tu me couperas les cheveux.

2 — Bien. En as-tu pour longtemps ? (Vas-tu tarder beaucoup).

3 — Non, je finis tout de suite. Peux-tu m'apporter une serviette propre ?

4 — Tiens. Je vais prendre le peigne et les ciseaux.

5 — Ne (me) fais pas un ravage, eh !

6 — Pourvu que je ne te laisse pas chauve ça ira (déjà vaudra).

7 — Attention ! (soin) Fais-le tout doucement, et ne me coupe pas une oreille.

8 — Tu es un peureux.

9 — Et tes commentaires m'[en] donnent [de] bonnes raisons.

10 — Ça y est! Tu peux aller (déjà) voir si on t'accepte pour faire le service militaire.

11 — A vos ordres (mon) sergent ! Je vais me regarder dans la glace (miroir).

12 — Pour avoir eu peur, vous mettrez la tenue (uniforme) de corvée

13 et vous m'éplucherez trois tonnes de pommes de terre (patates) d'ici à midi.

NOTAS

(1) *Lavarse:* se laver ou faire sa toilette ; les deux traductions sont possibles, toilette est aussi *aseo,* mais on ne dit presque plus *voy a asearme* (faire ma toilette). Par contre *aseo* est tout à fait courant pour dire cabinet de toilette dans le sens de « cabinet d'aisances ».

(2) *Pelo:* poil et aussi cheveu. *Cortarse el pelo* (singulier) (se couper le poil) est rendu par : se couper les cheveux.

(3) Remarquez *toalla:* serviette de bain. A la leçon 37, nous avons vu *servilleta:* serviette de table.

(4) *Con tal de que* ou *con tal que:* pourvu que.

(5) *Despacio:* doucement, *despacito* (diminutif) : tout doucement.

(6) *Espejo:* glace et miroir que vous connaissez déjà.

(7) *Pelar:* éplucher et peler. *Pelar patatas y melocotones:* éplucher des pommes de terre et peler des pêches. Sachez aussi que l'on entend souvent *voy a pelarme:* je vais me couper les cheveux ; c'est une façon familière de le dire.

(8) Patate est peut-être un peu familier en français, en castillan *patata* est la seule façon de dire pomme de terre.

Lección 58

14 — Con gusto. ¡Siempre listo para servir!

EJERCICIO: 1. Mañana, quiero cortarme el pelo. **2.** Me voy a lavar. **3.** Coge la toalla de baño. **4.** Vete despacio. **5.** El niño se mira en el espejo. **6.** Tiene un uniforme de enfermera. **7.** Voy a pelar dos melocotones.

EJERCICIO DE CONTROL
Ponga las palabras que faltan:

1 *Je vais faire ma toilette.*

. . . .

2 *Tiens, prends ce peigne.*

. . . . , ...

3 *Je me suis coupé avec les ciseaux.*

. . . .

****

LECCION CINCUENTA Y NUEVE.

Un nuevo programa de radio

1 — Niños, señoritas, señoras, señores, buenas tardes.
2 He aquí nuestro nuevo programa: ''¡Basta de hechos, pasemos a las palabras!'' **(1) (2)**
3 En nuestra primera emisión, tenemos el honor de presentarles a
4 Pedrito Martínez, ''el Terrible''. Seis años y medio de edad y 875 presidente **(3)**

14 — Avec plaisir (goût). Toujours prêt pour servir !

EXERCICE : **1.** Demain, je veux me couper les cheveux. **2.** Je vais faire ma toilette. **3.** Prends la serviette de bain. **4.** Va doucement. **5.** L'enfant se regarde dans la glace. **6.** Elle a une tenue d'infirmière. **7.** Je vais peler deux pêches.

*****

4 *La glace est cassée.*

. . . .

5 *Veux-tu éplucher les pommes de terre ?*

¿ . . . . ?

CORRIGE DE L'EXERCICE : **1** voy a lavarme. **2** toma, coge este peine. **3** me he cortado con las tijeras. **4** el espejo está roto. **5** quieres pelar las patatas.

Segunda ola: 9ª lección.

****

CINQUANTE-NEUVIEME LEÇON

Un nouveau programme de radio

1 — [Les] enfants, mesdemoiselles, mesdames, messieurs, bon après-midi.
2 Voici notre nouveau programme : « Assez d'actes (faits), passons aux paroles ! »
3 Dans notre première émission, nous avons l'honneur de vous présenter (à)
4 Pierrot (petit Pierre) Martínez « Le terrible ». Agé de six ans et demi et 875e président

NOTAS

(1) *He aquí:* voici. C'est néanmoins peu usuel dans la conversation courante et en général on dit *aquí está*.
(2) *¡Basta!*: Ça suffit !
(3) *Pedrito,* diminutif de Pierre. Le suffixe *ito* donne une idée de petitesse, comme « ot » en français, ex. : Jean, Jeannot.

5   de la República de los niños que, como ya saben ustedes,

6   tiene como divisa "La cosa tiene que dar vueltas".

7 — Buenas tardes, señor Presidente.

8 — Menos protocolo y al ajo, que no tengo tiempo que perder. **(4)**

9 — Perdone. Nuestra primera pregunta le será formulada por el enviado especial de la revista: "Esto no marcha".

10 — Señor Presidente: ¿Cuáles son sus proyectos inmediatos?

11 — Tengo el proyecto de reciclarme. Nuestros expertos han constatado que si no se cambia se hace siempre lo mismo. **(5)**

12   Por mi parte, quisiera reciclarme como parado. **(6)**

13   He constatado que cuando como bien y bebo bien, resisto mucho tiempo sin trabajar. **(7)**

14 — Muchas gracias, señor Presidente.

EJERCICIO: 1. He aquí mi tío. **2.** Quiero hablar con él cara a cara. **3.** Iré incluso si él no está allí. **4.** Como ya sabes... **5.** No quiero perder el tiempo. **6.** Pienso cambiar de trabajo. **7.** Nos pidieron nuestra opinión.

5   de la République des enfants qui, comme vous le savez déjà,

6   a comme devise « Il faut que la chose tourne » (La chose doit donner tours).

7 — Bon après-midi, monsieur [le] Président.

8 — Moins de protocole et [venons-en aux choses sérieuses] (à l'ail) (que) je n'ai pas [de] temps (que) [à] perdre.

9 — Excusez-moi. Notre première question vous sera formulée par l'envoyé spécial (de la revue) [du] magazine : « Ça ne marche pas ».

10 — Monsieur le Président : Quels sont vos projets immédiats ?

11 — J'envisage de me recycler. Nos experts ont constaté que si l'on ne change pas, on fait toujours la même chose.

12   Pour ma part, je voudrais me recycler comme chômeur.

13   J'ai constaté que lorsque je mange bien et bois bien je tiens longtemps sans travailler.

14 — Merci beaucoup, monsieur [le] Président.

NOTAS

(4) *Al ajo:* à l'ail. *Vamos al ajo:* allons au nœud de la question, à ce qui nous intéresse, à ce qui est important, au fait.

(5) *Tengo el proyecto de:* j'ai le projet de. Mais aussi : j'envisage de, je pense à.

(6) *Por mi parte:* pour ma part, en ce qui me concerne.

(7) *Resistir:* résister et tenir. *Resisto mucho bajo el agua:* je tiens longtemps sous l'eau.

*****

EXERCICE : 1. Voici mon oncle. **2.** Je veux parler avec lui face à face. **3.** J'irai même s'il n'est pas là-bas. **4.** Comme tu sais déjà... **5.** Je ne veux pas perdre mon temps. **6.** J'envisage de changer de travail. **7.** Ils nous demandèrent notre opinion.

EJERCICIO DE CONTROL
Ponga las palabras que faltan:

1 *Il y a un nouveau programme de télévision.*

. . . .

2 *C'est le premier numéro du nouveau magazine dont je t'ai parlé.*

. . . . la . . . . .

. . . . de la que . . . .

3 *Il fait toujours la même chose.*

. . . .

****

LECCION SESENTA.

La calefacción

1 — El invierno se acerca y comienza a hacer frío.
2 — Ya va siendo hora de que nos decidamos a comprar algo para calentarnos. (1)
3 — El problema son los precios, están por las nubes. (2)
4 — Ayer eché una ojeada a algunos escaparates y todo me pareció carísimo. (3)
5 — Los aparatos de gas son más caros que los eléctricos.
6 — ¡Claro! Pero una factura de electricidad es más elevada que una de gas.

4 *Avez-vous changé de domicile ?*

¿ . . . . ?

5 *Beaucoup de chômeurs se recyclent.*

. . . .

*****

Segunda ola: Lección 10ª

****

SOIXANTIEME LEÇON
Le chauffage

1 — L'hiver (s')approche et il commence à faire froid.

2 — Il est temps (déjà en train d'être heure) que nous nous décidions à acheter quelque chose pour nous chauffer.

3 — Le problème [ce] sont les prix, ils sont (par les nuages) très élevés.

4 — Hier j'ai jeté (jetai) un coup d'œil à quelques vitrines (devantures) et tout m'a semblé (sembla) très cher.

5 — Les appareils à (de) gaz sont plus chers que les [appareils] électriques.

6 — Bien sûr ! Mais une note (facture) d'électricité est plus élevée qu'une note de gaz.

NOTAS

(1) *Ya va siendo hora:* il est temps. *Ya era hora:* il était temps.

(2) *Están por las nubes:* sont hors de prix. En castillan on peut le dire aussi pour les prix, ce n'est pas une redondance ; nous pourrions dire : atteignent des sommets.

(3) *Escaparate,* littéralement : devanture de magasin. On dit aussi : *voy de escaparates* (je vais de devantures) qui veut dire : je vais faire du lèche-vitrines. Cette expression est cependant de moins en moins utilisée.

7 — Exactamente. Lo que quiere decir que, a largo plazo, el gas es más rentable.

8 — Por el momento, lo que podemos hacer es abrigarnos un poco más en casa; (4)

9 — y, mientras tanto, mirar a ver si alguno de nuestros amigos

10 puede proporcionarnos un aparato de segunda mano o conoce un lugar en el que ese tipo de cosas sea más barato.

11 — Angela es fontanera, quizá ella sepa algo. Voy a llamarla para decirle que venga a cenar y así podremos charlar. (5)

¡Viva el desarrollo científico!

1 Comentario oído en un congreso internacional:

2 "Yo he aprendido la lectura rápida: leí "La Biblia" en veintitrés minutos y medio; trata de Dios".

EJERCICIO: 1. Ya va siendo hora de que nos vayamos. 2. Las patatas están por las nubes. 3. Voy a calentarme un poco. 4. La factura era muy elevada. 5. Hace frío, hay que abrigarse. 6. A largo plazo es rentable. 7. Llama al fontanero.

7 — Exactement. Ce qui veut dire qu'à long terme
(délai) le gaz est plus (rentable) économique.

8 — Pour le moment ce que nous pouvons faire c'est
nous couvrir (abriter) un peu plus à la maison.

9 — Et entre-temps (pendant tant) essayer de voir
(regarder à voir) si un (quelqu'un) de nos amis

10 peut nous (proportionner) trouver un appareil de
récupération (deuxième main) ou connaît un
endroit (lieu) où ce (type) genre de choses soit
meilleur marché.

11 — Angela est plombier(e), peut-être sait-elle (sache)
quelque chose. Je vais l'appeler pour lui dire
qu'elle vienne (à) dîner et ainsi nous pourrons
bavarder. **(5)**

Vive le développement scientifique !

1 Commentaire entendu (ouï) dans un congrès
international :

2 J'ai appris la lecture rapide : j'ai lu (lus) « La Bible »
en vingt-trois minutes et demie ; ça parle (traite)
de Dieu.

NOTAS

(4) *Abrigo:* manteau. Nous l'avons vu à la leçon 39. *Abrigarse:* se
couvrir.

(5) *Charlar* (tcharlar): bavarder ou causer. En français, le mot charlatan
a la même racine. En castillan, il y a aussi *charlatán* qui veut dire
bavard ou charlatan selon le sens de la phrase.

*Rappelez-vous ce que nous avons déjà dit au sujet du
passé simple et du passé composé : le passé simple est
constamment utilisé en castillan. Cependant, dans la
traduction, nous écrivons le passé composé français.*
*Relisez la phrase n° 4 de l'exercice de contrôle : passé
composé en français et passé simple en castillan.*

EXERCICE : 1. Il est temps que nous partions. 2. Les pommes de terre
sont hors de prix. 3. Je vais me chauffer un peu. 4. La note était très
élevée. 5. Il fait froid, il faut se couvrir. 6. A long terme c'est rentable. 7.
Appelle le plombier.

EJERCICIO DE CONTROL
Ponga las palabras que faltan:

1 *L'été approche de sa fin.*

. . . . a . . . . .

2 *Les appareils à gaz sont hors de prix.*

. . . .

. . . . .

3 *En hiver les gens se couvrent.*

. . . . a . . . . .

****

LECCION SESENTA Y UNA.

Una sorpresa

1   Anoche, estaba tan cansado que me acosté nada más cenar. (1) (2)
2   He dormido bien; me he despertado a las ocho.
3   Como no tenía que ir a trabajar, me he dado una vuelta en la cama
4   con la intención de dormirme otra vez.
5   ¡Imposible! Ayer no bajé las persianas y la claridad me ha impedido dormirme.
6   Me he levantado, he encendido el tocadiscos, he puesto un disco (3)

*****

4   *Entre-temps je me suis mis à lire.*

. . . .   **puse**   . . . . .

5   *Le plombier ne pourra pas venir cette semaine.*

. .   . .

. . . . . .

*****

CORRIGE DE L'EXERCICE : **1** el verano se acerca - su fin. **2** los aparatos de gas están por las nubes. **3** en invierno la gente se abriga. **4** mientras tanto me - a leer. **5** el fontanero no podrá venir esta semana.

Segunda ola: lección 11.

****

SOIXANTE ET UNIEME LEÇON

Une surprise

1   Hier soir j'étais si fatigué que je me suis couché (me couchai) sitôt après (rien plus) dîner.
2   J'ai bien dormi, je me suis (m'ai) réveillé à (les) huit [heures] .
3   Comme je ne devais pas aller (à) travailler, je me suis retourné (je m'ai donné un tour) dans le lit
4   avec l'intention de me rendormir (m'endormir autre fois).
5   Impossible ! Hier, je n'avais pas baissé (baissai) les stores et la clarté m'a empêché [de] m'endormir.
6   Je me suis (m'ai) levé, j'ai mis en marche (allumé) le tourne-disque, j'ai mis un disque

NOTAS

(1) *Anoche:* hier soir, la même chose que *ayer por la noche. Anochecer:* commencer à faire nuit. *Al anochecer:* à la tombée de la nuit. *Al amanecer:* au lever du jour, à l'aube.

(2) *Nada más...:* sitôt après, dès que...

(3) *Tocadiscos:* tourne-disques. Mais si vous décomposez le mot, vous trouvez *toca* et *discos;* à la leçon 18, nous disions (voir note n° 3) que *tocar* signifie aussi jouer d'un instrument, vous pouvez donc penser à joue-disques.

Lección 61

7   y he ido al cuarto de baño a ducharme.

8   Luego, me he vestido mientras mi desayuno se calentaba.

9   A eso de las nueve, han llamado a la puerta y han gritado: **(4)**

10 — ¿Se puede?

11 — ¡Adelante! He respondido;

12   y, de pronto, he visto aparecer en el umbral de la puerta cinco personas gritando: **(5)**

13 — ¡Felicidades! **(6)**

14 — Yo, ni me acordaba de que era mi cumpleaños.

EJERCICIO: 1. Anoche, fuimos a cenar al restaurante. **2.** Me lo he imaginado nada más verte. **3.** La claridad y el ruido me impiden dormir. **4.** Tenemos un tocadiscos nuevo. **5.** Me ducho cuando me levanto. **6.** Te veré a eso de las once y media. **7.** Mi cumpleaños es el quince de enero.

EJERCICIO DE CONTROL
Ponga las palabras que faltan:

1 *As-tu bien dormi ?*

¿ . . .   . ?

2 *Nous nous sommes couchés sitôt après que vous soyez partis.*

. . .   .

. . . .

3 *Ta chambre est plus claire que la mienne.*

. .   . .

4 *Je vais mettre un disque qui te plaira.*

. . .   .

5 *Je me douche avec de l'eau chaude.*

. .   . .

7	et je suis allé à la salle (quart) de bains (à) prendre une douche (me doucher).
8	Après je me suis (m'ai) habillé pendant que mon petit déjeuner (se) chauffait.
9	Vers neuf [heures] on a sonné (appelé) à la porte et on a crié :
10	— Peut-on entrer (se peut) ?
11	— Entrez (en avant) ! Ai-je répondu ;
12	et tout à coup j'ai vu apparaître sur le (dans le) seuil de la porte cinq personnes qui criaient (en train de crier ou criant) :
13	— Bon anniversaire (félicités) !
14	— Moi, je ne (ni) me souvenais [même plus] que c'était mon anniversaire.

NOTAS

(4) *A eso de las dos:* vers deux heures, aux alentours de deux heures.

(5) *De pronto* (de prompt) : tout à coup, soudain.

(6) *Felicidades* (félicités) : mes meilleurs vœux. C'est le mot que l'on emploie pour souhaiter un bon anniversaire ou pour exprimer les félicitations à l'occasion d'un événement heureux.

EXERCICE : 1. Hier soir nous sommes allés dîner au restaurant. **2.** Je me le suis imaginé dès que je t'ai vu. **3.** La clarté et le bruit m'empêchent de dormir. **4.** Nous avons un tourne-disque neuf. **5.** Je me douche lorsque je me lève. **6.** Je te verrai vers onze heures et demie. **7.** Mon anniversaire est le quinze janvier.

CORRIGE DE L'EXERCICE : 1 has dormido bien. **2** nos acostamos nada más que os fuisteis. **3** tu habitación es más clara que la mía. **4** voy a poner un disco que te gustará. **5** me ducho con agua caliente.

Segunda ola: lección 12.

LECCION SESENTA Y DOS.

Rubio y moreno

1 Estoy de paso en Cáceres y he alquilado una habitación en la "Pensión franco-belga".

2 Me hace gracia porque no tiene nada de francés ni de belga. Los dueños y los huéspedes son españoles; yo soy el único extranjero. **(1)**

3 Hay cuatro estudiantes, un abogado, un rentero y dos parejas que visitan Extremadura.

4 Aunque se come en mesas independientes, la conversación es, a menudo, general. La cena de anoche fue muy animada. **(2)**

5 Me colocaron en la misma mesa que al abogado, y enseguida nos pusimos a hablar.

6 Antes de acabar la cena, me dio su tarjeta: "Emilio Rubio", y yo le di la mía: "Marc Lebrun". **(3)**

AQUÍ, LAS CENAS SON SIEMPRE ANIMADAS.

7 — Se me ha olvidado casi todo el francés que aprendí en el colegio, pero supongo que Marc en francés es lo mismo que Marcos en castellano.

8 — Sí, - contesté - es un nombre muy corriente en muchos países.

9 — ¿Su apellido tiene alguna significación particular? **(4)**

SOIXANTE-DEUXIEME LEÇON

Blond et brun

1 Je suis de passage à Cáceres et j'ai loué une chambre à la « Pension franco-belge ».

2 Ça m'amuse (me fait grâce) parce qu'elle n'a rien de français ni de belge. Les propriétaires et les hôtes sont espagnols, je suis le seul étranger.

3 Il y a quatre étudiants, un avocat, un rentier et deux couples qui visitent l'Extremadure.

4 Bien qu'on mange à des (en) tables indépendantes, la conversation est souvent générale. Le dîner d'hier soir fut très animé.

5 On me plaça (me placèrent) à (en) la même table que (à) l'avocat et tout de suite nous nous sommes mis (mîmes) à parler.

6 Avant de finir le dîner il m'a donné (me donna) sa carte : « Emilio Rubio », et je lui ai donné (donnai) la mienne : « Marc Lebrun ».

7 — J'ai déjà oublié (se m'a oublié) presque tout le français que j'ai appris à l'école (dans le collège), mais je suppose que Marc en français est la même chose que Marcos en castillan.

8 — Oui, - répondis-je - c'est un prénom très courant dans beaucoup de pays.

9 — Votre nom (de famille) a-t-il une signification particulière ?

NOTAS

(1) *Gracia:* grâce. *Me haces gracia:* tu m'amuses ; *eso no tiene gracia:* cela n'a rien de drôle ; *tiene gracia:* c'est amusant ; *no estoy para gracias:* je n'ai pas envie de plaisanteries. Ce type d'expressions est très courant.

(2) *Aunque...* Selon qu'elle est suivie de l'indicatif ou du subjonctif, la conjonction *aunque* (bien que, quoique) marque deux nuances qu'il convient de bien distinguer. *Aunque el libro es* (indicatif) *interesante:* bien que le livre soit intéressant, vous admettez qu'il l'est ; *aunque el libro sea* (subjonctif) *interesante:* même si le livre était intéressant, ce n'est qu'une hypothèse.

(3) *La tarjeta* (tarHéta): la carte, dans le texte il s'agit de la carte de visite ; *tarjeta postal:* carte postale, mais on dit couramment :*una postal:* une (carte) postale.

(4) *Apellido:* nom. Attention à ne pas confondre *nombre:* prénom, avec *número:* nombre.

10 — Efectivamente, quiere decir "el moreno".
11 — ¡Qué curioso! Yo me llamo Rubio y soy moreno y usted se llama Moreno y es rubio.
12 — Tenemos que cambiar de apellido... o de pelo.
13 — Por mi parte no hay ningún problema, yo llevo peluca. Así que... cuando usted quiera.
14 — Per...done... no sabía... estaba bromeando.

EJERCICIO: 1. Estoy de paso. **2.** A mi llegada a Bruselas, alquilaré un coche. **3.** Tome mi tarjeta. **4.** Escriba aquí su nombre y apellido. **5.** Tienes que cambiar la rueda de la bicicleta. **6.** Cuando usted quiera. **7.** No sabía que me habías llamado.

EJERCICIO DE CONTROL
Ponga las palabras que faltan:

1 *Es-tu de passage ou vas-tu rester quelques jours ?*

¿ . . . . te . . . .

unos . . . . ?

2 *Mon numéro de téléphone est sur la carte que je vous ai donnée.*

. . . . en la

. . . . le he . . . .

****

LECCION SESENTA Y TRES.

Revisión y notas

1. **Les suffixes.** Voir phrases 5 et 8 de la leçon 58.

a) **La dérivation** des noms du fait de l'addition d'un suffixe est extrêmement courante en castillan ; de ce fait

10 — En effet, il veut dire « le brun ».
11 — C'est curieux ! Je m'appelle Blond et je suis brun
   et vous vous appelez Brun et vous êtes blond.
12 — Il nous faut (avons que) changer de nom... ou de
   cheveux (poil).
13 — Pour ma part il n'y a aucun problème, je porte une
   perruque. Donc (ainsi) que... quand vous voudrez
   (vouliez).
14 — Par...don... je... ne... savais pas, je bla...guais.

EXERCICE : 1. Je suis de passage. 2. A mon arrivée à Bruxelles, je
louerai une voiture. 3. Prenez ma carte. 4. Ecrivez ici votre nom et
prénom. 5. Il faut que tu changes la roue de la bicyclette. 6. Quand vous
voudrez. 7. Je ne savais pas que tu m'avais appelé.

3   *Je n'ai pas appris le castillan à l'école.*

   . .   . .

   . . . . . .

4   *Mon prénom n'est pas courant.*

   . .   . .

5   *Tes cheveux sont blonds.*

   . . .   .

CORRIGE DE L'EXERCICE : 1 estás de paso o - vas a quedar - días. 2
mi número de teléfono está - tarjeta que - - dado. 3 no aprendí el
castellano en el colegio. 4 mi nombre no es corriente. 5 tu pelo es rubio.

Segunda ola: lección 13.

****

SOIXANTE-TROISIEME LEÇON

les suffixes jouent un grand rôle dans la formation de
mots nouveaux.
Même si parfois nous trouvons des suffixes qui ont un
correspondant en français ; *comerciante* dérive de *comercio* comme commerçant de commerce, etc., il faut être

très prudent. Il est des suffixes - et il y en a beaucoup - qui ne peuvent être apparentés à aucun de ceux que nous pouvons trouver dans la langue française.

b) **Les diminutifs.** Voir note 5 dans la leçon 58 ; et note 3 de la leçon 59. Ils sont très courants dans la langue familière et populaire. Les plus importants sont *ito* et *ita* ou *illo* et *illa*, qui remplacent le *o* ou le *a* final : *despacio:* doucement, *despacito:* tout doucement ; *pequeña:* petite, *pequeñita:* toute petite.

Mais si le mot se termine par *e, n* ou *r*, on ajoute *cito/a* ou *cillo/a* ou encore *ecito/a* et *ecillo/a: pan:* pain, *panecillo:* petit pain ; *canción:* chanson, *cancioncita:* petite chanson, etc.

Le suffixe *ito, ita,* exprime en général une idée de petitesse, mais souvent il ajoute une idée d'affection, de pitié, etc. : *Juanito* est le diminutif de *Juan:* Jean, *Pedrito* celui de *Pedro:* Pierre, etc. ; cela ne veut pas dire forcément que ce sont des êtres petits et jeunes, mais tout simplement que vous parlez de ces êtres-là avec sympathie, affection ou familiarité.

Avec *illo/a,* l'idée de petitesse domine.

La liste des diminutifs est très importante et les précisions que nous pourrions vous donner en ce qui concerne les nuances dépassent largement le but que nous visons ici.

A part *ito* et *illo,* nous vous conseillons de n'employer les diminutifs qu'avec une grande prudence. C'est seulement par l'usage que vous arriverez à connaître le suffixe qui convient dans chaque cas.

c) **Les augmentatifs.** Les suffixes augmentatifs les plus employés sont : *ón, ona* et *aza;* ainsi nous avons : *un hombrón:* un gros bonhomme ou un grand gaillard ; *una casona:* une grande maison ou bâtisse ; *un perrazo (perro):* un gros chien ; *unas manazas (mano): des grosses mains,* etc.

d) **Autres suffixes analogues :** *una mujerota:* une grosse femme vulgaire ; *une casucha (casa):* bicoque ; *palabrota (palabra* = parole) : gros mot, etc.

e) **Les suffixes péjoratifs :** voici quelques-unes des terminaisons les plus courantes : *ajo, ejo, uco, ión, orro,* *ualla,* etc. Ainsi : *latinajo:* du latin de cuisine ; *casuca:* une masure ; *animalejo* (animal) : bestiole ; *un ventorro:* une misérable auberge, etc.

2. **Le superlatif** : voir phrase n° 4 de la leçon 60.

a) La formation du superlatif avec le suffixe *ísimo* est très répandue et très populaire. N'oubliez pas de bien marquer l'accent tonique sur le premier *i.* Remarquez pour l'écriture : *largo:* long, *larguísimo:* très long ; *blanco:* blanc, *blanquísimo:* très blanc.

Mais le superlatif absolu peut se former aussi en castillan au moyen de l'adverbe *muy.* Ainsi nous avons *caro:* cher et *muy caro:* très cher, qui a le même sens que *carísimo.* La formation du superlatif avec le suffixe en *ísimo* donne plus de force.

En général on a tendace à employer l'adverbe *muy* suivi de l'adjectif, surtout dans la langue parlée.

Nous n'allons pas établir ici la liste des superlatifs irréguliers, elle ne ferait que vous encombrer. Par contre, et c'est un « tuyau », nous vous dirons ceci : lorsque vous aurez un doute, employez le superlatif formé avec *muy.*

b) **Le superlatif relatif** : voir note 1 de la leçon 46.

Le superlatif relatif se forme comme en français, c'est-à-dire en faisant précéder le comparatif de l'article. Ainsi, *más joven:* plus jeune, *el más joven:* le plus jeune.

A retenir :

— Lorsque le superlatif suit un nom déterminé, il s'emploie sans article : *la mujer más pobre del pueblo:* la femme la plus pauvre du village.

— Contrairement au français, en castillan on met à l'indicatif et non au subjonctif le verbe qui suit le superlatif : *la casa más bonita que he tenido jamás:* la maison la plus jolie que j'aie jamais eue.

— Les comparatifs irréguliers *mejor, peor, mayor, menor* deviennent aussi des superlatifs quand ils sont précédés de l'article.

3. **L'article neutre lo.** Il n'y a pas de noms neutres en castillan, mais l'article neutre *lo* qui est employé devant un adjectif ou un adverbe substantivé dans un sens général ou abstrait.

Voir : paragraphe n° 5, leçon 28 ; phrase n° 3, leçon 36 ;

nº 5, leçon 40 ; nº 7, leçon 44 ; note nº 1, leçon 48 ; phrases nᵒˢ 2 et 7, leçon 51 ; phrase nº 9, leçon 53 et phrases nᵒˢ 7 et 8 de la leçon 60.

Petit à petit, depuis la leçon 28, nous avons introduit des phrases avec l'article neutre *lo,* dans le but de vous introduire à ce qui nous semble être une difficulté majeure. Ce genre de construction est d'un emploi très fréquent et n'a pas d'équivalent en français. Nous ne pouvons la rendre que par une périphrase.

a) On le trouve surtout devant des adjectifs et des participes pris substantivement pour marquer une qualité, acception que nous pouvons rendre en français par ce qui est, ce qu'il y a de, et parfois par un nom : *lo cierto:* ce qu'il y a de certain ; *lo importante de esta lección:* ce qu'il y a d'important dans cette leçon ; *por lo general:* en général, généralement ; *lo mío:* ce qui est à moi ; *lo de Juan:* ce qui appartient à Jean ; *lo dicho:* ce qui a été dit ; *lo siguiente:* ce qui suit, etc.

b) L'article *lo* remplace notre démonstratif neutre ''ce'' dans l'expression ce que, ce qui : fais ce que tu voudras : *haz lo que quieras;* ce qui m'ennuie c'est que... : *lo que me fastidia es que...*

c) L'expression castillane *lo de,* parallèle à *el de, los de,* etc., veut dire : ce qui appartient à, ce qui a trait à, ce qui concerne... : *cuéntame lo del incendio:* raconte-moi ce qui a trait à l'incendie ; *lo de mi padre es también mío:* ce qui appartient à mon père est aussi à moi.

d) L'article *lo* déterminant un adjectif ou adverbe suivi de que, correspond à combien et rappelle un peu notre tournure populaire : ce qu'il est chic ! ce que tu es beau ! etc. Ainsi : *lo mal que trabajas:* ce que tu travailles mal ! *no sabes lo cansada que estoy:* tu ne sais pas ce que (combien) je suis fatigué, etc.

e) Devant un relatif, nous le rendons par le français ce que, ce qui : *lo que hay:* ce qu'il y a ; *lo que dices:* ce que tu dis.

Retenons quelques expressions : *a lo más, a lo sumo:* tout au plus ; *por lo menos:* tout au moins ; *a lo mejor:* peut-être bien ; *a lo más tarde:* au plus tard ; *en lo sucesivo:* à l'avenir.

4. A écrire en castillan

1 J'irai avec vous sauf si je dois aller à la gare.
2 Mon grand-père marche tout doucement.
3 Pour ma part j'irai même s'il pleut. - Il ne pleuvra pas.
4 Il est temps de se décider. - Je vais mettre mon manteau.
5 Hier soir je suis arrivé chez moi vers trois heures du matin.
6 Bien que nous ayons beaucoup bavardé, nous n'avons rien dit d'intéressant.

5. Traduction

1 Iré con vosotros a no ser que tenga que ir a la estación.
2 Mi abuelo anda despacito.
3 Por mi parte, iré incluso si llueve. - No lloverá.
4 Ya va siendo hora de decidirse. - Voy a ponerme el abrigo.
5 Anoche llegué a casa a eso de las tres de la mañana.
6 Aunque charlamos mucho, no dijimos nada interesante.

Cette leçon de révision est touffue mais nécessaire ; si elle vous a paru un peu indigeste, n'hésitez pas à y revenir de temps à autre. Ce sont des points comme ceux exposés ici qui sont l'esprit d'une langue.

Segunda ola: lección 14 (revisión)

Lección 63

LECCION SESENTA Y CUATRO.

Baldomero tiene problemas

1 Baldomero es un joven de unos cuarenta y tantos años, soltero, guapo y con dinero. **(1)**
2 Lleva un bigote gris, tiene las piernas cortas, el vientre abultado, botas de charol, chaleco blanco y una gorra con los colores del arco iris **(2)**

3 y manifiesta un altruismo exagerado hacia él mismo.
4 Sin embargo, no es eso lo que le preocupa aunque, por supuesto, es consciente de ser un ''joven con problemas''. En eso, está al día. **(3)**
5 Se considera ''liberado'' y le gusta decirse intelectual, a menudo dice: ''Cuando era más joven, seguí cursos de Derecho durante dos años en la Universidad de Pamplona''.
6 Pero volvamos a ''sus problemas'', de los que él dice, no sin orgullo: ''son mi profesión''. **(4)** **(5)**
7 Baldomero tiene ratos de angustia horrorosos a los que él llama: ''instantes depresivos, acompañados de extrema lucidez''

SOIXANTE-QUATRIEME LEÇON

Baldomero a [des] problèmes

1 Baldomero est un jeune d'environ quarante et quelques (et tant) années, célibataire, beau et avec [de l']argent.

2 Il porte une moustache grise, a les jambes courtes, [le] ventre enflé, [des] bottes vernies (de vernis), [un] gilet blanc et une casquette aux (avec les) couleurs de l'arc-en-ciel (iris)

3 et il manifeste un altruisme exagéré envers lui-même.

4 Néanmoins [ce] n'est pas cela qui le préoccupe bien que, évidemment (par supposé), il soit conscient d'être « un jeune avec [des] problèmes ». En cela il est au [goût du] jour.

5 Il se considère « libéré » et aime (le plaît) se dire intellectuel — souvent il dit : « Lorsque j'étais plus jeune j'ai suivi (suivis) [des] cours de Droit pendant deux années à l'Université de Pampelune ».

6 Mais revenons à « ses problèmes » dont il dit non sans orgueil : « ils sont ma profession ».

7 Baldomero a des moments d'angoisse affreux (auxquels) qu'il appelle : « instants dépressifs accompagnés d'[une] extrême lucidité »,

NOTAS

(1) *Tanto:* tant ; comme *mucho, poco,* etc. est variable. Notez comment s'emploient ici *unos* et *tantos: Tengo unas pesetas* (ou *algunas*): j'ai quelques pesetas. *Tengo unas veintitantas pesetas:* j'ai vingt et quelques pesetas ou j'ai une vingtaine de pesetas (voir phrase 1 de l'exercice). On peut construire aussi la phrase avec : environ, autour de...

(2) *Abultado* (aboultado): enflé. Ce mot a plusieurs sens et est utilisé souvent : *este paquete es muy abultado:* ce paquet est très volumineux ; *labios abultados:* lèvres épaisses. Du mot *bulto:* volume, taille ; livre de petite taille : *libro de poco bulto ;* bosse, grosseur, etc.

(3) *Estar al día:* être à la mode, au goût du jour, mais, selon le contexte, cela peut vouloir dire être à jour, dans le sens d'être renseigné, d'être au courant, de mettre ses connaissances à jour.

(4) *Volvamos a:* revenons à. Ici, c'est l'impératif du verbe *volver.* Pour l'instant retenez seulement ce sens. Dans la prochaine leçon, nous travaillerons encore sur ce verbe.

(5) *De los que:* dont. Revoir la note n° 3 de la leçon 50.

8 y que, según él, se manifiestan — él prefiere decir: "son somatizados" — como atroces sudores fríos.

9 Pero Baldomero, a través del autoanálisis — pues claro, Baldomero se autoanaliza — cree haber descubierto la raíz de sus males.

10 En efecto, según lo que ha leído en un librito de psicología científica, que el hijo de la portera, un sordomudo muy simpático, le prestó hace cinco años,

11 Baldomero ha llegado a la conclusión siguiente: la causa de sus problemas no es otra que su extraordinaria facultad de aburrimiento.

12 Por supuesto, la conclusión de tan funesto diagnóstico **(6)**

13 postró a Baldomero en un estado de aguda crisis depresiva.

14 Menos mal que su nueva novia — él prefiere decir: "compañera" — Remedios, se ocupa un poco de él. Ella le anima mucho. Enormemente, incluso. **(7)**

EJERCICIO: 1. Es una señora de una treintena de años. **2.** ¿Qué es lo que te preocupa? **3.** He pasado un rato muy agradable con ellos. **4.** Según lo que ha dicho no creo que venga. **5.** Volvamos a nuestro trabajo. **6.** Por supuesto que yo te esperaré. **7.** Yo, prefiero ir a pie.

8 et qui d'après lui se manifestent — il préfère dire : « sont somatisés » — [par d'] (comme) atroces sueurs froides.

9 Mais Baldomero, à travers (du) [l']auto-analyse — évidemment Baldomero s'auto-analyse — croit avoir découvert la racine de ses maux.

10 En effet, d'après (selon) ce qu'il a lu dans un petit livre de psychologie scientifique que le fils de la concierge, un sourd-muet très sympathique, lui a prêté (prêta) il y a cinq ans,

11 Baldomero est arrivé à la conclusion suivante : la cause de ses problèmes n'est autre que son extraordinaire faculté d'ennui.

12 Il va sans dire que la conclusion d'[un] si funeste diagnostic

13 a plongé (plongea) (à) Baldomero dans un état de crise dépressive aiguë.

14 Heureusement que sa nouvelle fiancée — il préfère dire « compagne » — Remedios, s'occupe un peu de lui. Elle l'encourage beaucoup. Enormément même.

NOTAS

(6) Aller sans dire ; littéralement : *ir sin decir,* donc sous-entendu, supposé, etc. Cette locution peut être rendue de multiples façons : *evidentemente, por supuesto,* etc. Voir la phrase n° 4.

(7) *Remedio:* remède. *Remedios* (Remèdes) est aussi un prénom de femme en Espagne. Oui, et il y en a encore d'autres qui peuvent vous sembler étranges : *Angustias:* Angoisses ; *Pilar:* Pilier ; *Mercedes:* Grâces. Chaque ville a une vierge comme patronne et il y en a plus de cinquante ! Les noms que l'on a donné aux différentes vierges l'ont été ensuite aux petites filles. C'est ainsi que sont apparus ces prénoms qui font parfois sourire...

*****

EXERCICE : 1. C'est une dame d'une trentaine d'années. **2.** Qu'est-ce qui te préoccupe ? **3.** J'ai passé un moment très agréable avec eux. **4.** D'après ce qu'il a dit je ne crois pas qu'il vienne. **5.** Revenons à notre travail. **6.** Il va de soi que je t'attendrai. **7.** Moi, je préfère aller à pied.

EJERCICIO DE CONTROL
Ponga las palabras que faltan:

1 *Marie est une célibataire d'environ cinquante et quelques années.*

. . . .

. . . .

2 *Néanmoins il s'est mis tout de suite [au goût] du jour.*

. . .   .

. . . .

3 *Elle a suivi son frère jusqu'à sa chambre.*

. .   . .

. . . .

4 *Il y a un moment que je ne la vois pas.*

. . . .

5 *Il va de soi que je prendrai un taxi.*

. . .   .

****

LECCION SESENTA Y CINCO.

Volverán (1)

1 Volverán las oscuras golondrinas
en tu balcón sus nidos a colgar,
y otra vez con el ala en sus cristales,
jugando llamarán;

CORRIGE DE L'EXERCICE : **1** María es una soltera de unos cincuenta
y tantos años. **2** sin embargo, se ha puesto enseguida al día. **3** ha
seguido a su hermano hasta su habitación. **4** hace un rato que no la
veo. **5** por supuesto que tomaré un taxi.

*****

Il n'y a pas de quoi s'inquiéter, la leçon n'est pas aussi
chargée qu'elle en a l'air.
Vous êtes déjà bien avancés et nous vous croyons tout à
fait capables d'assimiler le peu « de nouveau » que nous
vous offrons ici.
En effet, il est question ici surtout de révision et à part la
note n° 1 qui apporte une pointe de nouveauté, le restant,
en général, a été déjà travaillé.
Avez-vous remarqué les diverses épices — qui maintenant vous sont sûrement familières — avec lesquelles
nous avons cuisiné ce « concentré » ?
En voici quelques-unes :
— *a menudo* - leçon 56, n° 4
— *lo que, a lo que* - leçon 63, n° 3
— *aunque* - leçon 62, n° 2
— *decirse* - leçon 21, n° 2
— *de los que* - note 5 de cette leçon.

Mais il y en a encore !

Segunda ola: lección 15.

****

SOIXANTE-CINQUIEME LEÇON

Ils (ou elles) reviendront

1   Les sombres (obscures) hirondelles reviendront sus-
pendre leurs nids à ton balcon, et de nouveau, en
jouant elles frapperont de (avec) l'aile à ses vitres ;

NOTAS

(1)*Volverán:* reviendront. Le préfixe re marquant la répétition est rare en
castillan. Pour marquer le retour d'un fait, d'une action, on se sert
généralement du verbe *volver*. Nous verrons cela plus en détail à la
prochaine leçon de révision.

2 pero aquéllas que el vuelo refrenaban
tu hermosura y mi dicha al contemplar;
aquéllas que aprendieron nuestros nombres,
ésas... ¡no volverán!

3 Volverán las tupidas madreselvas
de tu jardín las tapias a escalar, **(2)**
y otra vez a la tarde, aún más hermosas,
sus flores abrirán;

4 pero aquéllas cuajadas de rocío, **(3)**
cuyas gotas mirábamos temblar **(4)**
y caer, como lágrimas del día...,
ésas..., ¡no volverán!

5 Volverán del amor en tus oídos
las palabras ardientes a sonar;
tu corazón, de su profundo sueño
tal vez despertará;

6 pero mudo y absorto y de rodillas **(5)**
como se adora a Dios ante su altar, **(6)**
como yo te he querido..., desengáñate,
¡así no te querrán! **(7)**

Gustavo A. Bécquer : Rimas

EJERCICIO: 1. Volverán a venir mañana. **2.** Se lo he dicho otra vez. **3.** Aquéllas de las que te hablé. **4.** Abriré la puerta más tarde. **5.** Me gusta la música y tengo buen oído. **6.** Me despertaré a eso de las ocho. **7.** Querrán que vengas.

2 mais celles-là qui ralentissaient leur vol en contemplant ta beauté et mon bonheur, celles-là qui apprirent nos noms, celles-là ne reviendront pas !

3 Les chèvrefeuilles touffus se remettront à escalader les murs de ton jardin et de nouveau dans (à) l'après-midi, leurs fleurs s'ouvriront encore plus belles ;

4 mais ceux-là tout chargés de rosée, dont nous regardions les gouttes trembler et tomber comme larmes du jour, ceux-là ne reviendront pas !

5 Les paroles ardentes de l'amour viendront de nouveau résonner à (dans) tes oreilles (ouïes) ; peut-être (telle fois) ton cœur s'éveillera-t-il de son profond sommeil ;

6 mais [en] silence (muet) [en] extase (absorbé ou ébahi) à (et de) genoux comme on adore (à) Dieu devant son autel, comme moi je t'ai aimée (voulue), détrompe-toi, ainsi personne ne t'aimera (on ne t'aimera pas) !

NOTAS

(2) *Tapia:* mur de clôture d'un jardin ou d'un champ. *Una pared:* un mur d'édifice. *Un muro:* mur d'enceinte plus important, par exemple d'un château. *Tapiar una puerta:* murer une porte. *Muralla:* muraille.

(3) *Cuajadas de rocío:* tout chargés de rosée. Le sens propre du mot *cuajar* est : cailler, coaguler. *Leche cuajada:* du lait caillé ; *sangre cuajada:* du sang coagulé. Au sens figuré, il est employé en quelque sorte comme superlatif de rempli, chargé : *un rosal cuajado de flores:* un rosier tout chargé de fleurs.

(4) *Cuyas gotas mirábamos temblar,* littéralement : dont les gouttes nous regardions trembler, dont nous regardions trembler les gouttes. Le relatif *cuyo,* sur lequel nous aurons à revenir, demande qu'on place immédiatement après lui le mot qu'il détermine *(cuyas gotas)* et qu'il relie à l'antécédent *(aquéllas madreselvas).*

(5) *Absorto,* littéralement : absorbé, dans le ravissement, en extase.

(6) *Ante su altar:* devant son autel. L'emploi de *ante* au lieu de *delante de* est poétique ; mais il implique en outre une nuance. On emploie *delante de* quand il y a lieu de désigner un emplacement concret, matériel : *delante de la puerta:* devant la porte ; et *ante* (sans préposition) quand il s'agit d'une présence morale ; *ante Dios y ante los hombres:* devant Dieu et devant les hommes.

(7) *Querrán,* troisième personne du pluriel de *querer:* vouloir et aimer selon les sens.

EXERCICE : 1. Ils reviendront demain. 2. Je le lui ai dit à nouveau. 3. Celles-là dont je t'ai parlé. 4. J'ouvrirai la porte plus tard. 5. J'aime la musique et j'ai une bonne oreille. 6. Je me réveillerai vers huit heures. 7. Ils voudront que tu viennes.

EJERCICIO DE CONTROL
Ponga las palabras que faltan:

1 *Les hirondelles annonceront le printemps.*

. . . .

. . . .

2 *La pluie sur les vitres te réveillera.*

. . . .

. . . .

3 *Reviendras-tu demain ?*

¿ . . . . ?

4 *Les enfants pleureront si tu ne viens pas.*

. . . .

5 *Le vol de ces oiseaux te plaira.*

. . . .

CORRIGE DE L'EXERCICE : 1 las golondrinas anunciarán la primavera.
2 la lluvia sobre los cristales te despertará. 3 volverás mañana. 4 los
niños llorarán si no vienes. 5 el vuelo de esos pájaros te gustará.

*Cette leçon consacrée au futur et à l'introduction de
certains aspects de la langue castillane, que nous aurons
l'occasion de revoir un peu plus en détail lors de la
prochaine leçon de révision, vise surtout à vous offrir une
détente agréable.*
*Elle est un peu différente des autres et dans ce sens, nous
vous conseillons de la regarder un peu autrement, peut-
être pouvez-vous même oublier pour un instant cette
idée : « j'apprends le castillan ». Ouvrez grand votre œil*

littéraire et laissez-vous aller à la beauté des sons, des rimes, de la construction, etc.
Lisez, si vous voulez, ce qui suit et après relisez le texte.

Vous avez pu remarquer que la phrase castillane est plus souple que la phrase française : les différents termes (sujet, verbe, complément, etc.) n'y sont pas présentés dans un ordre rigide, les inversions sont très fréquentes, même dans la langue parlée, car on place souvent en premier lieu le terme sur lequel on désire attirer l'attention : *A esa mujer no la convencerá nadie,* littéralement : à cette femme ne la convaincra personne : personne ne convaincra cette femme.
Rien d'étonnant que les inversions soient encore plus fréquentes dans la langue poétique. La poésie de Becquer que nous reproduisons ici en offre un exemple frappant : remarquez que les inversions n'y obéissent pas à un simple caprice, mais qu'elles visent à un effet poétique certain : auxiliaire *volverán* placé en tête et à la fin de chaque strophe ; symétrie de chaque strophe assurée en outre par un infinitif au second vers *(a colgar, a escalar, a sonar)* et par des futurs identiques aux 4ᵉ et 8ᵉ vers *(llamarán, volverán, se abrirán,* etc., etc.).

Voici quel serait le texte si l'on en supprimait les inversions les plus importantes :

Las oscuras golondrinas volverán a colgar sus nidos en tu balcón y otra vez jugando llamarán con el ala en sus cristales; pero aquéllas que refrenaban el vuelo al contemplar tu hermosura y mi dicha, aquéllas que aprendieron nuestros nombres, ésas no volverán.
Las tupidas madreselvas volverán a escalar las tapias de tu jardín y, otra vez, a la tarde, sus flores abrirán, aún más hermosas; pero aquéllas, cuajadas de rocío, de las que (cuyas) mirábamos las gotas temblar y caer como lágrimas del día, ésas no volverán.
Las palabras ardientes del amor volverán a sonar en tus oídos; tal vez tu corazón despertará de su profundo sueño, pero mudo, etc.

Segunda ola: lección 16.

LECCION SESENTA Y SEIS.

En Correos

1 — ¡Qué barbaridad! Llevo más de tres cuartos de hora en esta cola y me parece que, a este paso, voy a pasar aquí la noche. (1)

2 — ¿Tres cuartos de hora solamente? ¡Vaya suerte! Yo llevo aquí más de hora y media y estoy pensando que lo mejor que puedo hacer

3 es enviar un telegrama a mi casa para que me traigan la fiambrera. (2)

4 — ¡Pues yo! He dejado los garbanzos en el fuego, pensando que no tardaría mucho.

5 — Perdone la indiscreción, señora; ¿Vive usted cerca de aquí?

¡QUIERE CAMBIAR? ESTOY SEGURO DE QUE ÉSTA NO ES LA BUENA

6 — Sí, ahí al lado. ¿Por qué me lo pregunta?

7 — No quiero asustarla pero acabo de oír pasar a los bomberos. De todas las formas, no se preocupe están bien entrenados para apagar los fuegos.

8 — Bueno, ya me toca a mí. Buenos días, señor. Quisiera enviar esta carta certificada.

9 — Sí, pero no es aquí. Tiene que dirigirse a la ventanilla número nueve.

SOIXANTE-SIXIEME LEÇON

A la Poste (en courriers)

1 — C'est incroyable ! (Quelle barbarie !) J'ai fait la queue depuis plus de trois quarts d'heure (je porte plus de trois quarts d'heure dans cette queue) et il me semble qu'à cette allure (à ce pas) je vais passer la nuit ici.

2 — Trois quarts d'heure seulement ? Quelle chance ! Ça fait plus d'une heure et demie que je suis ici et je suis en train de penser que ce que je peux faire de mieux

3 c'est d'envoyer un télégramme chez moi pour que l'on m'apporte (qu'ils m'apportent) la gamelle.

4 — Eh bien ! moi j'ai laissé les pois chiches sur (dans) le feu en pensant que je n'en aurais pas pour longtemps (ne tarderais pas beaucoup).

5 — Pardonnez mon (l')indiscrétion, Madame : habitez-vous (vivez) près d'ici ?

6 — Oui, là à côté. Pourquoi me le demandez-vous ?

7 — Je ne veux pas vous faire peur, mais je viens d'entendre (ouïr) passer les pompiers. De toute façon ne vous en faîtes pas (préoccupez pas), ils sont bien entraînés pour éteindre les feux.

8 — Bon, c'est déjà mon tour (déjà me touche à moi). Bonjour, Monsieur. Je voudrais envoyer cette lettre en recommandé.

9 — Oui, mais ce n'est pas ici. Vous devez vous adresser au guichet numéro neuf.

NOTAS

(1) *Llevar,* très souvent : porter. Mais *llevar* est un « maître Jacques » que l'on retrouve dans des emplois variés. *Llevo tres días aquí* ou *Estoy aquí desde hace tres días* ou *Hace tres días que estoy aquí:* Ça fait trois jours que je suis ici ou Je suis ici depuis trois jours.

(2) *Enviar:* envoyer, mais il est plus courant de dire *poner un telegrama:* mettre un télégramme (phrase n° 3 de l'exercice). Remarquez aussi la phrase n° 12 : *poner una conferencia.*

*****

10 — ¡Es el colmo de los colmos! Una hora de espera para que no le atiendan a uno. Voy a escribir una carta al ministro para quejarme. **(3)**

11 — Dése prisa, señor, a partir de mañana estamos en huelga. El siguiente, por favor.

12 — Soy yo, quisiera poner una conferencia a cobro revertido con Australia.

13 — Ventanilla número seis, señorita. Aquí no se sirven más que los sellos. Y dése prisa porque va a ser la hora del bocadillo. El siguiente, por favor. **(4)**

14 — ¿Tiene cinco duros en monedas para telefonear desde una cabina? **(5)**

15 — No, pero justo detrás de usted hay una máquina donde puede cambiar. **(6)**

EJERCICIO: 1. Llevo más de dos meses en Tarragona. 2. Lo mejor que puedes hacer es telefonear. 3. Ha ido a poner un telegrama a su familia. 4. Los bomberos han apagado el incendio. 5. La ventanilla cerrará a las siete. 6. He recibido una carta certificada. 7. Voy a darme prisa.

EJERCICIO DE CONTROL
Ponga las palabras que faltan:

1 *Il faut faire la queue.*

. . .   .

10 — C'est le comble des combles ! Une heure d'attente pour qu'on ne vous serve pas (pour que ne le servent pas à un). Je vais écrire une lettre au ministre pour me plaindre.

11 — Faîtes vite (donnes-vous hâte), Monsieur, à partir de demain nous sommes en grève.
Au (le) suivant, s'il vous plaît.

12 — C'est moi, je voudrais une communication téléphonique en P.C.V. avec l'Australie. (Je voudrais mettre une conférence à encaissement retourné).

13 — Guichet numéro six, Mademoiselle. Ici on ne sert que les timbres. Et hâtez-vous parce qu'il va être l'heure du casse-croûte.
Au (le) suivant, s'il vous plaît.

14 — Avez-vous cinq pièces de cinq pesetas (cinq durs) pour téléphoner depuis une cabine ?

15 — Non, mais juste derrière vous il y a une machine où vous pouvez faire de la monnaie (changer).

EXERCICE : 1. Ça fait plus de deux mois que je suis à Tarragone. **2.** Ce que tu as de mieux à faire, c'est de téléphoner. **3.** Il est allé envoyer un télégramme à sa famille. **4.** Les pompiers ont éteint l'incendie. **5.** Le guichet fermera à sept heures. **6.** J'ai reçu une lettre recommandée. **7.** Je vais me dépêcher.

NOTAS

(3) *Para que no le atiendan a uno:* pour qu'on ne vous serve pas. Ce pronom *uno* qui a un sens voisin de : quelqu'un, correspond à l'indéfini français on, et aussi au vous indéfini qui désigne quelqu'un d'anonyme ou soi-même comme partie de la généralité, quand on naît pauvre... : *cuando uno nace pobre...*

(4) *Bocadillo:* sandwich ou casse-croûte. En Espagne *la hora del bocadillo* c'est l'heure de la pause.

(5) *Una moneda de cinco duros :* Une pièce de vingt-cinq pesetas. *Un duro:* une pièce de cinq pesetas.

(6) *Cambiar:* changer. Avoir l'appoint: *tener suelto.*

*****

2 *Je suis en train de penser que j'ai oublié d'éteindre le feu.*

. . . . me . . olvidado . .

. . . .

3 *Je voudrais lui envoyer un télégramme.*

. . . .

4 *Si tu veux arriver à temps il faut que tu te dépêches.*

. . . . tienes . . .

. . . .

****

LECCION SESENTA Y SIETE.

Presente de subjuntivo

1 Todos deseamos que apruebes el examen.
2 Más vale que se lo digas antes de que se ponga a comer.
3 Hagamos lo que hagamos, intentaremos hacerlo bien.
4 Lo mejor es que nos enviéis una muestra.
5 Es muy importante que lleguen a la hora.
6 Ven cuando puedas.
7 ¿Vienes para que te diga lo que ha pasado?
8 Come lo que te guste.
9 Lo queramos o no, es así.
10 Es posible que no vengan.
11 No creo que estén en casa.
12 Espero que seáis bien recibidos.

Ternura

Por teléfono:
1 — Sí, dígame... ¡Ah, eres tú amor mío! ¿Qué pasa?
2 — Mamá acaba de morir en la bañera, ¿qué hago?
3 — Telefonea a la funeraria y exige que la entierren boca abajo.
4 — Tienes razón... nunca se sabe...

5   *Les timbres s'achètent au guichet numéro cinq.*

. . .   . compran . . . .

. . . .

CORRIGE DE L'EXERCICE : **1** hay que hacer la cola. **2** estoy pensando que - he - de apagar el fuego. **3** quisiera enviarle un telegrama. **4** si quieres llegar a tiempo - que darte prisa. **5** los sellos se - en la ventanilla número cinco.

Segunda ola: lección 17.

****

SOIXANTE-SEPTIEME LEÇON
Présent du subjonctif

1   Nous souhaitons tous que tu passes (approuves) [ton] (l')examen [avec succès].
2   Il vaut mieux (plus vaut) que tu le lui dises avant qu'il se mette à manger.
3   Quoi que nous fassions, nous essayerons de bien le faire.
4   Le mieux c'est que vous nous envoyiez un échantillon.
5   Il est très important qu'ils arrivent à l'heure.
6   Viens quand tu pourras (puisses).
7   Viens-tu pour que je te dise ce qui est arrivé (passé) ?
8   Mange ce qui te plaira (plaise).
9   [Que] nous le voulions ou pas c'est ainsi.
10   Il est possible qu'ils ne viennent pas.
11   Je ne crois pas qu'ils soient à la (en) maison.
12   J'espère que vous serez (soyez) bien reçus.

Tendresse

Au (par) téléphone :
1 — Oui, allô... (dites-moi). Ah, c'est toi mon chéri ! (es toi amour mien). Qu'y a-t-il ? (Quoi passe ?)
2 — Maman vient de mourir dans la baignoire, que fais-je ?
3 — Téléphone aux pompes funèbres (funéraire) et exige que l'on l'enterre à plat ventre (bouche en bas).
4 — Tu as raison... on ne sait jamais...

EJERCICIO: **1.** Más vale que no vayas. **2.** Digas lo que digas, ese libro es caro. **3.** Lo mejor es que vengáis hacia las siete. **4.** Quieras o no, tienes que hacerlo. **5.** Espero que las manzanas no estén demasiado verdes. **6.** Deseo que llegues a tiempo. **7.** No creo que pueda terminar antes del sábado.

EJERCICIO DE CONTROL
Ponga las palabras que faltan:

1 *Quoi que tu donnes, que cela soit de bon cœur.*

Des . . . ., . . . sea . . . .

2 *Je souhaite que tu le lui dises avant qu'il s'en aille.*

. . . . de . . .

. . . .

3 *Téléphone-moi quand tu pourras.*

. . . .

4 *Il vaut mieux que vous envoyiez un télégramme.*

. . . .

5 *Exige qu'on fasse comme cela.*

. . . .

CORRIGE DE L'EXERCICE : **1** - lo que des, que - de buen corazón. **2** deseo que se lo digas antes - que se vaya. **3** telefonéame cuando puedas. **4** más vale que enviéis un telegrama. **5** exige que se haga así.

EXERCICE : 1. Il vaut mieux que tu n'y ailles pas. **2.** Quoi que tu dises, ce livre est cher. **3.** Le mieux est que vous veniez vers sept heures. **4.** Que tu [le] veuilles ou pas, tu dois le faire. **5.** J'espère que les pommes ne seront pas trop vertes. **6.** Je souhaite que tu arrives à temps. **7.** Je ne crois pas que je puisse finir avant samedi.

Pas de notes dans cette leçon.
Elle est consacrée en entier à l'étude du présent du subjonctif. En voici les terminaisons pour les verbes réguliers.

Verbes en ar: e, es, e, emos, éis, en.
Les terminaisons des verbes en er et ir ne diffèrent pas : a, as, a, amos, áis, an.

Nous n'allons pas en dire plus long ici, nous en aurons l'occasion dans la prochaine leçon de révision.

Retenez seulement ceci : le subjonctif français est rendu régulièrement par le subjonctif castillan. Nous trouvons uniquement deux exceptions — nous les avons déjà vues — à cette règle (voir note 2, leçon 62 et paragraphe 2-b de la leçon 63). Néanmoins, il faut retenir que l'inverse n'est pas vrai, c'est-à-dire le subjonctif castillan n'est pas rendu forcément par le subjonctif français. Les phrases 6, 8 et 12 de la leçon en sont un exemple. Au cours des prochaines leçons nous aurons le temps d'y revenir.

Segunda ola: lección 18.

LECCION SESENTA Y OCHO.

Ferias y fiestas

1 A la entrada de la ciudad multitud de carteles anuncian el acontecimiento; se respira, alegría y movimiento.

2 El vino, la cerveza y los refrescos corren con fruición. Las calles están engalanadas desde hace unos días.

3 Guirlandas, globos, luces, trajes regionales, pasacalles, risas por todos lados: son las fiestas de la ciudad.

4 Helados, niños de vacaciones, bares llenos a reventar, mercados con productos de cada pueblo, música... algarabía alegre.

5 En una gran explanada que se encuentra cerca del Paseo de los Artistas,y que todos los años, por la misma época, es destinada al mismo efecto

6 se encuentran las barracas: casetas de tiro, autos de choque, tiovivos, norias, tómbolas, etc. y las clásicas churrerías y puestos ambulantes dè algodones rosas y blancos bien azucarados. (1)

7 Un poco más allá, bajo una carpa inmensa el ayuntamiento ha hecho instalar el circo: enorme caja de resonancia de sueños infantiles de pequeños y grandes. (2)

SOIXANTE-HUITIEME LEÇON

Foires et fêtes

1 A l'entrée de la ville [une] foule d'affiches annoncent l'événement ; on respire [la] joie et [le] mouvement.
2 Le vin, la bière et les rafraîchissements coulent (courrent) à plaisir. Les rues sont parées depuis (fait) quelques jours.
3 Guirlandes, ballons, lumières, costumes régionaux, passacailles, rires partout (côtés): [ce] sont les fêtes de la ville.
4 Glaces, enfants en (de) vacances, [des] bars pleins à craquer, [des] marchés avec [des] produits de chaque village, [de la] musique... brouhaha joyeux (gai).
5 Sur une grande esplanade qui se trouve près de la Promenade des Artistes et qui tous les ans, à la même époque, est destinée à (au même) [cet] effet,
6 se trouvent les baraques [foraines] : stands de tir, voitures tamponneuses (autos de choc), manèges, grandes roues (norias), tombolas, etc., et les classiques « churrerías » et marchands (étals) ambulants de barbe à papa (cotons) rose et blanche bien sucrée.
7 Un peu plus loin (plus là-bas), sous un chapiteau immense, la mairie a fait installer le cirque : énorme caisse de résonnance de rêves enfantins des petits et grands.

NOTAS

(1) *Churrerías:* se sont en général des stands ambulants qui vendent les *churros* (phrase n°13). Nous ne traduisons pas ces deux mots étant donné qu'il s'agit d'un produit typiquement espagnol. En France on commence même à trouver cette sorte de beignets sous le même nom : *churros*. Parfois les enfants leur donnent le nom de « chichis », mais il vaut mieux conserver le nom original.
(2) *Un poco más allá:* un peu plus loin, pareil que : *un poco más lejos.*

8 Mal que bien, consigo abrirme paso hasta las vallas desde las que una multitud de niños observa a los animales diciendo a sus acompañantes: "Cuando sea mayor, seré domador". (3) (4)

9 Al otro lado del río, están instaladas las diversas ferias de ganado.

10 Entre los mugidos de las vacas y los olores de paja húmeda, oigo a dos tratantes concluir un contrato.

11 Luego sigo de lejos, durante más de un cuarto de hora, a un grupo folklórico gallego que anima con sus gaitas y sus danzas las calles por las que pasa.

12 Decido ir a dar una vuelta por los barrios viejos. Sé que allí encontraré caras conocidas.

13 Sí. Allí están. Son mis amigos. Compramos churros y nos sentamos en un banco a contemplar el vaivén que nos rodea.

EJERCICIO: 1. He visto los carteles que anunciaban la película. 2. Es un gran acontecimiento. 3. El circo estaba lleno a reventar. 4. Todos los domingos a la misma hora vamos a pasearnos. 5. Mal que bien, he conseguido terminar. 6. Al otro lado del paseo está mi casa. 7. Voy a presentarte a mis amigos.

EJERCICIO DE CONTROL
Ponga las palabras que faltan:

1 *A l'entrée de la ville il y a une pompe à essence.*

. . . .

. . . .

2 *Il fait chaud, je vais prendre un rafraîchissement.*

. . . .

8   [Tant] bien que mal, je réussis à me frayer un
    passage (ouvrir pas) jusqu'aux grilles depuis [à
    travers] lesquelles une foule d'enfants observe (à) les
    animaux en disant à ceux qui les accompagnent (ses
    accompagnants) : « Lorsque je serai plus grand
    (majeur), je serai dompteur ».

9   De (à) l'autre côté de la rivière sont installées les
    diverses foires au (de) bétail.

10 Entre les beuglements des vaches et les odeurs de
    paille humide j'entends (à) deux marchands (trai-
    tants) conclure un contrat.

11 Après je suis de loin pendant plus d'un quart d'heure
    un groupe folklorique gallicien qui anime avec ses
    cornemuses et ses danses les rues par lesquelles il
    passe.

12 Je décide [d']aller faire (donner) un tour dans (par) les
    vieux quartiers. Je sais que là-bas je rencontrerai
    (trouverai) [des] visages connus.

13 Oui. Ils sont là. [Ce] sont mes amis. Nous achetons
    [des] « churros » et nous nous asseyons sur (dans)
    un banc (à) contempler le va-et-vient qui nous
    entoure.

NOTAS

(3) *Mal que bien:* tant bien que mal.
(4) *Cuando sea mayor seré domador,* subjonctif et futur. *Cuando* est
une conjonction de subordination qui demande comme *aunque,* que
nous avons déjà vu, un subjonctif.

EXERCICE : 1. J'ai vu les affiches qui annonçaient le film. 2. C'est un
grand événement. 3. Le cirque était plein à craquer. 4. Tous les
dimanches à la même heure nous allons nous promener. 5. Tant bien
que mal j'ai réussi à finir. 6. Ma maison est de l'autre côté de la
promenade. 7. Je vais te présenter mes amis.

*****

A propos, la *passacaille* est une danse, que l'on nomme
aussi *chacone* ou *chaconne*.

3 *Souvent les enfants rêvent de vivre un jour dans un cirque.*

. . . . con . . . . .

. . . .

4 *Il est difficile de se frayer un passage avec cette queue.*

. . . .

****

LECCION SESENTA Y NUEVE.

"Falsos amigos" (1)

1 Su habitación era larga y oscura.
2 Cuando vayas a Turquía, cómprame un sable y un jarrón orientales.
3 Esta mesa es muy práctica y aquella silla muy cómoda.
4 Le contesté que aquel día subí a su casa varias veces para enseñarle el mapa.
5 El padre de mis amigos, un oficial retirado, compró un pastel y lo partió en cuatro para que nos lo comiéramos, luego nos dio caramelos.
6 Estuvimos largas horas en las salas del museo, contemplando algunos de los cuadros más célebres del mundo y sobre todo los de Goya.
7 Ana, que es enfermera, exprime un limón para dárselo al enfermo.
8 A lo lejos, se divisa la montaña por la que tendremos que subir.

5   *Allez-vous faire un tour pour voir la ville en fête ?*

¿ . . . .

. . . . ?

CORRIGE DE L'EXERCICE : **1** a la entrada de la ciudad hay una gasolinera. **2** hace calor, voy a tomar un refresco. **3** a menudo los niños sueñan - vivir un día en un circo. **4** es difícil abrirse paso con esta cola. **5** vais a dar una vuelta para ver la ciudad en fiestas.

Segunda ola: lección 18.

****

SOIXANTE-NEUVIEME LEÇON

« Faux-amis »

1   Sa chambre était longue et sombre.
2   Lorsque tu iras (ailles) en (à) Turquie achète-moi un sabre et un vase orientaux.
3   Cette table est très commode et cette chaise-là très confortable.
4   Je lui ai répondu (répondis) que ce jour-là je suis monté (montai) chez lui plusieurs fois pour lui montrer la carte.
5   Le père de mes amis, un officier retraité, a acheté (acheta) un gâteau et l'a partagé (le partagea) en quatre pour que nous le mangions, après il nous a donné (donna) des bonbons.
6   Nous sommes restés (fûmes) pendant de longues heures dans les salles du musée, en contemplant quelques-uns des tableaux [les] plus célèbres du monde et surtout ceux de Goya.
7   Ana, qui est infirmière, presse un citron pour le [lui] donner au malade.
8   Au loin on aperçoit la montagne par laquelle il nous faudra monter.

NOTAS

(1) Cette leçon ne vous demande pas d'effort particulier au point de vue grammatical.
Tout en vous donnant du vocabulaire nouveau, nous ne vous offrons pas de constructions nouvelles, mais répétons plus ou moins celles que vous connaissez déjà. De ce point de vue donc, aucun problème.

*****

9 Corría tan de prisa que parecía volar; tocó el poste el primero.
10 Las esposas hicieron una herida al prisionero en las muñecas.
11 Voy a salir para echar un par de cartas.
12 Es preciso que vengas a arreglar la avería del coche.
13 Los labradores viven del cultivo de los campos.
14 Tomás tiene una gran cultura musical.

EJERCICIO: 1. La calle era muy ancha y muy larga. 2. Los niños jugaban en la playa con la arena. 3. El enfermo escribe una carta. 4. Cuando iba a correos vio caer el poste. 5. Mi esposa ha comprado un par de pasteles. 6. Voy a salir para comprar una mesa. 7. Me gusta el jarrón y el vaso que me has regalado.

*****

NOTAS (suite)

Elle est conçue pour attirer votre attention sur le problème suivant : Français et Castillan sont des langues latines et par certains côtés elles se ressemblent beaucoup, mais cette ressemblance a aussi ses dangers qui se traduisent dans la vie courante par des erreurs, en général sans importance, mais qui néanmoins peuvent être évitées.

Cette leçon prétend donc vous donner un aperçu de ce problème. Cependant soyez sans crainte et ne pensez pas pour autant que les possibilités de « faute » sont énormes. Ça peut arriver ; c'est tout. Et que cela ne vous retienne pas au moment de parler : tout néophyte dans une langue — dans n'importe quelle matière d'ailleurs — doit passer par l'erreur pour arriver à bien la maîtriser. D'un autre côté, nous dirons que vos interlocuteurs sont là aussi pour vous aider.

La leçon rassemble donc deux catégories de mots : les uns dont la forme nous amène à les confondre avec un mot français et dont le sens est différent, les autres dont l'un des sens seulement est éloigné du mot français suggéré.

Allez-y *despacito!*

*****

9   Il courait si vite qu'il semblait voler, il a touché (toucha) le poteau le premier.
10 Les menottes ont fait (firent) une blessure aux poignets au prisonnier.
11 Je vais sortir pour poster (à jeter) [une paire de] deux lettres.
12 Il faut que tu viennes dépanner (à réparer la panne de la) la voiture.
13 Les laboureurs vivent de la culture des champs.
14 Tomás a une grande culture musicale.

*****

EXERCICE : 1. La rue était très large et très longue. 2. Les enfants jouaient sur la plage avec le sable. 3. Le malade écrit une lettre. 4. En allant (lorsqu'il allait) à la poste, il vit tomber le poteau. 5. Mon épouse a acheté (une paire de) deux gâteaux. 6. Je vais sortir pour acheter une table. 7. J'aime le vase et le verre que tu m'as offerts.

Leçon 69

EJERCICIO DE CONTROL
Ponga las palabras que faltan:

1 *J'aime ta maison, elle est très confortable, quoique un peu sombre.*

. . . . aunque

. . . .

2 *Il m'a envoyé la carte du Canada par courrier.*

. . . . de Canadá . . .

. . . . .

****

LECCION SETENTA.

Revisión y notas.

1. **Volver,** voir note n° 5, leçon 23 ; note n° 6, leçon 45 ; note n° 4, leçon 64 ; note n° 1, leçon 65.
L'idée de répétition que nous exprimons en français avec tant de verbes portant le préfixe **re** se rend en castillan en général par *volver a* (ou *tornar a,* moins courant) et l'infinitif. On peut aussi exprimer la répétition au moyen des locutions *de nuevo:* à nouveau ; ou *otra vez:* une autre fois. Parfois, nous trouvons les deux formes réunies ; *se ha vuelto a lavar de nuevo:* il s'est relavé (à nouveau).
Volver a empezar: recommencer. *Volver a casa:* rentrer à la maison.
Volverse est aussi un verbe qui peut exprimer un changement durable dont nous faisons état en français avec le verbe devenir ; *se ha vuelto loco:* il est devenu fou ; *se ha vuelto agradable:* il est devenu agréable.

3 *Monte dans le train, il va partir.*

. . . . al . . . ., ...

4 *Mon petit frère dit qu'il aimerait voler comme les oiseaux.*

. . . . le gustaría

. . . .

5 *Presse-moi une orange.*

. . . .

CORRIGE DE L'EXERCICE : 1 me gusta tu casa, es muy cómoda - un poco oscura. **2** me ha enviado el mapa - por correo. **3** sube - tren, va a salir. **4** mi hermano pequeño dice que - volar como los pájaros. **5** exprímeme una naranja.

Segunda ola: lección 20.

****

SOIXANTE-DIXIEME LEÇON

2. Dont et cuyo, voir note 3 de la leçon 50 et phrase 6 de la leçon 64 pour dont, et note 4 de la leçon 65 pour *cuyo.*

Ces deux mots ne se correspondent pas exactement. C'est là, avec *ser* et *estar,* un des points les plus délicats de la grammaire castillane, tout au moins pour les Français (les anglophones ont avec le mot *whose* un correspondant exact de *cuyo*).

Lorsque vous trouverez **dont,** vous pouvez vous demander quels sont les mots reliés entre eux par ce relatif. Le mot qui précède est l'antécédent et c'est toujours un nom ou un pronom, aussi bien en castillan qu'en français, et par conséquent facile à reconnaître. En ce qui concerne le deuxième terme — celui qui est placé après dont et que celui-ci rattache à l'antécédent — la chose est plus délicate, car c'est de celui-là que dépend le choix du mot castillan par lequel il faudra rendre le dont français.

2.1 - **Dont** doit être rendu comme s'il y avait de qui : *de quien;* duquel : *del que;* de laquelle : *de la que;* desquels : *de los que;* etc. Lorsque dont met en rapport avec l'antécédent :

— un adjectif ou participe : c'est un honneur dont je suis indigne (= je suis indigne de cet honneur) : *es un honor del que soy indigno;* cet ami dont vous êtes séparé depuis... (= vous êtes séparé de cet ami depuis...) : *ese amigo de quien está usted separado desde...*

— un verbe : le monsieur dont je vous ai parlé : *el señor de quien le hablé.*

— un nom indéterminé (non précédé de l'article le, la, les) : ce peintre dont je suis un admirateur... : *ese pintor de quien soy un admirador...*

2.2 - **Cuyo, a, os, as,** correspond exactement à dont le, dont la, dont les, il marque un rapport de possession ou de dépendance — remarquez au passage l'analogie de forme entre *cuyo* et le possessif *suyo:* le sien —.

Comme nous l'avons dit à la note n° 4 de la leçon 65, le castillan place immédiatement après *cuyo,* et sans article, le mot qu'il relie à l'antécédent et fait accorder *cuyo* avec ce nom : Ce peintre dont vous admirez les œuvres : *Ese pintor cuyas obras admira usted.*

A titre indicatif, sachez que le castillan admet l'emploi d'une préposition devant *cuyo.* Dans ce cas, le français doit remplacer dont par : duquel, de laquelle, etc. : *Un árbol en cuyas ramas no hay fruta:* Un arbre sur les branches duquel il n'y a pas de fruits.

Afin de vous rassurer, nous vous dirons que ce relatif n'est guère employé dans le langage parlé.

3. **Presente de subjuntivo,** voir leçon 67 ; note 4, leçon 68 ; phrases 2 et 12, leçon 69.

Le subjonctif est un mode où l'action se présente seulement comme existante dans la pensée de celui qui parle.

En général, il dépend d'un verbe de désir, de crainte, de doute, d'une expression impersonnelle ou encore d'une conjonction dont dépend ce mode.

Nous avons déjà dit que le subjonctif français est rendu par le subjonctif castillan (voir à la leçon 67 les deux exceptions). Mais vous avez pu remarquer que parfois nous avons traduit le subjonctif castillan par le futur français : *cuando vayas a ver a Pedro:* lorsque tu iras voir Pierre ; *ven cuando puedas:* viens quand tu pourras, etc.

Dans une proposition subordonnée, après une conjonction de temps ou de manière (quand : *cuando;* avant que : *antes que;* comme : *como;* etc.) ou après un relatif (celui qui, que, etc.), le castillan forme la phrase avec le présent du subjonctif, à la différence du français qui le fait avec le futur de l'indicatif, futur qui n'est souvent envisagé que comme une supposition, une hypothèse.

Exemples : ferme la porte quand tu sortiras : *cierra la puerta cuando salgas ;* je ferai ce que tu diras : *haré lo que digas ;* ceux qui seront fatigués pourront s'en aller : *los que estén cansados podrán irse.*

4. A écrire en castillan

1 Reparle-moi de ce dont tu m'as parlé ce matin.
2 Les oiseaux dont les nids sont sur ces arbres reviendront.
3 Je n'ai que deux pièces de 25 pesetas.
4 Dis-moi ce que tu voudras.
5 Un peu plus loin il y avait un sabre d'officier.
6 Nous avons attendu de longs jours avant de pouvoir le voir.

5. Traduction

1 Vuelve a hablarme de lo que me has hablado esta mañana.
2 Los pájaros cuyos nidos están en esos árboles volverán.

****

LECCION SETENTA Y UNA.

Baldomero va al psicoanalista

1 A pesar de los esfuerzos de Remedios, Baldomero no consigue levantar el ánimo y se debate en su lecho como un animal enjaulado. (1)

2 En el fondo, lucha contra sí mismo, contra lo que él llama ''la tragedia de mi vida''; contra el destino oscuro que le persigue desde su más tierna infancia.

3 Remedios no puede más y, a escondidas, una noche estrellada de luna llena ha ido a tirarse al río. (2) (3)

4 Un acreedor que se inquieta mucho por la salud de Baldomero — menos mal que siempre hay buenos amigos — vino a verle al día siguiente.

5 Después de largas horas de discusión, Baldomero quedó convencido de la necesidad de ir a ver a un médico.

3 No tengo más que dos monedas de cinco duros.
4 Dime lo que quieras.
5 Un poco más allá había un sable de oficial.
6 Esperamos largos días antes de poder verlo.

Segunda ola: lección 21 (revisión).

****

SOIXANTE ET ONZIEME LEÇON

Baldomero va chez le (au) psychanalyste

1 Malgré les efforts de Remedios, Baldomero ne réussit pas à se remettre (lever le courage) et se débat dans sa couche comme un animal en cage.

2 Au (dans le) fond, il lutte contre lui (soi)-même, contre ce qu'il appelle « la tragédie de ma vie », contre le destin sombre qui le poursuit depuis sa plus tendre enfance.

3 Remedios n'[en] peut plus et en cachette, [par] une nuit étoilée de pleine lune, elle est allée se jeter (au) [dans le] fleuve.

4 Un créancier qui s'inquiète beaucoup de (par) la santé de Baldomero — heureusement qu'il y a toujours [des] bons amis — est venu (vint) le voir le lendemain (jour suivant).

5 Après de longues heures de discussion, Baldomero est resté convaincu de la nécessité d'aller (à) voir (à) un médecin.

NOTAS

(1) *Levantar el ánimo,* nous avons traduit en tenant compte du contexte par : s'en remettre. *¡Animo!*: Courage ! (phrase nº 10). *Estar animado:* avoir le moral.

(2) *A escondidas:* en cachette. *Esconder:* cacher. *El juego del escondite:* le jeu de cache-cache.

(3) *Río:* rivière et fleuve.

6   Pero como es vegetariano y tiene ideas muy fijas sobre los diferentes métodos de cura, no ha elegido cualquier médico.

7   Ha elegido, ni más ni menos, un psiquiatra que no es muy conocido pero del que le han hablado muy bien.

8   Dos días más tarde, Baldomero llama a la puerta. Un ama de llaves tuerta abre, saluda a Baldomero efusivamente y le hace pasar al despacho.

9 — Buenos días doctor, no puedo más, tengo ganas de llorar, no sé que hacer, necesito su ayuda, ¡ah...! ya empiezo a llorar... pero... ¡por el amor del cielo, dígame algo!

10 — Vamos... Vamos... no se abandone así... ¿Sabe? Comportándose así usted da una muy lamentable impresión. ¡Animo! ¡La vida es bella!

11 — Tiene usted razón doctor, sus palabras son un rayo de luz en la noche de mi corazón herido. De ahora en adelante, pensaré a menudo en ellas.

12 — Bueno, hemos sobrepasado el tiempo que nos habíamos fijado. Me debe cinco mil pesetas. Sí, sí, puede hacerme un cheque. Nos veremos la semana que viene a la misma hora.

13 — ¡Ah... doctor! ¿Qué voy a hacer sin usted durante una semana? Pero comprendo... La vida es, a veces, cruel y sin piedad. Adiós, doctor.

EJERCICIO: 1. A pesar de que pensábamos que no vendrías te esperamos. **2.** En el fondo es muy simpático. **3.** No puede más, está muy cansada. **4.** A escondidas se comía los caramelos. **5.** No elijas cualquier película. **6.** Hágale pasar a la sala de espera. **7.** No sé qué hacer.

6   Mais comme il est végétarien et a [des] idées bien
     arrêtées (très fixes) sur les différentes méthodes
     de cure il n'a pas choisi n'importe quel médecin.

7   Il a choisi, ni plus ni moins, un psychiatre qui n'est
     pas très connu mais dont on lui a très bien parlé
     [dit beaucoup de bien].

8   Deux jours plus tard, Baldomero sonne (appelle) à
     la porte. Une gouvernante (maîtresse des clés)
     borgne ouvre, salue (à) Baldomero avec effusion
     et le fait passer dans le (au) bureau.

9 — Bonjour docteur, je n'en peux plus, j'ai envie de
     pleurer, je ne sais pas quoi faire, j'ai besoin de
     votre aide... ah...! je commence déjà à pleurer...
     mais... pour l'amour du ciel dites-moi quelque
     chose.

10 — Allons... Allons... ne vous laissez pas aller comme
     cela (ne vous abandonnez pas ainsi). Savez-vous ?
     De cette façon (en vous tenant ainsi), vous donnez
     une très lamentable impression [de vous-même].
     Courage ! La vie est belle !

11 — Vous avez raison docteur, vos paroles sont un
     rayon de lumière dans la nuit de mon cœur meurtri
     (blessé). Dorénavant (de maintenant en avant) j'[y]
     penserai souvent (en elles).

12 — Bon, nous avons dépassé (surpassé) le temps que
     nous nous étions fixé. Vous me devez 5 000
     pesetas. Oui, oui, vous pouvez me faire un
     chèque. Nous nous verrons la semaine prochaine
     (qui vient) à la même heure.

13 — Ah !... docteur ! Que vais-je faire sans vous
     pendant une semaine ? Mais je comprends... La
     vie est parfois cruelle et sans pitié. Au revoir,
     docteur.

*****

EXERCICE : 1. Bien que nous pensions que tu ne viendrais pas nous
t'attendîmes. 2. Au fond il est très sympathique. 3. Elle n'en peut plus,
elle est très fatiguée. 4. En cachette, il mangeait les bonbons. 5. Ne
choisis pas n'importe quel film. 6. Faites-le passer dans la salle
d'attente. 7. Je ne sais pas quoi faire.

EJERCICIO DE CONTROL
Ponga las palabras que faltan:

1 *Bien que je me sois dépêché je ne suis pas arrivé à temps.*

. . . .
. . . .

2 *Ni plus ni moins.*

. . . .

3 *Dites-moi ce que vous en pensez.*

. . . .

4 *Dorénavant j'irai souvent.*

. . . .

5 *Ils ont dépassé le temps qu'ils s'étaient fixé.*

. . . .
. . . .

NO ESTARÍA MAL SI USTED VIERA A UN MÉDICO

CORRIGE DE L'EXERCICE : 1 a pesar de haberme dado prisa no he llegado a tiempo. 2 ni más ni menos. 3 dígame lo que piensa de ello. 4 de ahora en adelante iré a menudo. 5 han sobrepasado el tiempo que se habían fijado.

*****

Remarques :

1. Vous avez pu constater que nos phrases se font plus longues. En effet, votre bagage est de plus en plus consistant et maintenant il vous est certainement possible d'aborder des textes plus chargés. Néanmoins, ne vous inquiétez point : ce n'est pas pour cela que nous allons augmenter la « dose » de grammaire ; certes, nous continuerons à vous en donner, mais petit à petit, comme jusqu'à présent, de façon à ne pas vous « saturer ». Notre choix consiste à vous offrir plus de vocabulaire, très souvent à base de phrases toutes faites et très courantes et cela même, si parfois vous croyez déceler dans les ensembles qui vous sont présentés une certaine pointe d'invraisemblance.

2. Jusqu'à présent nous avons traduit systématiquement le passé simple castillan par le passé composé français. Dorénavant nous ferons de même dans le texte des leçons, tout en mettant entre parenthèses le passé simple — s'il s'agit d'un passé simple en castillan — comme nous le faisons habituellement. Cependant, dans les exercices, nous mettrons le passé simple ou composé en suivant littéralement le texte castillan, pour vous montrer qu'il ne sont pas toujours interchangeables et vous habituer ainsi à vous en servir avec précision.

3. Finalement nous vous demandons de feuilleter désormais régulièrement l'appendice grammatical, afin que vous puissiez vous familiariser davantage avec les conjugaisons des verbes irréguliers. Cette habitude, l'aide que vous offrira la pratique des leçons à venir et la révision des leçons passées vous fourniront l'occasion de vous y faire peu à peu.

Segunda ola: lección 22

Leçon 71

LECCION SETENTA Y DOS.

¿Suicidio? ¿Asesinato?
O, las palabras, esos monstruos

1 El célebre escritor R.I.P. ha sido encontrado muerto

2 en su residencia veraniega de "Los crisantemos". **(1)**

3 Según fuentes bien informadas, ayer noche, **(2)**

4 el escritor se retiró a su despacho con objeto de redactar **(3)**

5 las últimas páginas de sus memorias.

6 Al parecer, en un momento de inadvertencia, **(4)**

7 al inclinarse sobre el diccionario, en persecución de un término, el infortunado cayó en él.

8 Un número indeterminado de palabras que se encontraban agazapadas

9 en dicho diccionario, saltaron a la garganta del desgraciado

10 ahogándole instantáneamente.

11 La familia se ha negado a hacer cualquier tipo de comentario, **(5)**

12 así como a responder a las preguntas que llegan de todas las partes del mundo.

13 La ciudad entera ha quedado muda de estupefacción.

14 Algunos se aventuran a decir que hay silencios que hablan. **(6)**

EJERCICIO: 1. Cervantes es célebre en el mundo entero. 2. Maite y Antonio pasan unos días en su residencia de verano. 3. Estaré a las ocho en el despacho. 4. Me han regalado un nuevo diccionario. 5. Le duele la garganta. 6. ¿Te han hecho preguntas? 7. Me gusta escuchar al silencio.

SOIXANTE-DOUZIEME LEÇON

Suicide ? Assassinat ? Ou, les mots, ces monstres

1 Le célèbre écrivain R.I.P. a été trouvé mort
2 dans sa résidence d'été « Les chrysanthèmes ».
3 Selon [des] sources bien informées, hier soir,
4 l'écrivain se retira dans (à) son bureau afin (avec objet) de rédiger
5 les dernières pages de ses mémoires.
6 A ce qu'il semble, dans un moment d'inadvertance,
7 lorsqu'il se penchait (s'inclinait) sur le dictionnaire, à la poursuite d'un terme, l'infortuné tomba sur lui.
8 Un nombre indéterminé de mots qui se trouvaient tapis
9 dans ledit dictionnaire, sautèrent à la gorge du malheureux
10 l'étouffant sur le coup (instantanément).
11 La famille s'est refusée (niée) à faire tout (type) commentaire
12 de même qu'à (ainsi comme à) répondre aux questions qui arrivent de toutes les parties du monde.
13 La ville entière est restée muette de stupéfaction.
14 D'aucuns s'aventurent à dire qu'il y a des silences qui parlent.

EXERCICE : 1. Cervantes est célèbre dans le monde entier. **2.** Maite et Antonio passent quelques jours dans sa résidence d'été. **3.** Je serai à huit heures au bureau. **4.** On m'a offert un nouveau dictionnaire. **5.** Il a mal à la gorge. **6.** T'a-t-on posé des questions ? **7.** J'aime écouter le silence.

NOTAS

(1) *Veraniega:* estivale, d'été. *Los veraneantes:* les estivants. *Ir de veraneo a...:* aller passer les vacances d'été en... Beaucoup de phrases sont construites avec ces mots !
(2) *Ayer noche, ayer por la noche* ou *anoche:* hier soir.
(3) *Despacho:* bureau, mais aussi expédition (du courrier) ; dépêche (diplomatique) ; etc.
(4) *Al parecer:* à ce qu'il semble, apparemment, paraît-il.
(5) *Cualquiera:* quelconque. *Cualquiera* s'apocope en général en *cualquier* lorsqu'il est suivi d'un nom masculin et devient : n'importe quel.
(6) *Algunos:* quelques-uns. *Alguno* correspond ordinairement au français quelque. *algunos* peut être traduit aussi par certains.

EJERCICIO DE CONTROL
Ponga las palabras que faltan:

1 *Ils ont trouvé une petite plage un peu plus loin.*

. . . .

. . . .

2 *Il est en train de dormir.*

. . . .

3 *D'où sors-tu ?*

¿ . . . . ?

4 *Les commentaires furent favorables.*

. . . .

5 *Il ne sut pas quoi dire.*

. . . .

****

LECCION SETENTA Y TRES.

¿Qué nos aconseja?

1   Luis y Mari-Angeles van a casarse pronto y, de común acuerdo, han decidido comprar algo que tenga techo.

2   No tienen dinero pero juegan mucho a la lotería y son de los que creen que la esperanza es lo último que se pierde.

3   En este mismo momento se dirigen en un taxi a la agencia inmobiliaria en la que tienen cita con el director.

CORRIGE DE L'EXERCICE : **1** han encontrado una playa pequeña un poco más lejos. **2** está durmiendo. **3** de dónde sales. **4** los comentarios fueron favorables. **5** no supo qué decir.

Segunda ola: lección 23

****

SOIXANTE-TREIZIEME LEÇON

Que nous conseillez-vous ?

1 Luis et Mari-Angeles vont se marier bientôt et d'[un] commun accord ils ont décidé [d']acheter quelque chose qui ait [un] toit.

2 Ils n'ont pas d'argent mais ils jouent beaucoup à la loterie et ils sont de ceux qui croient que l'espoir est la dernière chose que [l']on perd.

3 En ce moment ils se dirigent dans un taxi vers (à) l'agence immobilière où ils ont rendez-vous avec le directeur.

4 — Yo diría que no es por aquí, aunque no he venido nunca, mi intuición femenina me dice que éste no es el camino.

5 — ¿Cómo puedes poner en duda la honradez profesional de un taxista? Aunque... Señor, ¿está seguro de que es por aquí?

6 — Si no están contentos no tienen más que bajarse ¡pues no faltaba más! Y el taxista piensa y se dice: — ¡Qué clientes! Y en alta voz: — Es aquí. (1)

7 — El taxímetro marca cuatrocientas cincuenta pesetas; tome quinientas y quédese con la vuelta. (2)

8 — Mientras pagas voy a llamar el ascensor, así no tendremos que esperar.

9 El director, que cree tener buen olfato para los negocios, ha mandado servir en su despacho café para tres personas.

10 Una vez hechas las presentaciones, Luis comienza la conversación: — Mi futura esposa y yo quisiéramos comprar una casa. (3)

11 — No, una casa no, un piso. Una casa da mucho trabajo y, además, no tenemos dinero. Un pisito con tres o cuatro habitaciones nos basta. (4)

ÉSTOS SON BUENOS CLIENTES

4 — Je [serais tentée de dire] (dirais) que ce n'est pas par ici, même si je ne suis jamais venue, mon intuition féminine me dit que celui-ci [ce] n'est pas le chemin.

5 — Comment peux-tu mettre en doute l'honnêteté professionnelle d'un chauffeur de taxi ? Quoique... Monsieur, êtes-vous sûr (de) que [c']est par ici ?

6 — Si vous n'êtes pas contents vous n'avez (plus) qu'à descendre. Alors, il ne manquait plus [que cela] ! Et le chauffeur de taxi pense et se dit : Quels clients ! Et à haute voix : — [C'] est ici.

7 — Le taximètre marque 450 pesetas, prenez 500 et gardez la monnaie.

8 — Pendant que tu payes je vais appeler l'ascenseur, comme cela nous ne devrons pas attendre.

9 — Le directeur qui croit avoir un bon flair pour les affaires a fait servir dans son bureau [du] café pour trois personnes.

10 — Une fois faites les présentations, Luis engage (commence) la conversation : — Ma future épouse et moi voudrions acheter une maison.

11 — Non, pas une maison (une maison non), un appartement. Une maison donne beaucoup de travail et en plus nous n'avons pas d'argent. Un petit appartement avec trois ou quatre pièces (chambres) nous suffit.

NOTAS

(1) *¡Pues no faltaba más!*: Alors, il ne manquait plus que cela ! Le castillan sous-entend *que eso*: que cela ; parfois même il le dit.

(2) *Quédese con la vuelta* (restez avec) : Gardez la monnaie. C'est encore le sens de ce *volver* que nous avons déjà vu. *La vuelta*, ici, fait référence à ce qui doit être rendu, retourné. Vous entendrez souvent ce mot, en général chaque fois que vous payez quelque chose et qu'on doit vous rendre la monnaie, cette monnaie-là est "*la vuelta*".

(3) *Comenzar* comme *empezar*: commencer. Mais cela peut être aussi entamer ; *comenzar el pastel*: entamer le gâteau ; ou engager, *empezar la partida*: engager la partie.

(4) *Un piso*: un appartement. Le mot *apartamento* existe en castillan, mais il correspond à un petit appartement. *Piso* est le mot usuel mais il faut au début s'en servir avec précaution. *Piso* est aussi étage : une maison de six étages : *una casa de seis pisos*. Nous verrons encore d'autres sens.

12 — ¿No tienen dinero? ¿Y qué hacen ustedes aquí? Me hacen perder el tiempo y desperdiciar mi café.

13 — No se enfade, nuestro problema es que mi futura esposa y yo no estamos a menudo de acuerdo y... ¿quién mejor que usted puede aconsejarnos?

14 — ¿Aconsejarles? ¡Enseguida! Tienen dos posibilidades: la más razonable es que no se casen y si se casan, entonces, les aconsejo que tomen cada uno un abogado.

EJERCICIO: 1. En este mismo momento estaba pensando en ti. 2. No creo que ésta sea su casa. 3. ¿Estás seguro de que no es por aquí? 4. Puedes bajarte de ahí, ya he terminado. 5. No faltabas más que tú. 6. Quédate con la vuelta. 7. ¿Sabes si hay ascensor en su casa?

EJERCICIO DE CONTROL
Ponga las palabras que faltan:

1 *J'ai dit que l'on me serve le petit déjeuner au lit.*

. . . . que . . . .

en la . . . .

2 *Nous voudrions aller vous voir la semaine prochaine.*

. . . .

. . . . . .

3 *Ça me suffit avec un peu de lait.*

. . . .

4 *Ça ne vaut pas la peine que tu te fâches.*

. . . .

12 — Vous n'avez pas d'argent ? Et que faites-vous
ici ? Vous me faites perdre mon temps et gaspiller
mon café.

13 — Ne vous fâchez pas, notre problème c'est que ma
future épouse et moi, nous ne sommes pas
souvent d'accord et... qui mieux que vous peut
nous conseiller ?

14 — Vous conseiller ? Tout de suite ! Vous avez deux
possibilités : la plus raisonnable est que vous ne
vous mariiez pas et si vous vous mariez je vous
conseille de prendre (que vous preniez) chacun un
avocat.

EXERCICE : 1. En ce moment même j'étais en train de penser à toi. **2.**
Je ne crois pas que celle-ci soit sa maison. **3.** Es-tu sûr que ce n'est pas
par ici ? **4.** Tu peux descendre de là, j'ai déjà fini. **5.** Il ne manquait que
toi. **6.** Garde la monnaie. **7.** Sais-tu s'il y a [un] ascenseur chez lui ?

5 *Qu'est-ce que tu nous conseilles ?*

¿ . . . . ?

CORRIGE DE L'EXERCICE : 1 he dicho - me sirvan el desayuno -
cama. **2** quisiéramos ir a veros la semana próxima. **3** me basta con un
poco de leche. **4** no vale la pena que te enfades. **5** qué es lo que nos
aconsejas.

Dans cette leçon, quelques conditionnels. En voici
quelques terminaisons pour les verbes réguliers : *me
gustaría ir:* j'aimerais [y] aller. *Ahora beberíamos algo
fresco:* maintenant nous boirions [bien] quelque chose
de frais. *¿Irías ahora?* Irais-tu maintenant ?

D'un autre côté, nous vous rappelons que de plus en
plus nous introduisons dans le texte des locutions qui
souvent n'ont pas de traduction directe, mais qui sont
néanmoins très usuelles. En voici quelques exemples
que vous connaissez déjà : *en el fondo:* au fond, *a
pesar de:* malgré, *darse prisa:* se hâter, *en este mismo
momento:* à cet instant même, ou: en ce moment
même, etc.

Segunda ola: lección 24

Lección 73

LECCION SETENTA Y CUATRO.

Los Reyes Magos (1)

1 Nochebuena, Navidad, nochevieja, año nuevo, aunque recientes, les parecen lejanas a los niños la noche del cinco de enero.

2 Para ellos, el día cinco es un día de febril espera, de sueño permanente, de inquietud alegre: el día seis son los Reyes Magos.

3 Los adultos se ven desbordados por oleadas de preguntas que no son siempre fáciles de responder.

4 — Hoy, hay que irse muy pronto a la cama para que cuando vengan los Reyes estemos dormidos. (2)

ESTE AÑO LOS REYES LES DEJARÁN COMO REGALO UNA BUENA SORPRESA

5 — ¡Claro que sí! Y tendrás que dejar tus zapatos bien limpios en la ventana para que los Reyes los vean cuando lleguen y te dejen lo que les has pedido.

6 — Espero que ya habrán recibido mi carta y que me traigan todo lo que les he pedido:

7 un juego de construcción de madera, discos y libros de cuentos, una pelota y muchas cosas y he pedido también juguetes para todos mis amigos,

SOIXANTE-QUATORZIEME LEÇON

Le Père Noël (Les Rois Mages)

1   La nuit de Noël (nuit bonne), Noël, la nuit de la Saint Sylvestre (nuit vieille), le jour du nouvel an (an neuf), quoique récents (leurs) semblent lointains aux enfants la nuit du cinq (de) janvier.

2   Pour eux, le (jour) cinq est un jour de fébrile attente, de rêve permanent, d'inquiétude joyeuse : le (jour) six [c']est (ce sont) les Rois Mages.

3   Les adultes se voient débordés par [des] vagues de questions qui ne sont pas toujours faciles à répondre [auxquelles il n'est pas toujours facile de].

4 — Aujourd'hui il faut (s'en) aller très tôt au lit pour que, quand les Rois Mages arrivent [arriveront], nous soyons endormis.

5 — Bien sûr ! (clair que oui). Et tu devras (auras que) laisser tes chaussures bien propres sur (dans) la fenêtre pour que les Rois les voient quand ils arriveront et pour qu'ils te laissent ce que tu leur as demandé.

6 — J'espère qu'ils auront (déjà) reçu ma lettre et qu'ils m'apporteront (m'apportent) tout ce que je leur ai demandé :

7   un jeu de construction en (de) bois, [des] disques et [des] livres de contes, une balle et beaucoup [de] choses et j'ai demandé aussi [des] jouets pour tous mes amis,

NOTAS

(1) Nous avons intitulé le texte français : Le Père Noël. En Espagne, le jour des cadeaux est le 6 janvier et, dans la tradition, ils sont apportés par les Rois Mages (il n'y a pas de Père Noël). C'est dans cet esprit que nous avons fait la traduction. D'un autre côté, il est vrai que depuis quelques années, l'on remarque une légère tendance à offrir des cadeaux la nuit de Noël ou au Nouvel An. Mais pour les enfants, le 6 janvier reste toujours le jour du « Père Noël » !

(2) Remarquez que, dans la mesure où ce dialogue se tient entre un enfant et un adulte, nous avons construit les phrases à la « manière enfant » et les réponses de l'adulte en tenant compte du fait qu'il répond à un enfant. Vous vous apercevrez que les enfants espagnols n'ont pas peur du subjonctif.

8   y también he pedido flores para ti y colonia para la abuela. Al final de la carta he puesto "y lo que sus majestades quieran". **(3)**

9 — No sé si van a poder traerte tantas cosas porque tienen que pasar por todas las casas. Mañana veremos todo.

10 — ¿Vamos a ir a ver la cabalgata? Yo quiero ver a Baltasar porque es mi rey y quiero recordarle donde vivimos. **(4)**

11 — Sí, vístete porque vamos a salir dentro de un rato. Luego volveremos y te tendrás que ir pronto a la cama.

12 — Eso es lo que menos me gusta del día de los reyes.

13   Al año que viene les voy a escribir para decirles que vengan a nuestra casa al final, así podré irme a la cama más tarde.

EJERCICIO: 1. Pasamos la nochevieja entre amigos. **2.** Dentro de dos días será Navidad. **3.** Tendrás que decirles que vengan más pronto. **4.** Cuando vienen suelen traernos flores. **5.** ¿Qué te ha pedido? **6.** A los niños les gustan los juguetes. **7.** Traed lo que queráis.

EJERCICIO DE CONTROL
Ponga las palabras que faltan:

1 *J'espère qu'ils auront vu la note que je leur ai laissée.*

. . . . nota

. . . .

2 *Où est l'eau de Cologne que tu m'as achetée ?*

¿ . . . .

. . . . ?

3 *Je ne sais pas s'ils vont pouvoir venir.*

. . . .

8   et j'ai aussi demandé [des] fleurs pour toi et [de l'eau de] Cologne pour (la) grand-mère. A la fin de la lettre j'ai mis « et ce que vos majestés voudront (veuillent) ».

9 — Je ne sais pas s'ils vont pouvoir t'apporter tant [de] choses parce qu'ils doivent passer (par) [dans] toutes les maisons. Demain nous verrons tout.

10 — [Est-ce que] nous allons (à aller à) voir le défilé ? Je veux voir [le roi] (à) Balthasar parce que [c']est mon roi et je veux lui rappeler où nous habitons (vivons).

11 — Oui, habille-toi, parce que nous allons sortir d'ici un moment. Nous reviendrons après et tu devras aller tôt au lit.

12 — Cela, c'est ce qui me plaît le moins (du) [le] jour des rois.

13   L'année prochaine (qui vient) je vais leur écrire pour leur dire qu'ils viennent chez nous en dernier (à la fin), comme ça je pourrai aller au lit plus tard.

NOTAS

(3) *Y lo que sus majestades quieran*: et ce que vos majestés voudront (veuillent) ; façon de finir les lettres écrites aux Rois Mages.

(4) *Cabalgata*: défilé. Ce mot est seulement utilisé pour les défilés des Rois Mages dans les villes, et pour des défilés des jours de fête : fêtes des villes, batailles de fleurs, etc.

*****

EXERCICE : 1. Nous passâmes la nuit de la Saint Sylvestre entre amis. 2. Dans deux jours ce sera Noël. 3. Tu devras leur dire qu'ils viennent plus tôt. 4. Lorsqu'ils viennent ils ont l'habitude de nous apporter des fleurs. 5. Qu'est-ce qu'il t'a demandé ? 6. Les jouets plaisent aux enfants. 7. Apportez ce que vous voudrez.

4   *Cela est ce qui me plaît le plus.*

. . . .

5   *Je suis arrivé le dernier.*

. . . .

****

LECCION SETENTA Y CINCO.

Favores entre amigos

1 — Susana me ha propuesto que vaya a pasar
la tarde a su casa para ayudarle a revelar las
fotos que hicimos el último día que fuimos
de excursión.

2 — ¡Estupendo! Tengo muchísimas ganas de
verlas. Ya ni me acuerdo si eran fotos en
blanco y negro o en color. (1) (2)

3 — Son en color, fui yo misma la que compró el
carrete. De las mejores, haremos diapositi-
vas. ¡Al final, podrás estrenar tu proyector!

4 — Estaba pensando que no sería una mala
idea que te lleves unas cuantas cintas para
grabarlas en su casa.

5 — ¡Es verdad! El nuevo equipo estereofónico
que le han regalado tiene un sonido
maravilloso.

6 — Haz una selección de los mejores discos que
tenga. ¡Ah! y, sobre todo, no olvides ese
disco de música irlandesa que me gusta
tanto.

7 — No te preocupes, ya conozco tus gustos. Yo
pienso grabar para mí un poco de música
oriental, otro poco de música clásica y algo
de Graeme Allwright.

CORRIGE DE L'EXERCICE : 1 espero que habrán visto la - que les he dejado. 2 dónde está la colonia que me has comprado. 3 no sé si van a poder venir. 4 eso es lo que más me gusta. 5 he llegado el último.

Distinguez-vous bien les locutions que nous avons vues petit à petit et que maintenant nous retrouvons souvent ? : *soler:* avoir l'habitude de. *¡Claro que sí* !..., etc.

Segunda ola: lección 25

****

SOIXANTE-QUINZIEME LEÇON

Services (faveurs) entre amis

1 — Susana m'a proposé d'aller (que j'aille à) passer l'après-midi chez elle pour m'aider à développer les photos que nous avons faites (fîmes) le dernier jour que nous sommes allés (fûmes de) [en] excursion.

2 — Chic ! J'ai très envie de les voir. Déjà je ne me rappelle même plus si [c']étaient des photos en noir et blanc ou en couleur.

3 — Elles sont en couleur, c'est (fus) moi-même qui ai acheté la pellicule (rouleau). Des meilleures, nous ferons des diapositives. Enfin tu pourras étrenner ton projecteur !

4 — J'étais en train de penser que [ce] ne serait pas une mauvaise idée que tu emportes quelques bandes pour les enregistrer chez elle.

5 — C'est vrai ! La nouvelle chaîne (équipe) stéréophonique qu'on lui a offerte a un son merveilleux.

6 — Fais une sélection des meilleurs disques qu'elle a (ait). Ah ! et surtout n'oublie pas ce disque de musique irlandaise que j'aime tant.

7 — Ne t'en fais pas (préoccupes) (déjà) je connais tes goûts. Pour moi je compte enregistrer un peu de musique orientale, un (autre) peu de musique classique et quelque chose de Graeme Allwright.

NOTAS

(1) *Estupendo:* chic, génial, c'est une exclamation qui manifeste le contentement ou l'approbation. Dans une phrase a la signification de : très bon ; *estos zapatos son estupendos:* ces souliers sont très bons.

(2) *Tengo muchísimas* (superlatif) *ganas:* j'ai très (énormément) envie.

8 — Si necesitas cintas vírgenes, coge las que hay encima de la biblioteca, las acabo de comprar.

9 ¡Vaya chollo que vamos a tener! Con el nuevo aparato de Susana, podremos escuchar música de buena calidad.

10 — Me parece que, de ahora en adelante, va a ser más difícil hacerte salir de casa.

11 — No, no te preocupes, lo uno no quita lo otro. Es verdad que escucharé con mucho más gusto la música. **(3)**

12 Pero eso no me impedirá salir.

Horror al desperdicio

A cualquiera que le diga que hace un mes que le ponía arsénico en el café y que tontamente ha sido atropellado por un autobús... ¡Es increíble! **(4)**

EJERCICIO: 1. Esta tarde estoy ocupada, me han propuesto un nuevo trabajo. **2.** ¿Has visto las fotos que hicimos el año pasado? **3.** No sería mala idea ir de campo. **4.** Tengo un nuevo equipo. **5.** Me he olvidado de seleccionarte los libros que querías. **6.** Juan conoce bien mis gustos. **7.** Acabo de comprar cintas nuevas.

8 — Si tu as besoin de bandes vierges, prends celles qu'il y a sur la bibliothèque, je viens de les acheter.
9 Quelle aubaine nous allons avoir ! Avec le nouvel appareil de Susana, nous pourrons écouter de la musique de bonne qualité.
10 — Il me semble que dorénavant il va être plus difficile de te faire sortir (de la maison).
11 — Non, ne t'en fais pas, l'un n'empêche (n'enlève) pas l'autre. Il est vrai (vérité) que j'écouterai avec beaucoup plus de plaisir (goût) la musique.
12 Mais cela ne m'empêchera pas [de] sortir.

Horreur du (au) gâchis

Dire (à n'importe qui que je dise) qu'il y a un mois que je lui mettais de l'arsenic dans son (le) café et qu'il s'est fait (a été) bêtement écraser (écrasé) par un autobus... [C']est incroyable !

NOTAS

(3) *Quitar:* enlever, ôter. *Quitar una mancha:* enlever une tache ; *quitar la tapa:* ôter le couvercle. Dans le texte, il s'agit d'une phrase toute faite et *quitar* est traduit par : empêcher.
(4) *Cualquiera* peut être pronom ou adjectif. En tant que pronom = n'importe qui. En tant qu'adjectif = n'importe lequel/quel, quelconque ; *cualquier día:* n'importe quel jour ; *un hombre cualquiera:* un homme quelconque.
Il est à remarquer que devant un nom masculin *cualquiera* s'apocope en *cualquier.* Au féminin l'apocope n'est pas obligatoire : *cualquier* ou *cualquiera mujer:* n'importe quelle femme.

EXERCICE : 1. Cet après-midi je suis occupée, on m'a proposé un nouveau travail. 2. As-tu vu les photos que nous fîmes l'année dernière ? 3. Ça ne serait pas une mauvaise idée d'aller pique-niquer. 4. J'ai une nouvelle chaîne. 5. J'ai oublié de te sélectionner les livres que tu voulais. 6. Juan connaît bien mes goûts. 7. Je viens d'acheter de nouvelles bandes.

EJERCICIO DE CONTROL
Ponga las palabras que faltan:

1 *Apporte-moi trois bandes et cinq disques.*

. . . .

2 *Dans ce magasin nous ne vendons que des choses de bonne qualité.*

. . . .   nada más   . . .

. . . .

3 *Dorénavant tu pourras venir me voir souvent.*

. . . .

. . . .

****

LECCION SETENTA Y SEIS.

El participio (1)

1 Después de haberme fumado un puro, me he tomado un café, no me ha gustado, estaba muy amargo.
2 Para engañar el hambre, me he comido un bocadillo de tortilla de patata y he bebido una cerveza. (2)
3 La semana pasada encontré en el jardín un pequeño pájaro herido, lo he curado durante unos días y ha sobrevivido.
4 He visto lo que has hecho con las pinturas de colores que te he regalado, me ha gustado mucho.

4 *J'espère que ton travail ne t'empêche pas de venir.*

. . . .

. . . .

5 *C'est incroyable ce qu'il m'a dit.*

. . . .

CORRIGE DE L'EXERCICE : 1 tráeme tres cintas y cinco discos. 2 en esta tienda no vendemos - que cosas de buena calidad. 3 de ahora en adelante podrás venir a verme a menudo. 4 espero que tu trabajo no te impida venir. 5 es increíble lo que me ha dicho.

Segunda ola: lección 26

****

SOIXANTE-SEIZIEME LEÇON

Le participe

1 Après (m') avoir fumé un cigare (pur) j'ai (me) pris un café, il ne m'a pas plus, il était très amer.
2 Pour tromper la faim j'ai (me) mangé un sandwich à (de) l'omelette aux (de) pommes de terre et j'ai bu une bière.
3 La semaine dernière (passée) j'ai trouvé (trouvais) dans le jardin un petit oiseau blessé, je l'ai soigné pendant quelques jours et il a survécu.
4 J'ai vu ce que tu as fait avec les crayons (peintures) de couleurs que je t'ai offerts, [cela] m'a beaucoup plu.

NOTAS

(1) Cette leçon rassemble quelques-uns des participes passés les plus courants. Vous en connaissez déjà un bon nombre. Ici, nous vous proposons une révision ; cela nous permettra de vous donner au passage quelques précisions utiles.
(2) *Para engañar el hambre* et *para engañar el estómago* (l'estomac) : pour tromper la faim.

5 He puesto la mesa en el sitio en el que me has dicho. Ahora, la habitación es más espaciosa. **(3)**

6 ¡Entra! Estoy despierto, me he despertado hace una hora y me he puesto a leer en la cama. **(4)**

7 Esta mañana he escrito una postal a mis vecinos para desearles un feliz año nuevo. Me llevo muy bien con ellos.

8 Ha venido a vernos, y se ha llevado los discos y los libros que nos había prestado, los necesitaba.

9 Han ido a dar un paseo y a sacar los billetes a la estación. No creo que tarden mucho en volver.

10 He vuelto a ver a los amigos de José que conocimos el día de su cumpleaños en su casa.

11 Tengo ya escritas cinco cartas pero todavía no he terminado. **(5)**

Sentido de la propiedad

— ¿Sabes? Voy a dedicarme al teatro, me han ofrecido un papel como coprotagonista en una obra muy importante y tomaré un seudónimo. El novio celoso: — ¡Pues os mataré a los tres!

5 J'ai mis la table à (en) la place (dans laquelle) que tu m'as dite. Maintenant la pièce (chambre) est plus spacieuse.

6 Entre ! Je suis réveillé, je me suis réveillé il y a une heure et je me suis mis à lire au (dans le) lit.

7 Ce matin j'ai écrit une carte à mes voisins pour leur souhaiter un heureux nouvel an. Je m'entends (porte) très bien avec eux.

8 Il est venu nous voir et il (se) a emporté les disques et les livres qu'il nous avait prêtés, il [en] avait besoin.

9 Ils sont allés faire (donner) une promenade et prendre (à sortir) les billets à la gare. Je ne crois pas qu'ils tardent beaucoup à rentrer.

10 J'ai revu (à) les amis de José que nous avons connus (connûmes) le jour de son anniversaire chez lui.

11 J'ai déjà cinq lettres [d']écrites mais je n'ai pas encore fini.

Sens de la propriété

— Sais-tu ? Je vais me consacrer au théâtre, [on] m'a offert un rôle (papier) comme coprotagoniste dans une pièce (œuvre) très importante et je prendrai un pseudonyme.

Le fiancé jaloux : — Alors je vous tuerai tous les trois (aux trois).

NOTAS

(3) *Puesto, dicho:* mis, dit, de même que *hecho, visto* (phrase précédente) : fait, vu, sont des participes passés irréguliers, très courants et appelés participes forts.

(4) *Estoy despierto:* je suis réveillé ; *me he despertado:* je me suis réveillé. Certains verbes ont deux participes passés, un régulier et un irrégulier. Le régulier (à l'aide de l'auxiliaire *haber*) sert à former les temps composés. L'irrégulier a le sens d'un adjectif et il peut être employé seul ou avec *tener, estar,* etc.

(5) *Tengo ya escritas...:* j'ai déjà etc. Remarquez que dans ce cas, le participe passé est accordé avec son complément d'objet. En effet, le participe passé avec l'auxiliaire *haber* forme un temps composé, et il ne change jamais. Nous ne le trouverons donc en aucun cas séparé de l'auxiliaire par un adverbe ou locution adverbiale, comme cela arrive en français. Employé avec un autre verbe, le participe passé doit être accordé, sans que la place occupée par le complément d'objet ait une importance quelconque.

EJERCICIO: 1. ¿Has visto cómo estaba vestido? **2.** He enviado una carta certificada. **3.** Nos hemos dormido y no hemos oído el despertador. **4.** Habéis tenido que volver. **5.** Se ha paseado durante toda la tarde. **6.** Han comido un poco para engañar el hambre. **7.** No echaron la carta que me habían escrito.

EJERCICIO DE CONTROL
Ponga las palabras que faltan:

1 *J'ai fait ce que tu m'avais dit.*

. . . .

2 *Nous allons manger quelque chose pour tromper la faim.*

. . . .

. . . .

3 *Le jour de mon anniversaire ils m'offrirent un appareil de photos.*

. . . .

. . . . máquina . . . .

****

LECCION SETENTA Y SIETE.

Revisión y notas

1. **La conjugaison** : Depuis une quinzaine de leçons nous avons travaillé particulièrement le **présent du subjonctif** et vous possédez déjà des connaissances suffisantes pour pouvoir faire un grand nombre de phrases. Maintenant il est surtout question de renforcer votre acquis et de pratiquer.

En ce qui concerne **l'indicatif,** il est fort probable que vous vous y trouviez à l'aise. Il est aussi normal que les verbes irréguliers vous posent des problèmes, c'est

EXERCICE : 1. As-tu vu comment il était habillé ? **2.** J'ai envoyé une lettre recommandée. **3.** Nous nous sommes endormis et nous n'avons pas entendu le réveil. **4.** Vous avez dû revenir. **5.** Il s'est promené pendant toute l'après-midi. **6.** Ils ont mangé un peu pour tromper la faim. **7.** Ils ne postèrent pas la lettre qu'ils m'avaient écrite.

4 *Mes voisins ne sont pas encore rentrés de vacances.*

. . .   .

. . . .

5 *Je suis réveillé depuis cinq heures du matin.*

. . .   .

. . . .

CORRIGE DE L'EXERCICE : 1 he hecho lo que me habías dicho. **2** vamos a comer un poco para engañar el estómago. **3** el día de mi cumpleaños me regalaron una - de fotos. **4** mis vecinos no han vuelto todavía de vacaciones. **5** estoy despierto desde las cinco de la mañana.

Segunda ola: lección 27

****

SOIXANTE-DIX-SEPTIEME LEÇON

l'éternelle pierre d'achoppement. Néanmoins, avec un peu de patience, vous allez y arriver. N'oubliez pas ce que nous vous disions à la leçon 71 : feuilletez maintenant régulièrement l'appendice grammatical, ces coups d'œil, même s'ils sont rapides, créeront un réflexe en vous et parfois, même sans vous en apercevoir, vous aurez à la bouche ou à l'esprit ce temps ou cette forme « bizarre » sur laquelle vous n'avez pas conscience d'avoir travaillé énormément.

Le participe passé : nous vous avons déjà fourni la façon de le construire et ses aspects les plus remarquables.

Dans les dernières leçons, nous avons présenté un peu **le conditionnel** et pour parfaire sa connaissance voici les terminaisons de ce temps : *ía, ías, ía, íamos, íais, ían.*
Ces terminaisons sont les mêmes pour les verbes en *ar, er* et *ir* et elles sont ajoutées à l'infinitif, ce qui donne : *yo fumar-ía:* je fumerais ; *tú comer-ías:* tu mangerais ; *él escribir-ía:* il écrirait ; *nosotros cantar-íamos:* nous chanterions ; *vosotros beber-íais:* vous boiriez ; *ellos vivir-ían:* ils vivraient.
Pour ce qui est de la formation de la phrase conditionnelle, nous attaquerons ce problème prochainement.

2. **Ne... que** et **ne... plus.** Voir note 1 de la leçon 73.
La formule restrictive ne... que n'a pas de traduction littérale, elle se rend soit par : *no... más que,* s'il y a restriction sur la quantité, soit par : *no... sino,* s'il y a restriction sur la qualité : Je n'ai que cinq minutes : *no tengo más que cinco minutos;* je n'ai fermé qu'une fenêtre : *no he cerrado más que una ventana;* il n'y a eu qu'un malentendu : *no hubo sino una equivocación.* On peut aussi supprimer la négation et mettre *sólo* (seulement) : *hubo sólo una equivocación.*
La formule ne... plus se traduit par : *no... ya* ou *ya no;* si l'on se sert de cette deuxième possibilité (d'ailleurs la plus courante), elle doit être placée devant le verbe ; ainsi, *ya no volverán:* ils ou elles ne reviendront plus ; *ya no tenemos ganas:* nous n'avons plus envie.

3. **Piso:** voir note n° 4, leçon 73.
Voici encore quelques précisions sur ce mot qui est très courant.
Nous avons déjà donné deux significations : étage et appartement.
Piso peut être appliqué au sol *(suelo),* à un plancher, s'il est en bois et aussi à la chaussée.
Piso de muestra ou *piloto:* appartement témoin.
Piso principal: premier étage.
Piso bajo: rez-de-chaussée.
Il faut retenir le verbe *pisar* — qui n'a aucun rapport avec ce qu'il peut évoquer en français. *Pisar* veut dire marcher sur ; *me han pisado en el metro:* on m'a marché dessus dans le métro ; *pisar la tierra:* fouler la terre ; *no dejarse pisar:* ne pas se laisser marcher sur les pieds ; *pisar el*

acelerador: appuyer sur l'accélérateur ; *se oían sus pisadas:* on entendait ses pas ; *seguir las pisadas de alguien:* suivre les traces de quelqu'un.

Pour mieux saisir ce verbe inexistant en français, laissez votre imagination faire des associations avec les mots pied et sol : *pie y suelo (piso).*

MIRA, ALGUIEN QUE NO QUERÍA QUE LE VIERAN EN EL ASCENSOR

4. A écrire en castillan

1 Il est sorti de la maison en cachette, personne ne l'a vu.
2 Tous les deux sont allés se baigner à la mer.
3 Ça me suffit avec l'appartement que je me suis acheté.
4 Je t'enregistrerai une bande avec la musique que tu aimes tant.
5 Cette eau de Cologne que tu m'as apportée est formidable.
6 Je ne me souviens plus de ce que tu m'as dit.

5. Traduction

1 Ha salido de casa a escondidas, nadie lo ha visto.
2 Ambos han ido a bañarse al mar.
3 Me basta con el piso que me he comprado.
4 Te grabaré una cinta con la música que tanto te gusta.
5 Esta colonia que me has traído es estupenda.
6 Ya no me acuerdo de lo que me has dicho.

Segunda ola: lección 28 (révision)

LECCION SETENTA Y OCHO.

Quien manda, manda **(1)**

1 Bajo este título vamos a introducir el imperativo.

2 Para poder reinar sin que la gente

3 se ría delante de sus narices **(2)**

4 hoy ya no hace falta que usted se disfrace de Nerón. **(3)**

5 Dominar es algo fácil. He aquí algunos ejemplos

6 que podrán serle útiles para llevar a cabo,

7 de una manera satisfactoria, su aprendizaje

8 — del castellano, por supuesto —:

9 Alejandro, deja de fumar y friega, **(4) (5)**

10 o, ven aquí y ponte de rodillas.

11 También: — mamá, vete a dar una vuelta

12 o, "déjame en paz amor tirano" **(6)**

13 E incluso: Tío lávate las manos antes de hacer la comida.

14 El tono y la actitud determinan el sentido que toma el imperativo.

QUIEN MANDA, MANDA

EJERCICIO: 1. Compra el periódico cuando vengas. **2.** Lleva a cabo lo que te has propuesto. **3.** Pon la mesa. **4.** Ven aquí. **5.** Déjame un bolígrafo. **6.** Come algo. **7.** Si te duele la cabeza quédate en casa.

SOIXANTE-DIX-HUITIEME LEÇON

Qui commande, commande

1 Sous ce titre nous allons introduire l'impératif.
2 Pour pouvoir régner sans que les gens
3 (se) rient devant (de) votre nez (vos narines)
4 aujourd'hui (déjà) vous n'avez plus besoin de vous déguiser (de) en Néron.
5 Dominer est quelque chose [de] facile. Voici quelques exemples
6 qui pourront vous être utiles pour mener à (bout) terme,
7 d'une manière satisfaisante, votre apprentissage
8 — du castillan, bien sûr — :
9 Alejandro, (laisse) cesse de fumer et fais la vaisselle,
10 ou, viens ici et mets-toi (de) à genoux.
11 Aussi : — maman, va-[t'en] (donner) faire un tour,
12 ou, « laisse-moi en paix amour tyran »
13 Et même : (« Mec »), lave-toi les mains avant de faire le repas.
14 Le ton et l'attitude déterminent le sens que prend l'impératif.

NOTAS

(1) *Quien manda, manda:* qui commande, commande. Cette phrase — très souvent répétée en Espagne — prend un sens différent selon le ton, le moment, etc. Elle peut refléter l'humour, la résignation, l'autorité, etc.
Sachez *(sepa)* que *mandar* a aussi le sens d'envoyer : *mandar una carta:* envoyer une lettre.
(2) *Nariz:* nez et narine ; *narices:* narines.
(3) *Ya no hace falta que usted:* vous n'avez plus besoin... Pour : ne plus, regardez la note n° 2 de la leçon 77. Pour *hacer falta,* la note 3b de la leçon 84.
(4) *Dejar de* (laisser de) : cesser. *Deja de hacer ruido:* cesse de faire du bruit.
(5) *Fregar los platos:* faire la vaisselle. En général on dit *fregar* tout court sans ajouter *los platos* (les assiettes). *Fregar las escaleras:* laver les escaliers.
(6) Nous écrivons ici entre guillemets parce qu'il s'agit d'une célèbre phrase de Luis de Góngora.

EXERCICE : 1. Achète le journal lorsque tu viendras. 2. Mène à terme ce que tu t'es proposé [de faire]. 3. Mets la table. 4. Viens ici. 5. Laisse-moi un stylo. 6. Mange quelque chose. 7. Si tu as mal à la tête reste à la maison.

EJERCICIO DE CONTROL
Ponga las palabras que faltan:

1 *Avant d'y aller téléphone lui.*

. . . .

2 *Ne viens pas si tu es fatigué.*

. . . .

3 *Ecris-nous lorsque tu arriveras.*

. . . .

****

LECCION SETENTA Y NUEVE.

No molesten (1)

1 El imperativo es utilizado en España tanto por
2 el honrado padre de familia
3 como por la abnegada ama de casa,
4 el sereno ejecutivo, el tierno niño e incluso por
el melenudo "progre". (2)

4   *Si tu peux achète-moi des fleurs.*

. . . . « . . . .

5   *Tiens, c'est un cadeau pour toi.*

. . . , . . « . . . .

CORRIGE DE L'EXERCICE : 1 antes de ir telefonéale. 2 no vengas si estás cansado. 3 escríbenos cuando llegues. 4 si puedes cómprame flores. 5 ten, es un regalo para ti.

Segunda ola: lección 29

****

SOIXANTE-DIX-NEUVIEME LEÇON

Ne dérangez pas [Ne pas déranger]

1   L'impératif est utilisé en Espagne (tant pour) aussi bien par
2   l'honnête père de famille
3   que par la ménagère dévouée,
4   le cadre (exécutif) serein, le tendre enfant et même par le « progre » chevelu.

NOTAS

(1) Nous allons examiner les particularités de l'impératif lors de la prochaine leçon de révision, mais il est souhaitable que vous sachiez dès à présent que l'impératif castillan emprunte la première personne du pluriel ainsi que les troisièmes personnes (singulier et pluriel) au présent du subjonctif. Si cela ne vous semble pas clair, allez directement à la leçon 84.

(2) *"Progre":* ce mot — très actuel aujourd'hui — est un qualificatif appliqué dans la vie courante aux personnes — jeunes surtout — aux idées « libérales » ou « contestataires ». Son origine se trouve dans *progresista* (progressiste).

5 No sería justo olvidar el imperativo
6 administrativo: "entre sin llamar" o "no haga ruido",
7 "absténganse de hacer cheques sin fondos", etc.
8 Un agradable paseo en una bella tarde de sol
9 puede facilitarle la ocasión de familiarizarse
10 con lo que podríamos llamar:
11 "el caluroso imperativo civilizado":
12 empuje, tire, no fume, pasen, esperen, corran, etc.
13 Incluso cuando se está enamorado el imperativo puede ser útil;
14 he aquí un ejemplo: "abrázame, amor mío, que tengo frío" **(3)**

EJERCICIO: 1. Sírvase, yo no tengo apetito. 2. Niños, jugad en vuestra habitación. 3. Cierren la puerta al salir. 4. Pon el disco que me gusta. 5. Peatones pasen. 6. Venid a vernos la semana que viene. 7. Id con ellos al cine.

EJERCICIO DE CONTROL
Ponga las palabras que faltan:

1 *Prenez et buvez, celui-ci est un bon vin.*

. . . .

2 *Dis-moi avec qui tu vas et je te dirai qui tu es.*

. . . . andas . . . .

. . . .

3 *Dites ce que vous voudrez.*

. . . . queráis.

4 *Tenez, et gardez la monnaie.*

. . . .

5 Il ne serait pas juste [d']oublier l'impératif
6 administratif : « entrez sans frapper » ou « ne faites pas [de] bruit »,
7 « abstenez-vous de faire [des] chèques sans provision »(fonds), etc.
8 Une agréable promenade (en) [par] une belle après-midi de soleil
9 peut vous faciliter l'occasion de vous familiariser
10 avec ce que nous pourrions appeler :
11 « le chaleureux impératif civilisé » :
12 poussez, tirez, ne fumez pas, passez, attendez, courez, etc.
13 Même lorsqu'on est amoureux l'impératif peut être utile :
14 voici un exemple : « embrasse-moi, mon amour, (que) j'ai froid ».

EXERCICE : 1. Servez-vous, je n'ai pas d'appétit. 2. Les enfants, jouez dans votre chambre. 3. Fermez la porte en sortant. 4. Mets le disque que j'aime. 5. Piétons passez. 6. Venez nous voir la semaine prochaine. 7. Allez avec eux au cinéma.

NOTAS

(3) *Abrázame:* embrasse-moi. Les pronoms personnels compléments sont enclitiques (se placent après et se soudent au verbe) à l'impératif. *Lávate:* lave-toi ; *déjame:* laisse-moi.

5 *N'oubliez pas que demain c'est dimanche et nous fermons.*

. . . .

. . . .

CORRIGE DE L'EXERCICE : 1 tomad y bebed, éste es un buen vino. 2 dime con quien - y te diré quien eres. 3 decid lo que -. 4 tenga y quédese con la vuelta. 5 no olviden que mañana es domingo y cerramos.

Quelques formes irrégulières de l'impératif de tutoiement : *di:* dis *(decir); dime:* dis-moi ; *haz:* fais *(hacer); oye:* écoute *(oir); pon:* mets *(poner); sal:* sors *(salir); sé:* sois *(ser); ve:* va *(ir); vete:* va-t'en ; *ven:* viens *(venir).*

Segunda ola: lección 30

Lección 79

LECCION OCHENTA.

¡Dulce pereza!

1 — Esta mañana nos hemos levantado temprano y hemos ido al monte a coger setas. **(1) (2)**

2 — A mí, también me hubiera gustado ir pero...

3   se está tan bien en la cama que...

4 — Me apuesto lo que quieras que, para comer, no tendrás pereza. **(3)**

5 — Te prometo hacer un esfuerzo.

6 — Bueno, voy a encender el horno y a lavar las setas.

7   Yo, voy a poner la mesa.

8   Y si tú bajaras a comprar pan y vino podríamos comer enseguida.

9 — Imposible, tengo unas agujetas horribles

10   y, además, tengo las manos llenas de ampollas.

11 — ¡No digas bobadas! Has estado durmiendo todo el fin de semana.

12 — No me entendéis. ¡Si supierais! **(4)**

13   Me he pasado el sábado y el domingo

14   soñando que trabajaba en una mina.

¡DULCE PEREZA!

EJERCICIO: 1. ¿Te vas a levantar temprano mañana? **2.** Si vinieras a verlo le gustaría. **3.** Te apuesto lo que quieras. **4.** Haré un esfuerzo. **5.** Si hubiera sabido que ibas a venir no habría salido. **6.** Me voy a lavar las manos. **7.** ¡Si supieras!

QUATRE-VINGTIEME LEÇON

Douce paresse !

1 — Ce matin nous nous sommes levés de bonne heure et nous sommes allés (au mont) à la montagne (à prendre) ramasser [des] champignons.

2 — J'aurais aimé [y] aller aussi (à moi aussi m'aurait plu aller) mais...

3 on est si bien au (dans le) lit que...

4 — Je (me) parie ce que tu veux (voudras) que pour manger tu n'auras pas [de] paresse.

5 — Je te promets [de] faire un effort.

6 — Bon, je vais (à) allumer le four et (à) laver les champignons.

7 — Je vais mettre la table.

8 — Et si tu descendais (à) acheter [du] pain et [du] vin, nous pourrions manger tout de suite.

9 — Impossible, j'ai d'horribles courbatures ;

10 et en plus j'ai les mains pleines d'ampoules.

11 — Ne dis pas [de] bêtises ! Tu as été en train de dormir toute la fin de semaine.

12 — Vous ne me comprenez pas. Si vous saviez !

13 J'ai (m'ai) passé le samedi et le dimanche

14 à rêver (rêvant) que je travaillais dans une mine.

NOTAS

(1) *Temprano:* tôt, de bonne heure. Cet adverbe employé avec le verbe *levantarse* (se lever) peut remplacer le verbe *madrugar* (se lever de bonne heure). A vous de choisir.

(2) *Seta:* champignon. *Seta* désigne surtout les champignons ayant un chapeau. Le mot *champiñón* existe aussi.

(3) *Me apuesto lo que quieras:* je parie ce que tu veux. Remarquez que le castillan utilise le présent du subjonctif (veuilles) parce qu'il est précédé d'un relatif et le français construit cette phrase avec le présent (veux).

(4) *Si supierais:* si vous saviez. Imparfait du subjonctif en castillan et de l'indicatif en français. Nous verrons cette construction dans une prochaine leçon de révision. Pour l'instant faites attention à ce type de construction que vous retrouvez dans les phrases suivantes : 8 de la leçon, 2, 5 et 7 de l'exercice et 4 de l'exercice de contrôle.

EXERCICE : 1. Vas-tu te lever de bonne heure demain ? 2. Cela lui plairait si tu venais le voir. 3. Je te parie ce que tu veux. 4. Je ferai un effort. 5. Si j'avais su que tu allais venir je ne serais pas sorti. 6. Je vais me laver les mains. 7. Si tu savais !

EJERCICIO DE CONTROL
Ponga las palabras que faltan:

1 *Demain nous irons ramasser des champignons.*

. . . .

2 *Je suis fatigué, j'ai des courbatures.*

. . . . , ...

3 *Avez-vous du feu s'il vous plaît ? J'ai perdu les [mes] allumettes.*

¿ . . . . ? . . . .

. . . .

****

LECCION OCHENTA Y UNA.

Por amor al arte

1 — Me gustaría ir a escuchar un concierto.
2 — Si lo hubiera sabido habría reservado unas
   entradas para la semana que viene.
3   El domingo se inaugura la temporada.
4 — He oído decir que hay un programa muy
   bueno.
5 — Quizás se pueda arreglar todavía.
6   A menudo hay gente que ha reservado por
   teléfono
7   y a última hora no va.
8 — Sí, pero para eso hay que ir unas horas antes
   a hacer cola. **(1)**
9 — ¡Ya sé lo que vamos a hacer! **(2)**
10   Enviaremos a la criada con tres horas de
   antelación

4 *Si elle avait eu un peu de temps, elle serait allée.*

. . . .

. . . .

5 *Dis-moi à quelle heure tu arriveras.*

. . . .

CORRIGE DE L'EXERCICE : **1** mañana iremos a coger setas. **2** estoy cansado, tengo agujetas. **3** ¿tiene fuego, por favor? he perdido las cerillas. **4** si hubiera tenido un poco de tiempo hubiera ido. **5** dime a qué hora llegarás.

Segunda ola: lección 31

****

QUATRE-VINGT-UNIEME LEÇON

Pour l'amour de (à) l'art

1 — J'aimerais (me plairait) aller (à) écouter un concert.
2 — Si je l'avais su j'aurais réservé quelques entrées pour la semaine prochaine (qui vient).
3 (Le) Dimanche on inaugure la saison.
4 — J'ai entendu dire qu'il y a un très bon programme.
5 — Peut-être [que cela] peut encore s'arranger.
6 Souvent il y a des gens qui ont réservé par téléphone
7 et au dernier moment (dernière heure) se désistent (n'y vont pas).
8 — Oui, mais pour cela il faut aller quelques heures avant (à) faire [la] queue.
9 — (Déjà) Je sais ce que nous allons faire !
10 Nous enverrons (à) la bonne (avec) trois heures à (de) l'avance

NOTAS

(1) *Hay que ir*: il faut y aller. L'obligation impersonnelle rendue en français par il faut + infinitif se traduit par *hay que* + infinitif. *Hay que comer*: il faut manger.
(2) *Ya*: déjà. Cet adverbe sert ici à donner plus d'assurance. Il prend le sens de : maintenant je sais ou je sais bien. *Ya lo has visto*: tu l'as bien vu. Revoir aussi la note n° 2 de la leçon 77.

11   para que saque las entradas. ¿Qué te parece? **(3)**

12 — Perfecto. Dile que saque seis entradas. Invitaremos a los Carrillo y a los González.

Si Mozart levantara la cabeza... **(4)**

13 — La semana pasada fuimos a las ''Bodas de Figaro''

14 — Nosotros estábamos invitados pero no pudimos ir. Enviamos flores.

EJERCICIO: 1. Hemos reservado tres entradas para el próximo concierto. **2.** Ven con nosotros. **3.** A última hora no pudo venir. **4.** Había mucha gente haciendo cola. **5.** Saca tres mil pesetas del banco. **6.** Nos ha invitado a su cumpleaños. **7.** Cinco días antes ya no había entradas.

EJERCICIO DE CONTROL
Ponga las palabras que faltan:

1 *S'il faisait du soleil nous irions nous promener.*

. . . .

2 *Nous avons entendu dire qu'il était venu à Granada.*

. . . .

.   Granada.

11 pour qu'elle prenne (sorte) les entrées. Qu'en penses-tu ? (Que te semble ?)

12 — Parfait. Dis-lui qu'elle prenne (sorte) six entrées. Nous inviterons les (aux) Carrillo et les (aux) González.

Si Mozart levait la tête...

13 — La semaine dernière (passée), nous sommes allés (fûmes) aux « Noces de Figaro ».

14 — Nous étions invités, mais nous n'avons pas pu (pûmes) [y] aller. Nous avons envoyé (envoyâmes) [des] fleurs.

NOTAS

(3) *Sacar:* sortir et prendre ou retirer. *Sacar las maletas del maletero:* sortir les valises du coffre. *Voy a sacar los billetes:* je vais prendre les billets.

(4) *Si Mozart levait... :* Si Mozart levantara. Nous parlions de cette construction dans la note n° 4 de la leçon précédente. Dans cette leçon, vous la trouvez aussi à la phrase n° 2 et dans la première phrase de l'exercice de contrôle. Si vous êtes pressé, pour en savoir plus, allez directement à la leçon de révision.

EXERCICE : 1. Nous avons réservé trois entrées pour le prochain concert. 2. Viens avec nous. 3. Au dernier moment, il ne put pas venir. 4. Il y avait beaucoup de gens faisant la queue. 5. Retire (Sors) 3 000 pesetas de la banque. 6. Il nous a invités à son anniversaire. 7. Cinq jours avant il n'y avait déjà plus d'entrées.

*****

3 *Samedi on inaugure le nouveau marché.*

. .   . .

. . . .

4 *Elle dit qu'elle sait ce qu'elle va faire.*

. . . .

5   *Qu'en pensez-vous ?*

¿ . . .   . ?

****

LECCION OCHENTA Y DOS.

Una cierta cultura (continuación de la lección 81)

1   El domingo, un cuarto de hora antes del concierto,
2   nuestros simpáticos amigos buscan a su criada entre la multitud.
3   — ¡Uf! Está usted aquí...
4   Ya creíamos que no íbamos a encontrarla.
5   ¡Esto es una locura! ¡Hay muchísima gente!
6   — No me hablen, me he mareado, me han empujado, me han robado el bolso
7   y con los empujones he perdido un zapato,
8   pero... ¡tengo las entradas!
9   — ¡Sensacional! ¡Vamos! ¡Empujad! ¡Hay que entrar cueste lo que cueste!
10   Un poco más tarde, en la sala, la gente se sienta cómodamente,
11   dignamente, da un último toque a la corbata
12   o al broche del vestido, susurra un comentario irónico
13   sobre la ausencia de los Suárez o de los Iribarne
14   y se dispone a aplaudir la entrada del director de orquesta.

EJERCICIO: 1. Necesito salir porque me mareo. **2.** Había sitio para todos. **3.** Siéntate aquí. **4.** ¿Puedes planchar mi corbata? **5.** Carmen no pudo ir porque estaba de viaje. **6.** Vendrá un poco más tarde. **7.** El tenor fue muy aplaudido.

CORRIGE DE L'EXERCICE : 1 si hiciera sol iríamos a pasearnos. 2 hemos oído decir que había venido a -. 3 el sábado se inaugura el nuevo mercado. 4 dice que sabe lo que va a hacer. 5 que os (ou : le) parece.

Segunda ola: lección 32

****

QUATRE-VINGT-DEUXIEME LEÇON

Une certaine culture (suite de la leçon 81)

1 (Le) Dimanche, un quart d'heure avant (du) le concert

2 nos sympathiques amis cherchent (à) leur bonne parmi (entre) la foule.

3 — Ouf ! vous êtes ici...

4 (Déjà) Nous croyions que nous n'allions pas (à) vous trouver.

5 C'est (une) [de la] folie ! Il y a beaucoup [de] monde (gens) !

6 — Ne m'[en] parlez pas, j'ai eu mal au cœur, on m'a (m'ont) bousculée, on m'a (m'ont) volé (le) [mon] sac

7 et avec les bousculades, j'ai perdu une chaussure,

8 mais... j'ai les entrées !

9 — Sensationnel ! Allons ! Poussez ! Il faut entrer coûte (ce) que coûte !

10 Un peu plus tard dans la salle, les gens s'assoient confortablement,

11 dignement, donnent une dernière retouche à [leur] (la) cravate,

12 ou à la broche de [leur] (la) robe, chuchotent un commentaire ironique

13 sur l'absence des Suárez ou des Iribarne

14 et se disposent à applaudir l'entrée du chef (directeur) d'orchestre.

EXERCICE : 1. J'ai besoin de sortir parce que j'ai mal au cœur. 2. Il y avait de la place pour tous. 3. Assieds-toi ici. 4. Peux-tu repasser ma cravate ? 5. Carmen ne put pas y aller parce qu'elle était en voyage. 6. Il viendra un peu plus tard. 7. Le ténor fut très applaudi.

EJERCICIO DE CONTROL
Ponga las palabras que faltan:

1 *Nous irons une heure avant.*

. . . .

2 *Nous croyions qu'il allait pleuvoir.*

. . . .

3 *Si nous ne nous dépêchons pas, nous arriverons en retard.*

. . . .

. . . .

4 *Ces chaises sont très confortables.*

. . . .

5 *Maintenant il est absent, il ne tardera pas à rentrer.*

. . . ., ...

. . . .

****

LECCION OCHENTA Y TRES.

Cría cuervos... (1)

1 En casa de amigos:
— Tiene usted un hijo muy simpático.
¿Cómo te llamas, pequeño?
— ¡Curiosa!

CORRIGE DE L'EXERCICE : 1 iremos una hora antes. **2** creíamos que iba a llover. **3** si no nos damos prisa llegaremos con retraso. **4** esas sillas son muy cómodas. **5** ahora está ausente, no tardará en volver.

*****

Nous profitons de l'absence de notes dans cette leçon pour faire quelques rappels :
Phrase 4 — *Ya:* note 2, leçon 81.
Phrase 6 — *Me he mareado:* note 3 leçon 47.
Phrase 6 — *On:* note 2 leçon 42.
Phrase 9 — *Cueste io que cueste:* leçon 67.

Segunda ola: lección 33

****

QUATRE-VINGT-TROISIEME LEÇON

Elève des corbeaux...

1 Chez des amis :
  — Vous avez un fils très sympathique.
    Comment t'appelles-tu, petit ?
  — Curieuse !

NOTAS

(1) *Cría cuervos...:* élève des corbeaux. Peut-être avez-vous vu le film qui, sous ce titre, a paru sur les écrans. Ces deux mots constituent le début d'un proverbe castillan très connu : *cría cuervos y te sacarán los ojos:* élève des corbeaux et ils t'arracheront (sortiront) les yeux.

Lección 83

2 En la panadería:
— ¿Es su hija?
— No, es mi sobrina Maribel.
— Toma, te regalo un pastel.
— ¡Vamos! ¿Qué se dice Maribel? **(2)**
— ¡Tacaña!

3 En el colegio:
— Sí, señor, su hijo podría trabajar más.
— ¡Chivato!

4 En la tienda:
— ¿Quieres mucho a tu mamá, Julito?
— Sí señor, ¿y usted quiere a su mujer?
— ¡Julito! no seas mal educado.
— Pero mamá... es él el que ha empezado a hablar de deberes morales.

5 El niño precoz:
— Dentro de unos meses vas a tener un hermanito.
— Decidme la verdad. ¿Tenéis conocimientos de economía?
— No, pero... ¿Qué quieres decir, hijo mío?
— No estoy seguro de que la ampliación de nuestra empresa de amor, en esta época de crisis, no nos conduzca a la quiebra.

EJERCICIO: 1. Tenemos tres hijos, dos chicos y una chica. 2. Mi hermana tiene dos hijas, son mis sobrinas. 3. Si su hijo jugara más en casa, trabajaría más en el colegio. 4. He visto un vestido muy bonito para ti. 5. Dentro de unos meses estaré de vacaciones. 6. Dime lo que piensas de esa máquina de fotos. 7. Conduce con precaución.

EJERCICIO DE CONTROL
Ponga las palabras que faltan:

1 *Tu es très belle avec cette robe.*

. . . .

2 Dans la boulangerie :
— C'est votre fille ?
— Non, c'est ma nièce Maribel.
— Tiens, je t'offre un gâteau.
— Allons ! Que dit-on, Maribel ?
— Radine !

3 A l'école (au collège) :
— Oui, monsieur, votre fils pourrait travailler davantage.
— Rapporteur !

4 Au magasin :
— Aimes-tu beaucoup (à) ta maman, Julito ?
— Oui, monsieur, et vous aimez-vous (à) votre femme ?
— Julito ! Ne sois pas mal poli (élevé) !
— Mais maman..., c'est lui qui a commencé à parler de devoirs moraux.

5 L'enfant précoce :
— D'ici quelques mois, tu vas avoir un petit frère.
— Dites-moi la vérité. Avez-vous [des] connaissances en (de) économie ?
— Non, mais... que veux-tu dire, mon fils ?
— Je ne suis pas sûr (de) que l'agrandissement de notre entreprise d'amour, en cette époque de crise, ne nous conduise à la faillite.

NOTAS

(2) *Vamos:* allons. Première personne du pluriel du présent de l'indicatif. Mais aussi première personne du pluriel de l'impératif et dans ce sens c'est la seule exception à la règle dont nous parlions à la note n° 1 de la leçon 79 : les premières personnes du pluriel de l'impératif s'empruntent au présent du subjonctif... (plus de précisions dans le paragraphe 1 de la prochaine leçon).

EXERCICE : 1. Nous avons trois enfants, deux garçons et une fille. 2. Ma sœur a deux filles, elles sont mes nièces. 3. Si votre fils jouait plus à la maison, il travaillerait plus à l'école. 4. J'ai vu une robe très jolie pour toi. 5. D'ici quelques mois je serai en vacances. 6. Dis-moi ce que tu penses de cet appareil de photo. 7. Conduis avec précaution.

2 *C'est une femme très cultivée.*

. . . . culta.

3 *Qu'a-t-il voulu dire ?*

¿ . . . . ?

4 *Je suis sûr qu'elle viendra.*

. . . . de . . . .

5 *Leur entreprise est en faillite.*

. . . .

CORRIGE DE L'EXERCICE : 1 estás muy guapa con este vestido. **2** es una mujer muy -. **3** qué ha querido decir. **4** estoy seguro - que vendrá. **5** su empresa está en quiebra.

****

LECCION OCHENTA Y CUATRO.

Revisión y notas

1. L'impératif : voir leçons 78 et 79, note 1, leçon 83, note 2.

— **le tutoiement.** Il est très simple et se caractérise par la finale *a* pour les verbes en *ar*, et par la finale *e* pour les verbes en *er* et *ir; habla:* parle ; *bebe:* bois ; *abre la puerta:* ouvre la porte. Vous reconnaîtrez et retiendrez sans peine les formules irrégulières que par ailleurs nous avons vues petit à petit au fil des leçons. (Cf. fin de la leçon 79). En ce qui concerne le tutoiement, lorsqu'on s'adresse à plusieurs personnes, il n'y a pas de difficulté majeure. Prenez l'infinitif et changez le *r* final en *d: hablad más alto:* parlez plus haut ; *leed este libro:* lisez ce livre ; *escribid a vuestro amigo:* écrivez à votre ami. Il n'y a aucune irrégularité à cette personne.

¡CURIOSA!

Segunda ola: lección 34

****

QUATRE-VINGT-QUATRIEME LEÇON

— **le vouvoiement.** Nous avons dit que le castillan vouvoie avec la troisième personne du singulier (une seule personne) et avec la troisième du pluriel (plusieurs personnes), ainsi : *venga usted:* venez, *vengan ustedes:* venez ; *diga usted:* dites, *digan ustedes:* dites. Ces formes de l'impératif, de même que celles de la première personne du pluriel (sauf l'exception *vamos,* cf. note 2, leçon 83), sont empruntées au présent du subjonctif.

— **mais aussi sachez** que nous devons revenir au subjonctif, à toutes les personnes, dès que l'ordre donné est précédé d'une négation ; en y ajoutant, bien entendu, le *s* caractéristique de la deuxième personne. Ainsi nous disons : *habla:* parle, et *no hables:* ne parle pas ; *corred:* courez, et *no corráis:* ne courez pas.

Lección 84

Voici un tableau modèle pour les verbes en ar.

Personnes	Impératif	Présent du subjonctif	Impératif (accompagné de négation)
tú	habla (parle)	hables (parles)	
él, ella, usted	—	hable (parle)	Mêmes formes
nosotros, as	—	hablemos (parlions)	qu'au subjonctif
vosotros, as	hablad (parlez)	habléis (parliez)	précédées d'une
ellos, as, ustedes	—	hablen (parlent)	négation

Pour ce qui est des verbes en *er* et en *ir,* c'est pareil, mais comme nous le disions au début de la leçon l'impératif est construit avec e. Exemple : *come:* mange ; *escribe:* écris.

2. **Subjuntivo.** A la leçon 70, nous vous avons déjà donné une brève introduction au subjonctif.

Nous pouvons résumer ainsi : dans les subordonnées où un futur est rendu par le subjonctif, on peut remarquer ceci :

— que ce futur est **précédé d'une conjonction** *(cuando, como...)* ou d'un **relatif** *(que)* ;

— qu'il envisage un fait d'une **façon hypothétique** et préalablement à l'énoncé d'une conclusion, qui, elle, est rendue par le futur.

3. **La phrase conditionnelle** : voir notes 4 des leçons 80 et 81 ; phrases 2 et 5 de l'exercice de la leçon 80 ; phrase 4 de l'exercice de contrôle de la leçon 80, et phrase 3 de celui de la leçon 82.

Dans l'énoncé d'une condition ou d'une supposition, le castillan emploie non pas l'imparfait de l'indicatif, comme le français, mais l'imparfait du subjonctif (bien évidemment, dans le même cas, au plus-que-parfait de l'indicatif français correspondra le plus-que-parfait du subjonctif castillan) ; la conclusion de ce type de phrases se fait, dans les deux langues, au conditionnel. Exemples : *Si vinieras iríamos juntos:* Si tu venais nous irions ensemble. *Si pudiera lo haría:* Si je pouvais je le ferai. *Si todos supieramos hablar dos o tres lenguas extranjeras, borraríamos otras tantas fronteras:* Si nous savions tous parler deux ou trois langues étrangères, nous effacerions tout autant de frontières.

Voici les terminaisons de l'imparfait du subjonctif :

Verbes en *ar (cantar)*	Verbes en *er* et *ir (comer - vivir)*	
cant ara	com - viv.	iera
cant aras	com - viv	ieras
cant ara	com - viv	iera
cant áramos	com - viv	iéramos
cant arais	com - viv	ierais
cant aran	com - viv	ieran

En ce qui concerne les verbes en *ar,* vous aurez certainement remarqué que les trois personnes du singulier et la troisième personne du pluriel ont les mêmes terminaisons qu'au futur. La seule différence se trouve au niveau de l'accent ; *si cantaras:* si tu chantais ; *tú cantarás:* tu chanteras. Maintenant que vous avez bien saisi cela, nous allons vous dire ceci : l'imparfait du subjonctif castillan a deux formes. En effet, à la place des terminaisons que nous vous donnons plus haut et avec lesquelles nous avons construit toutes nos phrases jusqu'à présent, nous aurions pu vous donner tout aussi bien celles-ci :

Verbes en *ar (cantar)*	Verbes en *er* et *ir (comer - vivir)*	
cant ase	com - viv	iese
cant ases	com - viv	ieses
cant ase	com - viv	iese
cant ásemos	com - viv	iésemos
cant aseis	com - viv	ieseis
cant asen	com - viv	iesen

Dorénavant nous mélangerons dans les textes les deux formes. Si vous avez une préférence pour l'une d'entre elles, construisez vos phrases avec elle tout en sachant que vous pouvez vous trouver face à un interlocuteur qui préfère se servir de celle que vous aimez moins. De toute façon que la phrase soit construite avec l'une ou l'autre ne change point le sens de ce qui est dit. Ainsi, par exemple pour la phrase : si Jean avait su que tu allais venir, il aurait téléphoné, nous pouvons dire : *si Juan hubiese (ou hubiera) sabido que ibas a venir habría telefoneado.*

****

LECCION OCHENTA Y CINCO.

Novedad

1 Los verbos irregulares son considerados, a menudo,
2 como la dificultad mayor de la lengua castellana.
3 A partir de ahora, los estudiaremos
4 de una manera más detallada.

Al despertar

5 Fuera nieva. La claridad que atraviesa las cortinas me despierta.

4. A écrire en castillan

1 Apporte-moi un litre de lait lorsque tu reviendras.
2 Téléphonez-lui avant huit heures (vouvoiement singulier).
3 Dépêchez-vous, nous allons arriver trop tard (tutoiement).
4 S'il faisait plus chaud nous irions nous baigner.
5 Si tu lisais plus tu saurais davantage.
6 Il faudra faire les courses pour ce soir.

5. Traduction

1 Tráeme un litro de leche cuando vuelvas.
2 Llámelo por teléfono antes de las ocho.
3 Daos prisa, vamos a llegar demasiado tarde.
4 Si hiciera (ou hiciese) más calor iríamos a bañarnos.
5 Si leyeras (ou leyeses) más sabrías más.
6 Habrá que hacer las compras para esta noche.

Segunda ola: lección 35

****

QUATRE-VINGT-CINQUIEME LEÇON

Nouveauté

1 Les verbes irréguliers sont souvent considérés
2 comme la difficulté majeure de la langue castillane.
3 A partir de maintenant, nous les étudierons
4 d'une manière plus détaillée.

Au réveil

5 Dehors il neige. La clarté qui traverse les rideaux me réveille.

6   El frío no me alienta a levantarme.
7   Cómplice de mi deseo, cierro de nuevo los ojos.
8   Pero no acierto a negar la evidencia.
9   Me confieso vencido y me siento en la cama,
10 tiemblo, aprieto los dientes y no pierdo más tiempo.
11 Una vez en la cocina enciendo el fuego,
12 caliento un poco de leche y preparo el café.
13 Mientras espero, abro la ventana y digo:
14 ¡Bienvenido!

EJERCICIO: **1.** Los verbos son difíciles, hay que estudiarlos. **2.** Ayer nevó e hizo mucho frío. **3.** Todos los días no me levanto temprano. **4.** No niego que tengas razón. **5.** La leche ya está caliente. **6.** Voy a encender el fuego. **7.** Abre la ventana, hace calor.

EJERCICIO DE CONTROL
Ponga las palabras que faltan:

1   *J'avoue que je ne sais pas quoi dire.*

. . . .   sé   . . .   .

2   *Ferme les yeux, j'ai une surprise pour toi.*

. . . .   sorpresa

. . . .   . .

6   Le froid ne m'encourage pas à me lever.
7   Complice de mon désir, je ferme à (de) nouveau les yeux.
8   Mais je ne réussis pas à nier l'évidence.
9   Je m'avoue vaincu et je m'assois sur (dans) le lit,
10 je tremble, je serre les dents et je ne perds plus de temps.
11 Une fois à la cuisine j'allume le feu,
12 je chauffe un peu de lait et je prépare le café.
13 Tandis que j'attends j'ouvre la fenêtre et je dis :
14 Bienvenue ! (Bienvenu !)

EXERCICE : 1. Les verbes sont difficiles, il faut les étudier. 2. Hier, il neigea et il fit très froid. 3. Tous les jours je ne me lève pas tôt. 4. Je ne nie pas que tu aies raison. 5. Le lait est déjà chaud. 6. Je vais allumer le feu. 7. Ouvre la fenêtre, il fait chaud.

*****

Comme nous l'indiquons dans les premières phrases de la leçon, nous allons commencer l'étude structurée des verbes irréguliers. Jusqu'à présent, nous vous les avons offerts un peu en vrac de façon à vous sensibiliser petit à petit à ce problème, à partir de maintenant nous ferons un effort de classement.

Pour ce qui est de cette leçon, nous vous demandons de porter surtout votre attention sur les verbes irréguliers de ce que nous appelerons le premier groupe : E-IE (verbes à diphtongues) ; (voir leçon 91 et appendice grammatical).

Afin que vous puissiez les reconnaître, nous avons mis **en gras** la syllabe tonique, votre tâche sera ainsi plus aisée.

Voici un exemple : *nevar:* neiger ; *nieva:* il neige (e devient ie).

*****

3   *As-tu allumé le four ?*

    ¿ . . . . ?

4   *Je tremble parce que j'ai froid.*

    . . . .

5   *Bienvenue chez nous !*

    ¡ . . . . nuestra . . . . !

****

LECCION OCHENTA Y SEIS.

La sopa de ajo

1   He aquí una receta típicamente castellana: **(1)**
2   Se hace hervir agua con sal en una cazuela
3   y se echan rebanadas de pan, que han sido fritas previamente **(2)**
4   con el fin de dorarlas. Se echan también dos pizcas de pimentón. **(3)**
5   En una sartén, con aceite muy caliente,
6   se hace un refrito de ajos; luego se retiran éstos
7   y se vierte el aceite en la cazuela **(4)**
8   dejando que la sopa hierva lentamente.
9   Un poco antes de servirla,
10 se echa un huevo para cada persona; se espera que las claras cuajen **(5)**

SE ESTÁ CALENTANDO EL AMBIENTE

CORRIGE DE L'EXERCICE : **1** confieso que no - que decir. **2** cierra los ojos tengo una - para ti. **3** has encendido el horno. **4** tiemblo porque tengo frío. **5** bienvenida a - casa.

Segunda ola: lección 36

★★★★★★★★★★★★★★★★★★★★★★★★★★★★★★★★★★★★★

QUATRE-VINGT-SIXIEME LEÇON

La soupe à (de) l'ail

1 Voici une recette typiquement castillane :
2 On fait bouillir de l'eau avec du sel dans une casserole
3 et l'on y met des tranches de pain qui ont été frites préalablement
4 afin (avec la fin) de les dorer. On y met aussi deux pincées de piment rouge moulu.
5 Dans une poêle avec de l'huile très chaude
6 on fait une friture d'ail ; après on retire ceux-ci
7 et on verse l'huile dans la casserole
8 en laissant (que) la soupe bouillir (bouille) doucement (lentement).
9 Un peu avant de la servir
10 on y met un œuf pour chaque personne ; l'on attend que les blancs (claires) coagulent

NOTAS

(1) *Receta:* recette. Dans le contexte, on sait qu'il s'agit de *una receta de cocina:* une recette de cuisine ; mais il est important de retenir que *una receta* est aussi une ordonnance.

(2) Le verbe *echar,* dont le sens primitif est jeter, se retrouve dans beaucoup d'expressions avec un sens très différent. *Echar sal:* mettre du sel ; *echar un trago:* boire un coup ; *echar la siesta:* faire la sieste ; *se echó sopa:* il se servit de la soupe ; *no me eche agua en el vaso:* ne versez pas d'eau dans mon verre.

(3) *Pimentón:* piment rouge moulu. Il peut être associé au paprika que l'on trouve en France, mais tandis que celui-ci est en général doux, le *pimentón* est très fort et il ne faut pas en abuser !

(4) *Vertir:* verser. En gras dans le texte, il appartient aux irréguliers du premier groupe.

(5) *Se echa y se espera:* on met et on attend. Même construction aux phrases 2, 3, 4, 6, 7 et 11. *On:* note 2, leçon 42.

11 y se sirve caliente enseguida.
12 En Castilla, suele tomarse esta sopa en recipientes — especie de tazas —
13 de barro consagrados a este uso,
14 pero en un plato también está muy buena.
15 ¡Buen provecho! **(6)**

EJERCICIO: **1.** Alberto nos ha regalado un libro de cocina. **2.** El agua está hirviendo. **3.** Necesito otra cazuela. **4.** Hoy comeremos patatas fritas. **5.** Echa un poco de sal. **6.** Los ajos son caros. **7.** La sopa está buena.

EJERCICIO DE CONTROL
Ponga las palabras que faltan:

1 *Il y a très peu d'huile dans la poêle.*

. . . .

2 *Je n'aime pas beaucoup manger froid.*

. . . .

3 *J'ai acheté des œufs pour dîner.*

. . . .

****

LECCION OCHENTA Y SIETE.

Advertencia por adelantado o ''La letra mata, el espíritu vivifica'' **(1)**

1 Incluso cuando se escribe en la lengua materna

11 et l'on sert chaud tout de suite.
12 En Castille on prend d'habitude cette soupe dans des récipients — espèces de tasses —
13 en terre (de boue) consacrés à cet usage,
14 mais dans une assiette elle est aussi très bonne.
15 Bon appétit (profit) !

EXERCICE : 1. Alberto nous a offert un livre de cuisine. 2. L'eau est en train de bouillir. 3. J'ai besoin d'une autre casserole. 4. Aujourd'hui nous mangerons des frites. 5. Mets un peu de sel. 6. L'ail (les ails) est cher. 7. La soupe est bonne.

NOTAS

(6) *¡Buen provecho!* ou *¡Qué aproveche!*: Bon appétit ! Les deux formules sont très courantes. *Apetito* existe aussi, mais on ne s'en sert pas dans ce sens. De bon appétit : *con mucho apetito.* Ouvrir l'appétit : *abrir el apetito,* etc.

4 *Le repas est prêt.*

. . . .

5 *Nous avons l'habitude de manger dans ces assiettes.*

. . . .

CORRIGE DE L'EXERCICE : 1 hay muy poco aceite en la sartén. 2 no me gusta mucho comer frío. 3 he comprado huevos para cenar. 4 la comida está lista. 5 solemos comer en estos platos.

Segunda ola: lección 37

****

QUATRE-VINGT-SEPTIEME LEÇON

Avertissement avant la lettre ou « La lettre tue, l'esprit vivifie »

1 Même lorsqu'on écrit dans sa (la) langue maternelle

NOTAS

(1) *Adelantado:* avancé. *Un niño adelantado:* un enfant avancé ; *un país adelantado:* un pays évolué ; *un reloj adelantado:* une montre qui avance ; *por adelantado:* à l'avance, avant la lettre. Nous avons choisi cette dernière en fonction du contenu de cette leçon et de la suivante. Voir la remarque.

2 — quizás con la excepción de una carta dirigida a amigos o personas próximas —

3 escribir bien una carta puede ser considerado

4 como una auténtica proeza.

5 La Administración, un hospital, una escuela, una empresa, una agencia, etc.,

6 aunque ''seres abstractos'' son enormemente exigentes.

7 Se debe saber comenzar una carta y terminarla.

8 En medio se debe saber, ya se trate de alabar **(2)**

9 manifestar, hacer discernir, mentar, defender, sosegar, pedir, etc. **(3)**

10 decir con formulas hechas que, en general, no quieren decir nada,

11 aquello que se quiere decir.

12 Y... ¡atención a las faltas de ortografía!

13 Se conocen muchos casos en los que el autor de una falta **(4)**

14 ha sido llevado a la silla eléctrica.

EJERCICIO: 1. Hablo inglés pero mi lengua materna es el italiano. **2.** Escribir bien una carta es difícil. **3.** Hemos escrito al hospital pero no nos han contestado. **4.** Julia está aprendiendo a escribir. **5.** No te pongas en medio. **6.** Eso no me concierne. **7.** Las faltas de ortografía se pueden evitar.

2 — peut-être avec l'exception d'une lettre adressée à des amis ou des personnes proches —

3 bien écrire une lettre peut être considéré

4 comme une authentique prouesse.

5 L'Administration, un hôpital, une école, une entre-prise, une agence, etc.

6 quoique étant des personnes (êtres) abstraites sont énormément exigeants.

7 On doit savoir commencer une lettre et la finir.

8 Au (en) milieu on doit savoir, qu'il (déjà) s'agisse de louer,

9 manifester, faire discerner, mentionner, défendre, apaiser, demander, etc.,

10 dire avec des formules toutes faites qui, en général, ne veulent rien dire,

11 ce que l'on veut dire.

12 Et... attention aux fautes d'orthographe !

13 On connaît beaucoup de cas où (dans lesquels) l'auteur d'une faute

14 a été emmené à la chaise électrique.

NOTAS

(2) *Ya se trate de...:* qu'il s'agisse de... Dernièrement nous avons vu très souvent ce *ya* (déjà) dans des constructions très diverses. Lorsqu'il est placé avant le présent du subjonctif, il signifie en général soit... soit *(sea... sea)* et introduit donc la présentation d'un choix ; le *o* (ou) est comme en français sous-entendu. *Ya sea esto o aquello, me es igual:* que cela soit ceci ou cela, ça m'est égal. Dans notre phrase : *ya se trate de alabar o de manifestar o de...:* qu'il s'agisse de (qu'il soit question de...) louer ou de...

(3) N'oubliez pas que les verbes qui ont la lettre tonique en gras appartiennent au premier groupe des irréguliers.

(4) *Où* : *donde* ou *adonde* (idée de lieu). Mais ici il s'agit d'une idée de localisation dans le temps et nous traduisons par : *en los que* (dans lesquels).

*****

EXERCICE : 1. Je parle anglais mais ma langue maternelle est l'italien. 2. Bien écrire une lettre est difficile. 3. Nous avons écrit à l'hôpital mais on ne nous a pas répondu. 4. Julia est en train d'apprendre à écrire. 5. Ne te mets pas au milieu. 6. Cela ne me concerne pas. 7. Les fautes d'orthographe peuvent être évitées.

EJERCICIO DE CONTROL
Ponga las palabras que faltan:

1 *Cette lettre est adressée à toi.*

· · · ·   · · · · · ·   · · · ·   · · · · · · a ti.

2 *Il commence à se manifester à la fin.*

· · · · · · ·   · · ·   · · · · · · · · · al final.

3 *Que veux-tu dire ?*

¿ · · ·   · · · · · · · ·   · · · · · ?

4 *Fais-tu beaucoup de fautes lorsque tu écris ?*

¿ · · · · · · · ·   · · · · · · · ·   · · · · ·

· · · · · · · · ?

5 *On connaît beaucoup de cas où cette maladie a pu être guérie.*

· ·   · · · · · · · · ·   · · · ·   · · · ·   · ·   · · · ·   · · · · ·

· · · ·   · · · · · · · · · · · ·   · · ·   curada.

****

LECCION OCHENTA Y OCHO.

Baldomero pide disculpas por carta

1 Estimado Doctor: **(1)**
2 Le ruego tenga la extrema amabilidad **(2)**

*****

CORRIGE DE L'EXERCICE : **1** esta carta está dirigida --. **2** comenzó a manifestarse --. **3** qué quieres decir. **4** haces muchas faltas cuando escribes. **5**. se conocen muchos casos en los que esta enfermedad ha podido ser -.

Remarque :

Cette leçon constitue une suite à votre apprentissage — constructions, vocabulaire, nouveaux verbes irréguliers 1er groupe, etc. — et attire votre attention (peut-être d'une façon qui vous semblera particulière) sur la difficulté que comporte l'écriture d'une lettre officielle. Quoique votre niveau soit déjà avancé, nous n'avons pas la prétention de vous apprendre maintenant à écrire des lettres, néanmoins, il ne nous paraît pas superflu de soulever le problème tout en passant.
Dans la prochaine leçon, vous trouverez une lettre. Maintenant que vous le savez, nous sommes sûrs que vous allez regarder avec de nouveaux yeux l'intitulé de celle-ci. Une fois n'est pas coutume et nous nous sommes permis de titrer la leçon de deux phrases qui permettent aussi de nombreux jeux de mots — en français surtout —. Vous en saisirez les nombreuses nuances lorsque vous aurez étudié aussi la leçon 88. Vous trouverez le deuxième titre entre guillemets. Il s'agit des merveilleuses paroles écrites par Paul dans son deuxième épître aux Corinthiens (2 Cor 3,6). (Dans l'original, esprit est écrit ainsi : Esprit.)

Segunda ola: lección 38

****

QUATRE-VINGT-HUITIEME LEÇON

Baldomero demande des excuses par lettre

1 Cher (estimé) Docteur :
2 Je vous prie d'avoir (que vous ayez) l'extrême amabilité

NOTAS

(1) Comme nous vous le disions dans la leçon précédente, cette leçon est construite en forme de lettre. *Estimado Señor* c'est la formule qui remplace le Cher Monsieur ou même le Monsieur tout court français. Cher : *querido,* est réservé plutôt pour quelqu'un de proche.

(2) *Le ruego tenga:* je vous prie d'avoir. *Tenga:* (ayez) au présent de subjonctif parce qu'il y a un *que* (relatif) sous-entendu : *le ruego que tenga.*

3 de disculpar mi no asistencia a nuestra cita de la semana pasada.

4 En efecto, su actitud comprensiva hacia mí

5 ha cambiado de arriba a abajo mi concepción de la vida.

6 La euforia me hizo olvidar que le había conocido,

7 impidiéndome así el personarme en sus oficinas a la hora prevista.

8 Como usted sabe, soy un hijo de la beneficencia pública

9 — la desgracia se abatió muy pronto sobre mí —,

10 luego tuve dificultades de crecimiento y el servicio militar no hizo de mí un hombre, etc.

11 Le ruego pues me comprenda y me disculpe.

12 Dándole las gracias anticipadas y quedando a su entera disposición, **(3)**

13 le saluda atentamente — Baldomero Soltero Guapo y con Dinero. **(4)**

14 P.D. Le quiero. **(5)**

TUVE DIFICULTADES DE CRECIMIENTO

EJERCICIO: 1. Le ruego me perdone. **2.** No asistiremos a la próxima sesión. **3.** Tenemos el honor de anunciarle... **4.** Según lo que me han dicho las vacaciones comienzan el lunes. **5.** Si sabes algo, comunícamelo. **6.** Disponemos de mucha información. **7.** Gracias anticipadas.

3 d'excuser (disculper) mon absence (non-assistance) à notre rendez-vous de la semaine dernière (passée).

4 En effet, votre attitude compréhensive envers moi

5 a changé complètement (de haut en bas) ma conception de la vie.

6 L'euphorie m'a fait (fit) oublier que je vous avais connu,

7 m'empêchant ainsi de me rendre dans vos bureaux à l'heure prévue.

8 Comme vous le savez, je suis un fils de l'assistance (bienfaisance) publique

9 — le malheur s'est abattu (s'abattit) très tôt sur moi —,

10 plus tard (après) j'eus [des] difficultés de croissance et le service militaire n'a pas fait (fit) de moi un homme, etc.

11 Je vous prie donc [de] me comprendre (que vous me compreniez) et de m'excuser (que vous m'excusiez).

12 En vous remerciant (en vous donnant les mercis) et restant à votre entière disposition,

13 je vous prie d'agréer, etc. (vous salue attentivement) — Baldomero Celibataire Beau et avec [de l']Argent.

14 P.S. Je vous aime.

NOTAS

(3) *Dar las gracias:* remercier. *Da las gracias a la gente, hijo mío:* remercie les gens, mon fils.

(4) *Le saluda atentamente* (vous salue attentivement) n'a pas en réalité de traduction. C'est une formule courante pour finir une lettre adressée à quelqu'un que nous ne connaissons pas beaucoup ou du tout. Elle est utilisée aussi couramment et dans les mêmes cas que le « je vous prie d'agréer... » français.

(5) *P.D.* est l'abréviation de *posdata* (après la date). P.S. (post-scriptum) est aussi utilisé mais c'est, peut-être, moins courant.

EXERCICE : 1. Je vous prie de m'excuser. 2. Nous n'assisterons pas à la prochaine séance. 3. Nous avons l'honneur de vous annoncer... 4. D'après ce que l'on m'a dit, les vacances commencent lundi. 5. Si tu sais quelque chose communique-le moi. 6. Nous disposons de beaucoup d'informations. 7. Merci d'avance.

EJERCICIO DE CONTROL
Ponga las palabras que faltan:

1 *Ayez l'extrême amabilité de ne pas fumer.*

. . . .

. . . . .

2 *Le directeur m'a communiqué qu'aujourd'hui il sera absent.*

. . . .

. . . .

****

LECCION OCHENTA Y NUEVE.

¡Hagan juego! **(1)**

1 Una de estas leyes está en vigor en una parte del mundo: ¿Cuál y dónde? **(2)**
2 Se prohibe: — volar sin alas. **(3)**

3   *Notre centre dispose d'une très bonne bibliothèque.*

. . . .

. . . .

4   *Je reste à votre entière disposition.*

. . . .

5   *Il communique toujours sa joie.*

. . . .

CORRIGE DE L'EXERCICE : 1 tenga (ou tengan) la extrema
amabilidad de no fumar. **2** el director me ha comunicado que hoy
estará ausente. *3* nuestro centro dispone de una biblioteca muy buena.
4 quedo a su entera disposición. **5** comunica siempre su alegría.

Segunda ola: lección 39

✱✱

QUATRE-VINGT-NEUVIEME LEÇON

Faites vos jeux ! (Faites jeu !)

1   Une de ces lois est en vigueur dans une partie du
    monde. Laquelle ? et où ?
2   Il est interdit de (s'interdit) : — voler sans ailes.

NOTAS

(1) Nous abordons l'étude des verbes irréguliers du deuxième groupe.
Dans cette leçon et dans la prochaine, vous trouverez donc en gras
uniquement les syllabes toniques de ces verbes. Cela vous
permettra de les repérer aisément.

(2) Dans cette leçon nous vous proposons un jeu. Vous trouverez une
loi par phrase, toutes commencent par *se prohibe* (il est interdit),
mais seulement l'une d'entre elles est inscrite dans la législation
d'une partie du monde. Vous trouverez la solution dans la prochaine
leçon de révision.

(3) Nous appelons verbes irréguliers du deuxième groupe les verbes de
la première et deuxième conjugaison qui changent en *ue* le *o*
antérieur à désinence aux personnes toniques. Ainsi : *volar* (voler)
fait : *él vuela* (il vole) et non *él vola*. Dans un premier temps,
contentez-vous de repérer ces verbes — ils sont à l'infinitif dans le
texte de la leçon — et après, lors des exercices, faites bien
attention. En cas de problème, consultez la prochaine leçon de
révision.

Lección 89

3 — morder la hamburguesa de otro.
4 — colgarse en ausencia de testigos.
5 — consolar a las viudas por la noche.
6 — demostrar que una ley es inútil.
7 — vender su propio cuerpo.
8 — apostarse dinero si no se tiene una perra.
9 — soñar con un aumento de salario.
10 — recordar malos recuerdos.
11 — probar que un político ha cambiado de chaqueta.
12 — invitar a almorzar cuando no se puede pagar. (4)
13 — encontrar a alguien que haya desaparecido.
14 — volverse a dormir a la hora de ir a trabajar.

EJERCICIO: 1. Teresa no encuentra trabajo. 2. Juan se acuesta tarde todos los días. 3. Me duelen las muelas. 4. Suele echarse la siesta. 5. Los coches ruedan. 6. Demuéstramelo. 7. Te encuentro cansado.

EJERCICIO DE CONTROL
Ponga las palabras que faltan:

1 *J'ai trouvé une place pour garer la voiture.*

. . . .

. . . .

2 *Votre chien mord-il ?*

¿ . . . . ?

3 *Je rêve d'un voyage en bateau.*

. . . . . con . . . .

4 *Il a prouvé ce qu'il disait.*

. . . .

3 — mordre le hamburger de quelqu'un d'autre.
4 — se pendre en absence de témoins.
5 — consoler (à) les veuves (par) la nuit.
6 — démontrer qu'une loi est inutile.
7 — vendre son propre corps.
8 — parier de l'argent lorsqu'on n'a pas un sou.
9 — rêver (avec) d'une augmentation de salaire.
10 — se rappeler de mauvais souvenirs.
11 — prouver qu'un politicien a changé de veste.
12 — inviter à déjeuner (quelqu'un) lorsqu'on ne peut pas payer.
13 — retrouver (à) quelqu'un qui a disparu.
14 — se rendormir à l'heure d'aller (à) travailler.

NOTAS

(4) *Almorzar:* déjeuner. En général on dit *comer* pour déjeuner. *Almorzar* est utilisé plus au niveau officiel : *el primer ministro almorzó con el embajador:* le premier ministre déjeuna avec l'ambassadeur, ou lors d'occasions spéciales : *después de la boda se almorzará en el restaurante:* après le mariage on déjeunera au restaurant.
Dans la vie courante de tous les jours, *el almuerzo* c'est plutôt ce petit quelque chose que l'on mange entre le petit déjeuner et le déjeuner lors d'une pause au travail ou à la récréation à l'école.

EXERCICE : 1. Teresa ne trouve pas de travail. 2. Juan se couche tard tous les jours. 3. J'ai mal aux dents. 4. Il a l'habitude de faire la sieste. 5. Les voitures roulent. 6. Démontre -le moi. 7. Je te trouve fatigué.

5   *Veux-tu qu'il revienne ?*

¿ . . . . ?

CORRIGE DE L'EXERCICE : 1 he encontrado un sitio para aparcar el coche. 2 muerde su perro. 3 sueño - un viaje en barco. 4 ha probado lo que decía. 5 quieres que vuelva.

Segunda ola: lección 40

LECCION NOVENTA.

Recuerdos

1 A veces, cuando me acuesto **(1)**
2 y, desde mi cama, veo brillar mis zapatos,
3 mientras espero la llegada del sueño, **(2)**
4 suelo dejarme envolver por el dulce recuerdo **(3)**
5 de aquella mujer, Julia, la madre de mi madre,
6 que, en los atardeceres en los que las gotas de lluvia **(4)**
7 resonaban en mis oídos al estrellarse **(5)**
8 contra los cristales de la cocina,
9 poblaba nuestra imaginación
10 — la de mis hermanos también —
11 con cuentos que nos volvían, durante unas horas,
12 los protagonistas de las hazañas
13 con las que se sueña en la infancia.

VAMOS A AMUEBLAR NUESTRA CASA

EJERCICIO: 1. Cuando he trabajado todo el día, me acuesto pronto. **2.** Las flores estaban envueltas con papel verde. **3.** Llueve mucho. **4.** Estamos amueblando nuestra nueva casa. **5.** Cuéntame lo que has visto. **6.** He tenido un sueño muy bonito. **7.** Suelo comprar en esa tienda.

QUATRE-VINGT-DIXIEME LEÇON

Souvenirs

1 Parfois, lorsque je me couche
2 et que depuis mon lit je vois briller mes souliers,
3 tandis que j'attends l'arrivée du sommeil,
4 j'ai l'habitude de me laisser envelopper par le doux souvenir
5 de cette femme (là), Julia, la mère de ma mère,
6 qui à la tombée des jours où (dans lesquels) les gouttes de pluie
7 résonnaient à (en) mes oreilles (ouïes) lorsqu'elles s'écrasaient
8 contre les vitres de la cuisine,
9 peuplait notre imagination
10 — celle de mes frères aussi —
11 avec des contes qui nous rendaient, pendant quelques heures,
12 les protagonistes des exploits
13 (avec lesquels) dont on rêve dans l'enfance.

NOTAS

(1) Avant d'aborder la leçon de révision, nous donnons ici un dernier coup d'œil aux verbes qui transforment le *o* en *ue* aux personnes toniques — trois personnes du singulier et 3e du pluriel — au présent de l'indicatif au présent du subjonctif et à l'impératif.
(2) *Sueño:* sommeil et rêve, et aussi première personne du singulier de *soñar:* rêver.
(3) *Recuerdo:* souvenir, et aussi première personne du singulier de *recordar:* rappeler.
(4) *Al atardecer:* à la tombée du jour.
(5) *Oído:* ouïe. Oreille : *oreja,* s'emploie pour définir uniquement l'organe extérieur. Ainsi : *tener oído:* avoir de l'oreille ; *me duelen los oídos:* j'ai mal aux oreilles ; *al oído:* à l'oreille ; *machacar los oídos:* rebattre les oreilles, etc.

EXERCICE : 1. Lorsque j'ai travaillé toute la journée (le jour), je me couche tôt. **2.** Les fleurs étaient enveloppées avec du papier vert. **3.** Il pleut beaucoup. **4.** Nous sommes en train de meubler notre nouvelle maison. **5.** Raconte-moi ce que tu as vu. **6.** J'ai (eu) fait un rêve très joli. **7.** J'ai l'habitude d'acheter dans ce magasin.

Lección 90

EJERCICIO DE CONTROL
Ponga las palabras que faltan:

1 *Te souviens-tu d'elle ?*

¿ . . . . ?

2 *J'aime me promener lorsqu'il pleut.*

. . . .

3 *J'ai l'habitude de nettoyer les vitres une fois par mois.*

. . . .

al . . .

****

LECCION NOVENTA Y UNA.

Revisión y notas

1. **Verbos irregulares.**

La Real Academia a établi une classification complète des verbes irréguliers castillans. On dénombre dans cette classification douze classes dont les irrégularités sont communes à l'intérieur de chaque classe.

Il reste hors de ces classes 24 verbes — vous les connaissez presque tous — avec une irrégularité propre.

Bien évidemment, il n'est pas question d'entreprendre ici une étude exhaustive de tous les verbes et de leurs particularités. Néanmoins, nous allons vous donner quelques points de repère fondamentaux qui vous permettront de mener à terme votre apprentissage d'une façon agréable et qui ne vous obligeront pas à fournir un énorme effort de mémorisation de règles, qui est toujours très ennuyeux.

Au cours des sept dernières leçons, nous vous avons montré — peut-être à quelques exceptions près — les verbes les plus courants des deux premiers groupes.

4 *Rentreras-tu tard ?*

¿ . . . . ?

5 *Rêves-tu en couleur ou en noir et blanc ?*

¿ . . . .

. . . . . . ?

CORRIGE DE L'EXERCICE : **1** te acuerdas de ella. **2** me gusta pasearme cuando llueve. **3** suelo limpiar los cristales una vez - mes. **4** volverás tarde. **5** sueñas en color o en blanco y negro.

Segunda ola: lección 41

****

QUATRE-VINGT-ONZIEME LEÇON

A. Aspects communs aux deux premiers groupes :

— Sont appelés verbes à dipthongue — parce qu'ils « dipthonguent » le *e* en *ie* et le *o* en *ue*: - *calentar* chauffer : *yo caliento...*: je chauffe... ; - *llover* (pleuvoir) : *llueve:* il pleut.
— Ils modifient la dernière voyelle du radical aux personnes toniques : les trois personnes du singulier et la troisième du pluriel des présents de l'indicatif, du subjonctif et à l'impératif.
Exemples 1er groupe : *cerrar:* fermer ; *perder:* perdre ; *pensar:* penser.

présent Indicatif	présent Subjonctif	présent Impératif
cierro	pierda	
cierras	pierdas	piensa
cierra	pierda	piense
cerramos] rég.	perdamos] rég.	pensemos] rég.
cerráis	perdáis	pensad
cierran	pierdan	piensen

Exemples 2e groupe : *soler:* avoir l'habitude de ; *renovar:* renouveler ; *soñar:* rêver.

présent Indicatif	présent Subjonctif	présent Impératif
suelo sueles suele solemos] rég. soléis suelen	renueve renueves renueve renovemos] rég. renovéis renueven	 sueña sueñe soñemos] rég. soñad sueñen

— Les composés se conjuguent comme les verbes simples : *deshelar* (dégeler) comme *helar* (geler). *Hiela:* il gèle ; *demostrar* (démontrer) comme *mostrar* (montrer). *Muestran:* ils montrent.

B. Particularités du premier groupe : E — IE

— Tous les verbes appartiennent à la première et deuxième conjugaison *(ar* et *er)* sauf *concernir:* concerner et *discernir:* discerner.

— *Adquirir:* acquérir, change aussi le *i* en *ie. Adquiero:* j'acquiers. Idem pour ceux qui finissent en *irir* (ils appartiennent au neuvième groupe).

C. Particularités du deuxième groupe : O — UE

— Tous les verbes appartiennent à la première et deuxième conjugaison *(ar* et *er).*

— *Jugar:* jouer prend la même irrégularité. *Juego:* je joue (ce verbe appartient au neuvième groupe).

— Ceux finissant en *olver, volver:* tourner, rentrer ; *envolver:* envelopper ; *disolver:* dissoudre ; ont en outre un participe présent en *uelto. Volver: vuelto, disolver: disuelto.*

Pensez que tout ce que nous venons de dire est un recueil très concis, en aucun cas à retenir par cœur. C'est simplement un point de référence. Par la suite et petit à petit, vous approfondirez tout ceci « sur le tas ».

2. Solution au jeu de la leçon 89

Quoique cela puisse vous paraître incroyable, la bonne solution consistait à choisir la phrase n° 3. En effet, dans l'état de l'Oklahoma, il y a une loi interdisant de mordre le hamburger de quelqu'un d'autre. Cette fois-ci il n'y a pas lieu de dire : ¡Buen provecho! ou ¡Qué aproveche!

3. A écrire en castillan

1 Es-tu réveillée ? — Ton café est chaud.
2 Le pharmacien m'a demandé l'ordonnance. — L'avais-tu ?
3 Sans lunettes il ne distingue pas très bien.
4 Je vous prie de prendre en compte ce que je vous ai dit.
5 Il a un très bon souvenir de ce voyage.
6 Nous voulons meubler notre maison avec des meubles anciens.

4. Traduction

1 ¿Estás despierta? — Tu café está caliente.
2 El farmacéutico me ha pedido la receta; — ¿La tenías?
3 Sin gafas, no distingue muy bien.
4 Le ruego que tome en cuenta lo que le he dicho.
5 Tiene muy buen recuerdo de ese viaje.
6 Queremos amueblar nuestra casa con muebles antiguos.

LECCION NOVENTA Y DOS.

Turismo y viaje de estudios

1 — ¿Es la primera vez que usted viene a España?

2 — No, hace cinco años visité el País Vasco, Santander y Asturias.

3 Estuve un mes e hice muchos amigos.

4 Ahora, vengo sólo unos días para visitar un poco

5 Toledo, Córdoba, Granada y Sevilla; es más bien un viaje de estudios. (1)

6 — ¿Se interesa usted por el arte?

7 — Mucho, y ahora que hablo un poco el castellano, me atrae más.

8 — No me extraña, el arte de un país es más apreciado

9 cuando se conoce a la gente y su lengua.

Paternidad responsable

10 — Tomasín, ven aquí, tengo algo que decirte, hijo mío.

11 Si eres bueno, haces lo que se te diga, obedeces a tus mayores,

12 piensas como es debido y me amas... te daré un premio.

13 — ¿Cuál papá?

14 — No te daré una paliza.

*****

EJERCICIO: 1. Es la segunda vez que telefonea. 2. Hace un rato estaba aquí. 3. ¿Qué has hecho estas vacaciones? 4. He visitado la costa cantábrica. 5. Lo que dice nos interesa mucho. 6. Ese país me atrae mucho. 7. ¿Te gusta el arte?

QUATRE-VINGT-DOUZIEME LEÇON

Tourisme et voyage d'études

1 — Est[-ce] la première fois que vous venez en (à) Espagne ?

2 — Non, il y a cinq ans j'ai visité (visitais) le **Pays Basque**, Santander et les Asturies.

3 J'y suis allé (fus) un mois et je me suis fait (fit) beaucoup d'amis.

4 Maintenant je viens seulement quelques jours pour visiter un peu

5 Tolède, Cordoue, Grenade et Séville ; c'est plutôt (plus bien) un voyage d'études.

6 — Vous intéressez-vous (pour) à l'art ?

7 — Beaucoup, et maintenant que je parle un **peu** le castillan, il m'attire davantage.

8 — Cela ne m'étonne pas, l'art d'un pays est **plus** apprécié

9 lorsqu'on connaît les (aux) gens et leur langue.

Paternité responsable

10 — Tomasín, viens ici, j'ai quelque quelque chose à te dire, mon fils.

11 Si tu es sage (bon), fais ce que l'on te dit (dise) [de faire], obéis (à) tes aînés (majeurs),

12 penses comme il se doit (est dû) et m'aimes... je te donnerai (un prix) une récompense.

13 — Laquelle, papa ?

14 — Je ne te donnerai pas (une) de correction.

NOTAS

(1) *Córdoba:* Cordoue, était dans le temps une ville très **connue** pour ses cuirs. Le mot français cordonnier *(zapatero)* vient de là.

*****

EXERCICE : 1. C'est la deuxième fois qu'il téléphone. 2. Il y a un moment il était ici. 3. Qu'as-tu fait ces vacances ? 4. J'ai visité la côte cantabrique. 5. Ce qu'il dit nous intéresse beaucoup. 6. Ce pays m'attire beaucoup. 7. Aimes-tu l'art ?

EJERCICIO DE CONTROL
Ponga las palabras que faltan:

1 *Il y a cinq ans j'étais étudiante.*

. . . .

2 *Cela ne m'étonne pas qu'elle ne soit pas venue.*

. . . .

3 *Nous avons quelque chose pour vous.*

. . . .

****

LECCION NOVENTA Y TRES.

Cuando la realidad sobrepasa la ficción

1 Suena el timbre y Abelardo, carnicero de enorme reputación,

2 deja el periódico, se levanta de la mesa y va a abrir.

3 — ¡Hombre! Pasa, llegas a tiempo,

4 *Mon frère aîné a vingt ans.*

.. ..

5 *Me donneras-tu ton adresse ?*

¿ .. .. ?

CORRIGE DE L'EXERCICE : **1** hace cinco años era estudiante. **2** no me extraña que no haya venido. **3** tenemos algo para vosotros. **4** mi hermano mayor tiene veinte años. **5** me darás tu dirección.

Remarque :
Au début de la dernière leçon de révision, nous vous parlions de 24 verbes qui ne peuvent pas être classés parce que leur irrégularité leur est propre. Au cours des sept leçons qui suivent, nous allons nous attacher à les voir plus en détail. Il est important de les connaître puisqu'une vingtaine d'entre eux sont des verbes dont on se sert régulièrement. En général vous les connaissez déjà presque tous.
Remarquez par exemple que dans le texte de cette leçon vous trouvez à 18 reprises l'un de ces verbes — en gras la syllabe tonique —.
Il est souhaitable que vous continuiez à feuilleter souvent l'appendice grammatical sans oublier de regarder du côté des verbes du 1er et 2e groupe que nous avons déjà vus.

Segunda ola: lección 43

****

QUATRE-VINGT-TREIZIEME LEÇON

Lorsque la réalité dépasse la fiction

1   La sonnette sonne et Abelardo, boucher d'énorme réputation,
2   laisse (le) son journal, se lève de (la) table et va (à) ouvrir.
3 — Tiens ! (Homme), (passe) entre, tu arrives à temps,

4   íbamos a tomar ahora el café.
5 — Buenas tardes, ¿qué tal estáis?
6 — Ya ves, terminando de instalarnos. ¿Te
     gusta el piso? **(1)**
7 — Es muy moderno. Veo que tenéis una buena
     biblioteca.
8 — Estoy orgulloso; creo que el color de los
     libros **(2)**
9   hace juego con la pintura de la pared. **(3)**
10   La semana pasada compré dos metros y
     medio de Voltaire **(4)**
11   encuadernados en piel verde. Queda bonito
     ¿eh?
12   Como el formato era de dimensiones mayo-
     res
13   que el espacio disponible entre dos baldas
14   hemos tenido que serrar cuatro centímetros
     cada libro. **(5)**
15 — No se nota, te las has apañado muy bien. **(6)**

EJERCICIO: **1**. Abre, han llamado. **2**. Me levanto de la mesa. **3**. Íbamos a salir. **4**. Estoy orgulloso de mi trabajo. **5**. La camisa hace juego con el pantalón. **6**. La pintura no está seca. **7**. El piso es moderno.

EJERCICIO DE CONTROL
Ponga las palabras que faltan:

1 *Leur appartement est très moderne.*

    . .   . .

4   nous allions (à) prendre le café maintenant,

5   — Bon après-midi, comment allez-vous ?

6   — (Déjà) Tu vois [bien], en train de finir de nous installer. L'appartement te plaît-il ?

7   — C'est très moderne. Je vois que vous avez une bonne bibliothèque.

8   — J'en suis fier (orgueilleux), je crois que la couleur des livres

9   fait pendant (jeu) avec la peinture du mur.

10   La semaine passée j'ai acheté (achetais) deux mètres et demi de Voltaire

11   reliés en cuir (peau) vert. Cela fait (reste) joli n'est-ce pas ?

12   Comme le format était de plus grandes dimensions (majeures)

13   que l'espace disponible entre deux étagères

14   il (nous) a fallu scier quatre centimètres de chaque livre.

15   — Ça ne se remarque (note) pas, tu t'es très bien débrouillé.

NOTAS

(1) *Terminando de...:* en finissant de ; mais l'on sous-entend *estamos terminando (estar* + gérondif) : nous sommes en train de finir.

(2) *Estar orgulloso de...:* être fier de... *Ser orgulloso:* être orgueilleux.

(3) *Hacer juego* (faire jeu) : aller ensemble, faire pendant.

(4) Même si cela vous paraît étrange, sachez que chez certains antiquaires ou libraires l'on peut acheter des livres par mètres en fonction de la surface que l'on souhaite couvrir. Eh... oui, on n'arrête pas le progrès.

(5) *Ha habido que:* il a fallu (note 1, leçon 81).

(6) *Apañarse:* se débrouiller. *Apañar:* bricoler, réparer.

EXERCICE : 1. Ouvre, on a sonné. 2. Je me lève de table. 3. Nous allions sortir. 4. Je suis fier de mon travail. 5. La chemise fait pendant avec le pantalon. 6. La peinture n'est pas sèche. 7. L'appartement est moderne.

2   *Les livres reliés en cuir sont chers.*

. . .   .

. . . . .

3 *Il nous manque quatre étagères.*

. . .   .

4 *Il a fallu appeler le médecin.*

. .   . .

****

LECCION NOVENTA Y CUATRO.

Vamos al museo

1 — Os propongo ir al museo esta tarde.
2 — Excelente idea. ¿A qué hora abren? **(1)**
3 — No lo sé. Es posible que no cierren a la hora de comer.
4 — Podemos ir ahora y si está cerrado
5   entraremos a tomar algo en un bar o daremos un paseo.
6   En el museo: — Por favor, ¿puede indicarme en que dirección
7   se encuentra la sala de Goya?
8 — Con mucho gusto; Sigan hasta el fondo y luego a la derecha.
9 — Si habla tan deprisa no le entendemos.
10 — Perdonen. Había olvidado que eran extranjeros.
11   Es por allí. Quédense con mi plano, no lo necesito.
12 — Muchas gracias. Es usted muy amable.

5   *J'ai remarqué qu'il était fier.*

. . . .

CORRIGE DE L'EXERCICE : 1 su piso es muy moderno. 2 los libros encuadernados en piel son caros. 3 nos faltan cuatro baldas. 4 ha habido que llamar al médico. 5 he notado que estaba orgulloso.

Segunda ola: lección 44

****

QUATRE-VINGT-QUATORZIEME LEÇON

Nous allons au musée
ou Allons au musée

1 — Je vous propose d'aller au musée cet après-midi.
2 — Excellente idée. A quelle heure ouvre-t-on ?
3 — Je ne le sais pas. Il est possible qu'on ne ferme pas à l'heure du déjeuner (de manger).
4 — Nous pouvons y aller maintenant et si c'est fermé
5   nous entrerons (à) prendre quelque chose dans un bar ou nous ferons (donnerons) une promenade.
6   Au (dans le) musée : — S'il vous plaît, pouvez-vous m'indiquer dans quelle direction
7   se trouve la salle de Goya ?
8 — Avec plaisir (beaucoup goût). Continuez (suivez) jusqu'au fond et après à (la) droite.
9 — Si vous parlez aussi (tant) vite nous ne vous comprenons pas.
10 — Excusez-moi (Pardonnez). J'avais oublié que vous étiez étrangers.
11   C'est par là. Gardez (Restez avec) mon plan, je n'en ai pas besoin.
12 — Merci beaucoup. Vous êtes très aimable.

NOTAS

(1) *Abren:* ils ouvrent. Rappel : le on français est rendu en castillan par la troisième personne du pluriel lorsque le sujet supposé est une collectivité. *Dicen:* on dit ; *cuentan que:* on raconte que.

Sensibilidad escultural

13 — ¡Oh! Esa escoba es maravillosa. Debe de ser una escultura muy trabajada por Picasso o Miró. Me interesan mucho esos artistas.

14 — No, señor. Es la escoba de la mujer de la limpieza del museo que ha ido un momento al servicio.

15 — ¡Ah!

EJERCICIO: 1. El museo abre a las diez. **2.** Hoy está cerrado. **3.** La sala que quiero ver está en esta dirección. **4.** Hable despacio, por favor. **5.** ¿Es por aquí? **6.** Es por allí, a la izquierda. **7.** Necesitamos un plano del museo.

EJERCICIO DE CONTROL
Ponga las palabras que faltan:

1 *J'aimerais aller au musée d'Art Moderne.*

. . . .

. . . .

2 *Si vous parlez plus lentement, je pourrai vous comprendre.*

. . . .

. . . .

3 *Dans ma chambre j'ai un plan du métro.*

. . . . del

. . . . .

4 *Asseyez-vous. — Merci, vous êtes très aimable.*

. . . . — . . . .

5 *Où est le balai ?*

¿ . . . . ?

Sensibilité sculpturale

13 — Oh ! Ce balai-là est merveilleux. Ce doit être une sculpture longuement (très) travaillée par Picasso ou Miró. Ces artistes m'intéressent beaucoup.

14 — Non, Monsieur. C'est le balai de la femme de ménage du musée qui est allée un moment aux toilettes (service).

15 — Ah !

EXERCICE : 1. Le musée ouvre à dix heures. 2. Aujourd'hui c'est fermé. 3. La salle que je veux voir est dans cette direction. 4. Parlez lentement s'il vous plaît. 5. Est-ce par ici ? 6. C'est par là, à gauche. 7. Nous avons besoin d'un plan du musée.

CORRIGE DE L'EXERCICE : 1 me gustaría ir al museo de Arte Moderno. 2 si usted habla más despacio (ou lentamente) podré entenderlo. 3 en mi habitación tengo un plano - metro. 4 siéntese - gracias es usted muy amable. 5 dónde está la escoba.

Nous approchons de la fin, vous avez déjà de bonnes bases ; maintenant il est nécessaire de travailler beaucoup les verbes. Les textes des leçons ne vous offrent pas de grandes difficultés ; cela peut vous permettre de consulter souvent l'appendice grammatical et de vous arrêter un peu sur les tournures où il vous semble que quelque chose vous résiste.

Segunda ola: lección 45

Lección 94

LECCION NOVENTA Y CINCO.

En la mesa, ante todo, buena educación

1 Aunque sólo sea para salvar las apariencias, (1)
2 nunca está de más el conocer unas cuantas (2)
3 fórmulas de cortesía. He aquí algunos ejemplos: (3)
4 Si en la mesa intentan pasarle una fuente
5 recién sacada del horno, siempre puede decir:
6 "Usted primero". Evitará, en general, quemarse y quedará bien. (4)
7 Si insisten puede añadir: "De ninguna manera" o "Se lo ruego"
8 o "Sírvase usted, por favor" o "Pásela a su señora".
9 Intente que los otros comensales no se den cuenta
10 de que usted recita de memoria; hace mal efecto.
11 No lleve su buena educación hasta el punto
12 de quedarse sin comer: el hambre
13 acarrea, a menudo, problemas de salud.

EJERCICIO: 1. Cada país tiene sus fórmulas de cortesía. 2. La fuente está demasiado caliente. 3. Ana se sabe la lección de memoria. 4. Usted primero. 5. Sírvase, por favor. 6. Es muy educado. 7. No tiene problemas de salud.

QUATRE-VINGT-QUINZIEME LEÇON

A (dans la) table, avant tout, de la bonne éducation

1 Ne serait-ce que (quoique seulement soit) pour sauver les apparences.
2 [Ce] n'est jamais en trop de (le) connaître quelques (unes)
3 formules de politesse (courtoisie). Voici quelques exemples :
4 Si à (dans la) table on essaye (essayaient) de vous passer un plat
5 qui vient d'être sorti du four, vous pouvez toujours dire :
6 « Après (de) vous » (vous d'abord). Vous éviterez, en général, de vous brûler et vous ferez (resterez) bien.
7 Si l'on insiste (insistent), vous pouvez ajouter : « En aucune façon » ou « Je vous en prie »
8 ou « Servez-vous, s'il vous plaît » ou « Passez-le à votre femme » (madame).
9 Essayez que les autres convives ne remarquent (se donnent pas compte) pas
10 (de) que vous récitez par cœur (de mémoire) ; cela fait mauvais (mal) effet.
11 Ne poussez (portez) pas votre bonne éducation jusqu'au point
12 de rester sans manger : la faim
13 entraîne, souvent, des problèmes de santé.

NOTAS

(1) *Aunque sólo sea para:* Ne serait ce que pour.
(2) *Estar de más:* être en trop.
(3) *Cortesía* (courtoisie) : politesse. *Estar bien educado:* être bien élevé. *Ser educado:* être poli.
(4) *Quedar bien:* faire bien, laisser une impression agréable, bien se conduire. *Quedar mal* se dit aussi beaucoup dans le sens contraire.

EXERCICE : 1. Chaque pays a ses formules de politesse. 2. Le plat est trop chaud. 3. Ana sait sa leçon par cœur. 4. Après vous. 5. Servez-vous, s'il vous plaît. 6. Il est très poli. 7. Il n'a pas de problèmes de santé.

Leçon 95

EJERCICIO DE CONTROL
Ponga las palabras que faltan:

1 *Viens à la plage ne serait-ce que deux heures.*

. . . .

. . . . . .

2 *Je vous en prie.*

. . .   .

3 *Attends un peu, c'est trop chaud.*

. . . . , ...

. . . .

****

LECCION NOVENTA Y SEIS.

Escándalo en casa de la condesa (1)

1 — Señorita, le he hecho venir porque me han contado
2 que mi hijo mantiene con usted relaciones particulares (2)
3 y como madre, de una antigua familia de alto rango,
4 me preocupo por el futuro de mi hijo,
5 para que esté a la altura que nuestra descendencia merece.
6 ¿Es verdad que su madre era peluquera? (3)

4 *Ne reste pas sans manger, après tu n'auras pas le temps.*

. . . .

. . . .

5 *Le chef a communiqué son rapport.*

. . . . informe.

CORRIGE DE L'EXERCICE : **1** ven a la playa aunque sólo sea dos horas. **2** se lo ruego. **3** espera un poco, está demasiado caliente. **4** no te quedes sin comer, después no tendrás tiempo. **5** el jefe ha comunicado su -.

Segunda ola: lección 46

****

QUATRE-VINGT-SEIZIEME LEÇON

Scandale chez la comtesse

1 — Mademoiselle, je vous ai fait venir parce que l'on m'a dit (raconté)

2 que mon fils entretient avec vous des rapports (relations) particuliers

3 et comme mère, d'une ancienne famille de haut rang,

4 je me préoccupe pour l'avenir (futur) de mon fils

5 pour qu'il soit à la hauteur que notre lignée (descendance) mérite.

6 Est-il vrai (vérité) que votre mère était coiffeuse ?

NOTAS

(1) *En casa de:* chez. Maintenant nous ne mettons plus entre parenthèses de petits détails aussi évidents pour vous.

(2) *Mantener:* entretenir et maintenir. *Mantengo relaciones con ellos:* j'entretiens des rapports avec eux ; *mantengo mi opinión:* je maintiens mon opinion.

(3) *Peluquero, ra:* coiffeur, euse. *Peluquería:* salon de coiffure. *Ir a la peluquería:* aller chez le coiffeur. *Peluquería* est davantage utilisé par les femmes. Les hommes disent plus: *Voy al barbero:* je vais chez le coiffeur (barbier).

7 — Sí, y además quiero a su hijo.

8 — Lo sabía, usted es de ésas que traen consigo el escándalo.

9   ¿Entonces no niega usted que sale con mi hijo?

10 — En efecto, hoy en día, no hay nada de extraño

11   en salir con el hombre con el que se vuelve.

12 — ¡Ah...! ¡Váyase...! ¡Ah...! ¡Fuera...! ¡Ramiro... me ahogo! **(4)**

13 — Sí, señora condesa. ¿Quiere la señora condesa que abra la ventana?

14 — ¡Imbécil! Me ahogo moralmente.

EJERCICIO: 1. Hágale pasar. 2. Con nuestros vecinos tenemos relaciones amistosas. 3. Nos preocupamos por el futuro de nuestros hijos. 4. Voy al peluquero. 5. ¿Sales o entras? 6. Se ahogaba de calor. 7. Abrid el balcón.

EJERCICIO DE CONTROL
Ponga las palabras que faltan:

1 *Il nous a fait venir pour nous proposer du travail.*

. . . .

. . . .

2 *Son attitude mérite notre respect.*

. . .   .

3 *Ce soir nous sortons dîner avec des amis.*

. . . .

. . . . . .

4 *Il n'y avait rien d'étrange dans ce film.*

. . . .

. . . .

7 — Oui, et en plus j'aime (à) votre fils.

8 — Je le savais, vous êtes de celles (qui amènent avec soi le scandale) par qui le scandale arrive.

9   Alors, ne niez-vous pas que vous sortez avec mon fils ?

10 — En effet, de nos jours (aujourd'hui en jour) il n'y a rien d'étrange

11   à (en) sortir avec l'homme avec lequel on rentre.

12 — Ah ! Allez-vous en... ! Ah... ! Dehors... ! Ramiro... j'étouffe !

13 — Oui, madame la comtesse. (La) Madame la comtesse veut-elle que j'ouvre la fenêtre ?

14 — Imbécile ! J'étouffe moralement.

NOTAS

(4) *Ahogarse:* étouffer, mais aussi : se noyer. *Se ahogó porque no sabía nadar:* il s'est noyé parce qu'il ne savait pas nager. Si vous allez en Espagne, vous pouvez trouver ce panneau : *Es peligroso bañarse:* Baignade (bain) dangereuse (il est dangereux de se baigner).

EXERCICE : 1. Faites-le entrer (passer). 2. Avec nos voisins, nous avons des rapports amicaux. 3. Nous nous préoccupons pour l'avenir de nos enfants. 4. Je vais chez le coiffeur. 5. Sors-tu ou rentres-tu ? 6. Il étouffait de chaleur. 7. Ouvrez le balcon.

5   *Il est dangereux de se baigner là.*

. . . .

CORRIGE DE L'EXERCICE : 1 nos ha hecho venir para proponernos trabajo. 2 su actitud merece nuestro respeto. 3 esta noche salimos a cenar con unos amigos. 4 no había nada de extraño en esa película. 5 es peligroso bañarse ahí.

Segunda ola: lección 47

Lección 96

LECCION NOVENTA Y SIETE.

El progreso no se para (1)

1 El locutor: La noticia del día nos llega hoy del Museo del Prado.
2 Esta tarde, la joven promesa americana Jimmy-Jimmy
3 en presencia de numerosos espectadores,
4 ha batido el récord de velocidad de visita al Museo del Prado.
5 En efecto, 11 m 13 s y 2 décimas han bastado a Jimmy-Jimmy
6 para pulverizar el antiguo récord, 12 m 10 s 5 d,
7 que hasta esta mañana poseía el soviético Vasilov-Vasilov.
8 Numerosos expertos han manifestado que el joven americano
9 habría podido conseguir un mejor tiempo
10 si, cuando se disponía a pasar por la sala de Goya,
11 un inconsciente visitante
12 no hubiese dado dos pasos atrás para contemplar (2)
13 uno de los dibujos del pintor.
14 Telegramas de felicitación llegan a la Casa Blanca de todas las partes del mundo.

EJERCICIO: 1. ¿Está lejos la parada del autobús? 2. Tengo una buena noticia. 3. Había muchos espectadores. 4. Bastaba con telefonear. 5. Hemos conseguido comprar un equipo estereofónico barato. 6. Los visitantes eran numerosos. 7. Dibuja muy bien.

EJERCICIO DE CONTROL
Ponga las palabras que faltan:

1 *Il me suffit d'un peu de sel.*

. . . .   con   . . . .

QUATRE-VINGT-DIX-SEPTIEME LEÇON

On n'arrête pas le progrès
(Le progrès ne s'arrête pas)

1 Le speaker : — La nouvelle du jour nous arrive aujourd'hui du Musée du Prado.
2 Cet après-midi, le jeune espoir (promesse) américain Jimmy-Jimmy
3 en présence de nombreux spectateurs,
4 a battu le record de vitesse de visite au Musée du Prado.
5 En effet, 11 m 13 s et 2 dixièmes ont suffit à Jimmy-Jimmy
6 pour pulvériser l'ancien record, 12 m 10 s 5 d
7 que détenait jusqu'à ce matin le soviétique Vasilov-Vasilov.
8 De nombreux experts ont souligné (manifesté) que le jeune américain
9 aurait pu réussir un meilleur temps
10 si lorsqu'il se disposait à passer par la salle de Goya
11 un visiteur inconscient
12 n'avait pas fait (donné) deux pas en arrière pour contempler
13 l'un des dessins du peintre.
14 Des télégrammes de félicitations arrivent, à la Maison Blanche, de toutes les parties du monde.

NOTAS

(1) On n'arrête pas le progrès : nous vous donnons sur le texte castillan la traduction, à peu près, littérale de la phrase française. Néanmoins et étant donné qu'il s'agit d'une phrase très répandue l'esprit est mieux rendu par la célèbre phrase de la *zarzuela* (sorte d'opérette espagnole) *La Verbena de la Paloma* qui dit : "¡Hoy, las ciencias adelantan que es una barbaridad!" (aujourd'hui les sciences avancent d'une façon incroyable).

(2) *Dar dos pasos atrás:* faire deux pas en arrière. Vous souvenez-vous d'autres sens que prend le verbe *dar:* donner ? Attention ! C'est l'un de ces verbes que l'on ne peut pas classer dans les différents groupes d'irréguliers.

EXERCICE : 1. L'arrêt de l'autobus est-il loin ? 2. J'ai une bonne nouvelle. 3. Il y avait beaucoup de spectateurs. 4. Il suffisait de téléphoner. 5. Nous avons réussi à acheter une chaîne stéréophonique bon marché. 6. Les visiteurs étaient nombreux. 7. Il dessine très bien.

Leçon 97

2 *Il a nagé les cent mètres en un temps record.*

. . ..

. . . .

3 *Si tu veux que ce soit une bonne photo, fais deux pas en arrière.*

. . . .

. . . .

4 *Nous allons leur envoyer un télégramme de félicitations.*

. . . .

. . . .

5 *Aux grandes villes arrivent des journaux de toutes les parties du monde.*

. . . .

. . . .

. . . . .

****

LECCION NOVENTA Y OCHO.

Revisión y notas

1. Verbes irréguliers avec irrégularité propre : voir remarque leçon 92.
Nous y revenons une dernière fois avant l'appendice grammatical.
Au cours des sept dernières leçons — qui ne comportaient pas de difficulté particulière - vous avez eu l'occasion de vous apercevoir de l'usage permanent que l'on fait de ces verbes « inclassables ».

CORRIGE DE L'EXERCICE : 1 me basta - un poco de sal. 2 ha nadado los cien metros en un tiempo récord. 3 si quieres que sea una buena foto da dos pasos atrás. 4 vamos a enviarles un telegrama de felicitación. 5 a las grandes ciudades llegan periódicos de todas las partes del mundo;

Segunda ola: lección 48

****

QUATRE-VINGT-DIX-HUITIEME LEÇON

Ils sont donc 24 ; vous les trouverez plus en détail dans l'appendice grammatical, mais nous allons vous donner ici une petite liste avec seulement les plus courants, tout en construisant une phrase avec chacun d'entre eux. Comme il est important de bien les retenir et de façon que vous les voyiez en détail, nous vous les proposons aussi comme exercice « à écrire en castillan ». Vous ne trouverez donc pas ce type d'exercice en fin de leçon, comme c'est l'usage pour les leçons de révision. Par

Lección 98

contre vous trouverez la traduction de chaque phrase. Il est fort possible que vous n'en ayez pas besoin. Alors... tant mieux. Testez-vous vous-même, vous verrez que votre apprentissage est sur la bonne voie. (Sachez que selon la personne que vous choisissez, la traduction peut être différente, ne vous en faites donc pas si nous vous en proposons une autre dans le texte français.)

1 Anda más deprisa.
2 ¿Caben todas las maletas en el maletero?
3 Caen copos de nieve.
4 Dame su número de teléfono.
5 Dime algo bonito.
6 Estaremos en su casa hasta las ocho.
7 Había flores en la mesa.
8 Hace un día estupendo.
9 Iba a tomar el tren.
10 ¿Oyes algo?
11 ¿Puedo pasar?
12 Ponte un jersey, hace frío.
13 Queremos ir a verlo.
14 Sabía que estaba enfermo.
15 Es mi marido y éstos son mis hijos.
16 Tenemos alquilado un apartamento.
17 Trae también el periódico.
18 Ven al cine esta noche.
19 Veré lo que puedo hacer.

Outre ces 19 verbes, il y en a 5 autres que vous trouverez dans l'appendice, mais qui ne sont pas très courants.

2. **¿Cuál?**: voir phrase 13, leçon 92.
¿Cuál?: lequel, laquelle ? *¿Cuáles?*: lesquels, lesquelles ? Il convient de retenir à propos de cet interrogatif :
— qu'il n'est pas précédé de l'article. (Ne dites pas *¿el cuál?*)
— qu'il est employé seulement lorsqu'il n'est pas suivi d'un nom ; *¿cuál es el tuyo?*: quel est le tien ? Lorsqu'il précède un nom, il est remplacé par *que* invariable ; *¿Qué moto es la tuya?*: Quelle moto est la tienne ? *¿Qué habitación es la tuya?*: Quelle chambre est la tienne ?

3. Les tournures réfléchies

A. Les verbes pronominaux. La conjugaison réfléchie s'adapte au modèle suivant à tous les temps personnels du verbe :

me lavo	je me lave
te lavas	tu te laves
se lava	il se lave
nos lavamos	nous nous lavons
os laváis	vous vous lavez
se lavan	ils se lavent

B. Rappels

— les verbes pronominaux se conjuguent accompagnés de ce qu'à la lecon 21 nous appelions le pronom complément.

— à l'infinitif au gérondif et à l'impératif, ces pronoms se placent après le verbe et se soudent à lui (note 2, leçon 18). Cette opération est appelée l'enclise.

— le réfléchi (réfléchi explétif) qui correspond à *usted:* vous, est *se*: *¿Quiere usted sentarse?*: voulez-vous vous asseoir ?

— aux temps composés, les réfléchis se conjuguent toujours avec l'auxiliaire *haber: me he levantado:* je me suis levé ; *se había equivocado:* il s'était trompé.

— à l'infinitif passé aussi bien qu'au gérondif composé, le pronom complément doit être placé après l'auxiliaire: *haberse lavado:* s'être lavé ; *habiéndose lavado:* s'étant lavé.

C. Quelques verbes castillans présentent la particularité de pouvoir se conjuguer, soit sous la **forme simple,** soit sous la **forme réfléchie.** Mais ordinairement cette dernière forme fait apparaître le verbe sous un aspect plus actif: *Quedó solo:* il resta seul ; *yo me quedo aquí:* je reste ici (je ne bouge pas d'ici); *guardar:* garder, conserver ; *guardarse:* garder pour soi (ne pas donner, ne pas rendre).

De même, au lieu de *entrar:* rentrer ; *bajar:* descendre ; *salir :* sortir, l'emploi de *entrarse, bajarse, salirse,* implique que l'on entre, on descend et on sort, par un effet de la volonté, grâce à un effort ou malgré des obstacles.

Il y a donc un grand nombre de verbes qui s'emploient avec un pronom complément (pronom explétif). Il est difficile d'établir des règles précises. C'est surtout l'usage qui permet de bien saisir cette particularité de la langue castillane. En général, on peut dire que ce type de construction fait état très souvent de la participation de la volonté, d'une sorte d'attention ou d'intérêt que le sujet porte à l'action qu'il exécute. Nous vous donnons ici même quelques précisions.

D. Avec les verbes qui ont comme complément soit une partie du **corps humain** soit une partie d'**habillement** ou d'**équipement,** le castillan emploie les pronoms réfléchis au lieu des possessifs qui accompagnent ces compléments. En d'autres termes, comme dans le Midi de la France : il se met le chapeau : *se pone el sombrero;* boutonne ta chemise (boutonne-toi la chemise) : *abróchate la camisa;* il mit ses pieds dans l'eau (il se mit les pieds dans l'eau): *se puso los pies en el agua.*

E. *Avec des verbes comme* **comer**: manger, **beber**: boire, **hacer**: faire..., on emploie les pronoms réfléchis si les compléments sont déterminés en quantité :
Me comí todo un pollo: je (me) mangai tout un poulet.
Se bebieron tres botellas de vino: ils (se) burent trois bouteilles de vin.
Nos hicimos una tortilla: nous (nous) fîmes une omelette.
Si le complément n'est pas déterminé, on emploie le verbe seul :
No bebo más que agua: je ne bois que de l'eau.
Comemos poco: nous mangeons peu.

* * * * *

* *

DÍME ALGO BONITO

4. **Traduction**

1   Marche plus vite.
2   Toutes les valises rentrent-elles dans le coffre ?
3   Il tombe des flocons de neige.
4   Donne-moi son numéro de téléphone.
5   Dis-moi quelque chose de joli.
6   Nous serons chez lui jusqu'à huit heures.
7   Il y avait des fleurs sur la table.
8   Il fait une journée magnifique.
9   J'allais prendre le train.
10 Entends-tu quelque chose ?
11 Puis-je entrer (passer) ?
12 Mets-toi un pull, il fait froid.
13 Nous voulons aller le voir.
14 Je savais qu'il était malade.
15 C'est mon mari et ceux-ci sont mes enfants (fils).
16 Nous avons un appartement loué.
17 Apporte aussi le journal.
18 Viens au cinéma ce soir.
19 Je verrai ce que je peux faire.

Segunda ola: lección 49

*****

****

Lección 98

LECCION NOVENTA Y NUEVE.

Verbos irregulares del tercer y cuarto grupo **(1)**

1 Conozco la carretera. **(2)**
2 Cuando el niño nazca, nos iremos al campo unos días. **(3)**
3 El sol ha lucido todo el día. **(4)**
4 Espero que, cuando anochezca, ya hayamos llegado.
5 ¿Te apetece un helado?
6 Después de la operación, se restableció rápidamente.
7 Los campos florecen, amanece más pronto
8 y oscurece más tarde: llega la primavera.
9 Conduzca con precaución. **(5)**
10 Tradujeron el discurso simultáneamente.

¡Justicia!

11 "... — Mujer, ¿qué quieres?
12 — Quiero justicia, señor.
13 — ¿De qué? — De una prenda hurtada. **(6)**
14 — ¿Qué prenda? — Mi corazón."

QUATRE-VINGT-DIX-NEUVIEME LEÇON
Verbes irréguliers du troisième et quatrième groupe

1 Je connais la route.
2 Lorsque l'enfant naîtra nous partirons (nous [en] irons) à la campagne quelques jours.
3 Le soleil a brillé (luit) toute la journée.
4 J'espère que lorsque la nuit tombera nous serons (nous soyons) déjà arrivés.
5 As-tu envie [d']une glace ?
6 Après l'opération il s'est rétabli (rétablit) rapidement.
7 Les champs fleurissent, il fait jour plus tôt
8 et il fait nuit (obscurcit) plus tard : le printemps arrive.
9 Conduisez avec précaution.
10 Ils ont traduit (traduisirent) le discours simultanément.

Justice !

11 « ... — Femme, que veux-tu ?
12 — Je réclame (veux) justice, monsieur.
13 — [A propos] de quoi ? — D'une chose volée (dérobée).
14 — Quelle chose ? — Mon cœur. »

NOTAS

(1) Nous introduisons ici les verbes irréguliers du troisième et quatrième groupe. Il s'agit des verbes qui prennent un *z*, dans les trois présents, devant le *c* qui précède la désinence si celle-ci doit commencer par un *a* ou un *o*.
Exemple : *conocer:* connaître devient *conozco:* je connais, à la place de *''conoco''*. La deuxième personne : *conoces:* tu connais est tout à fait régulière comme *tú comes:* tu manges. Voir précisions à la leçon de révision.

(2) Toujours en gras dans le texte, la syllabe tonique qui vous permettra de repérer des verbes appartenant à ces deux groupes.

(3) Souvenez-vous de ce que nous disions au paragraphe 3 de la leçon 70 : subjonctif castillan — futur français lorsqu'il y a conjonction de temps.

(4) *Lucir:* luire ; peut être employé parfois comme briller : *brillar.*

(5) Les verbes finissant en *ducir ; conducir:* conduire ;*traducir:* traduire; *introducir:* introduire (remarquez qu'ils coïncident avec ceux qui en français finisssent en duire) sont ceux du quatrième groupe. Outre l'irrégularité de ceux du troisième groupe, ils sont aussi irréguliers au passé simple qui finit en *duje.* Exemple : *conduje:* je conduisis, à la place de *''conducí''* qui serait la forme régulière.

(6) *Prenda:* gage ; c'est le sens le plus courant. *Prenda* peut être traduit aussi par objet, c'est le sens qu'il prend dans ce petit dialogue tiré de l'œuvre de José Zorrilla (1817-1893, poète romantique castillan) : *''A buen juez mejor testigo'':* « A bon juge meilleur témoin ».

EJERCICIO: 1. Conozco a alguien que podrá informarte.
2. Nací en el pueblo de mis padres. **3.** Me apetece ir a la playa. **4.** Cuando amanezca, saldremos. **5.** Conduce muy bien. **6.** Tradujimos sin dificultad. **7.** Se introdujo por la ventana.

EJERCICIO DE CONTROL
Ponga las palabras que faltan:

1 *J'ai entendu parler d'elle, mais je ne la connais pas.*

.. oído ....

......

2 *Il se rétablit petit à petit.*

.. ..

****

LECCION CIEN.

¡Sálvese quien pueda!

Olvido.

1 — Doctor, tengo trastornos de memoria.
2 — ¿Desde cuándo?
3 — ¿Desde cuándo, qué?

Sentido de la responsabilidad.

4 — En la mesa de operaciones: — Doctor, sea sincero,
5 ¿está a favor o en contra de la pena de muerte?
6 — Estoy a favor, pero... tranquilícese, no suelo
7 hacer política en el trabajo.

EXERCICE : **1.** Je connais quelqu'un qui pourra te renseigner. **2.** Je naquis dans le village de mes parents. **3.** J'ai envie d'aller à la plage. **4.** Lorsqu'il commencera à faire jour nous sortirons. **5.** Il conduit très bien. **6.** Nous traduisîmes sans difficulté. **7.** Il s'introduisit par la fenêtre.

3 *Elle m'offrit sa maison.*

. . . .

4 *Comme il pleuvait, il ne conduisit pas vite.*

. . . .

5 *Introduisez une pièce de cinq pesetas dans la machine.*

. . . . moneda . . . .

. . . .

CORRIGE DE L'EXERCICE : **1** he - hablar de ella pero no la conozco. **2** se restableció poco a poco. **3** me ofreció su casa. **4** como llovía no condujo deprisa; **5** introduzca una - de cinco pesetas en la máquina.

Segunda ola: lección 50

****

CENTIEME LEÇON

Sauve (se sauve) qui peut !

Oubli.

1 — Docteur, j'ai (des) troubles de mémoire.
2 — Depuis quand ?
3 — Depuis quand, quoi ?

Sens de la responsabilité.

4 — Sur (dans) la table d'opération : — Docteur, soyez sincère,
5 êtes-vous pour ou contre la peine de mort ?
6 — Je suis pour (a faveur), mais... rassurez-vous (tranquillisez-vous), je n'ai pas l'habitude
7 (de) faire de la politique pendant (dans) le travail.

Palabras de ánimo.

8 La enfermera: — Intente poner buena cara **(1)**

9 y sonreír cuando el doctor pase; últimamente

10 todo el equipo de médicos está muy preocupado por su salud.

Desprendimiento y altruismo.

11 — Pero... ¡doctor! la muela que me ha sacado

12 no es la que me duele. **(2)**

13 — Bueno, bueno, no se preocupe

14 por tratarse de usted, no se la cobraré. **(3)**

EJERCICIO: **1.** Me duele mucho la cabeza. **2.** Toma una pastilla. **3.** ¿Quieres que telefonee al médico? **4.** No muy lejos de aquí, hay una farmacia de guardia. **5.** La enfermera es muy simpática. **6.** Su estado de salud es muy bueno. **7.** La operación fue un éxito.

EJERCICIO DE CONTROL
Ponga las palabras que faltan:

1 *Où as-tu mal ?*

¿ . . . . ?

Paroles d'encouragement.

8 L'infirmière : — Tâchez (essayez) de faire (mettre) bonne figure

9 et [de] sourire lorsque le docteur passera ; dernièrement

10 toute l'équipe de médecins est très préoccupée par votre santé.

Désintéressement et altruisme.

11 — Mais... docteur ! la dent (molaire) que vous m'avez arrachée (sortie)

12 n'est pas celle qui me fait souffrir.

13 — Bon, bon, ne vous en faites pas

14 puisqu'il s'agit de vous, je ne vous la ferai pas payer.

NOTAS

(1) *Cara:* figure, visage, face. Ce mot a plusieurs traductions en français. Mais voyons des expressions : *tienes mala cara:* tu as mauvaise mine ; *hacer cara:* faire face ; *lávate la cara:* lave-toi le visage ou la figure. On trouve *cara* dans des nombreuses expressions : *cara o cruz:* pile (croix) ou face. *Poner cara de:* faire (mettre) une tête de, etc.

(2) Avoir mal aux dents : *tener dolor de muelas. Doler:* avoir mal. *La que me duele:* celle qui me fait mal, celle qui me fait souffrir.

(3) *Cobrar:* toucher, faire payer, encaisser, prendre... Il s'agit d'un verbe très courant et qui est difficile à rendre en français. Voyez vous-même : *¿cuánto cobras al mes?:* combien touches-tu par mois ? *cobrar una deuda:* encaisser une dette ; *cobro a finales de mes:* je suis payé à la fin du mois ; *ir a cobrar:* aller se faire payer... Ce verbe se rapproche de notre : recouvrer.

EXERCICE : 1. J'ai très mal à la tête. 2. Prends un cachet. 3. Veux-tu que je téléphone au médecin ? 4. Pas très loin d'ici, il y a une pharmacie de garde. 5. L'infirmière est très sympathique. 6. Son état de santé est très bon. 7. L'opération fut un succès.

2 *Nous avons un bon médecin.*

. . . .

3 *Je ne comprends pas cette ordonnance.*

. . . .

4 *Je suis médecin, puis-je vous aider ?*

... ., ¿ ....?

5 *Asseyez-vous, je vous ferai entrer tout de suite.*

....

****

LECCION CIENTO UNA.

Escribir

Crimen.

1 — ¿Sabes? la policía ha arrestado al autor del libro

2 que compraste el otro día. Varias personas lo han denunciado. **(1)**

3 — No me extraña. Sus libros son carísimos.

4 — No, la razón no es ésa. Lo acusan de asesinato.

5 Parece ser que varias personas que leían sus libros **(2)**

6 han muerto de aburrimiento.

La cultura es como la mermelada, cuanto menos se tiene más se extiende. **(3)**

7 — Vengo de la charcutería y he comprado para el cuerpo y para el espíritu.

8 Para comer: salchichón, tres latas de sardinas y cuatro latas de bonito.

9 Para instruirnos: dos ''latas de palabras''.

10 — No sabía que se vendían libros en las tiendas de alimentación.

11 — Sí, es la nueva política: ''Por una cultura al alcance de todos''.

CORRIGE DE L'EXERCICE : **1** dónde te duele. **2** tenemos un buen médico. **3** no entiendo esta receta. **4** soy médico, ¿puedo ayudarle? **5** siéntese, le haré entrar enseguida.

Segunda ola: lección 51

****

CENT-UNIEME LEÇON

Ecrire

Crime.

1 — Sais-tu ? La police a arrêté (à) l'auteur du livre
2 que tu as acheté (achetas) l'autre jour. Plusieurs
personnes ont porté plainte (dénoncé).
3 — Cela ne m'étonne pas. Ses livres sont très chers.
4 — Non, ce n'est pas la raison. On l'accuse d'assassinat.
5 Il semblerait (paraît être) que plusieurs personnes
qui lisaient ses livres
6 sont mortes d'ennui.

La culture c'est comme la confiture (marmelade),
moins on [en] a plus on [l']étale.

7 — Je viens de la charcuterie et j'ai acheté pour le
corps et pour l'esprit.
8 Pour manger : saucisson, trois boîtes de sardines
et quatre boîtes de thon.
9 Pour nous instruire : deux « boîtes de mots ».
10 — Je ne savais pas qu'on vendait [des] livres dans les
magasins d'alimentation.
11 — Oui, c'est la nouvelle politique : « Pour une culture
à la portée de tous ».

NOTAS

(1) *Denunciar:* porter plainte et dénoncer.
(2) *Parecer:* paraître, sembler. Ces deux verbes français sont rendus souvent par *parecer* suivi de *que,* la phrase prend ainsi un aspect impersonnel.
(3) *Cuanto menos... más:* moins... plus.

La delicadeza del editor.

12 — Los manuscritos que nos son sometidos a revisión,
13   son en general tan malos
14   que tachamos la mitad antes de tirarlos a la papelera.

EJERCICIO: 1. Varias personas han sido arrestadas. **2.** ¿Por qué razón? **3.** Parece ser que se aburrían. **4.** El mes pasado leí tres novelas. **5.** He visto libros en el supermercado. **6.** No me gusta ese bonito. **7.** La comida estaba muy buena.

EJERCICIO DE CONTROL
Ponga las palabras que faltan:

1 *Nous avons dépensé beaucoup d'argent en livres.*

. . . .

****

La délicatesse de l'éditeur.

12 — Les manuscrits qui nous sont soumis (à révision)
13   sont en général si mauvais
14   que nous [en] raturons la moitié avant de les jeter
     à la corbeille.

EXERCICE : 1. Plusieurs personnes ont été arrêtées. **2.** Pour quelle raison ? **3.** Il semblerait qu'ils s'ennuyaient. **4.** Le mois dernier je lus trois romans. **5.** J'ai vu des livres au supermarché. **6.** Je n'aime pas ce thon. **7.** Le repas était très bon.

2 *Nous allons lui demander conseil.*

. . . .

3 *Nous prenons le petit déjeuner avec de la confiture.*

. . . .

4 *Le charcutier ne vend pas de poisson.*

. . . .

5 *En été je lis beaucoup plus qu'en hiver.*

. . . .

. . . .

CORRIGE DE L'EXERCICE : 1 hemos gastado mucho dinero en libros. **2** vamos a pedirle consejo. **3** desayunamos con mermelada . **4** el charcutero no vende pescado. **5** en verano leo mucho más que en invierno.

Segunda ola: lección 52

****

Lección 101

LECCION CIENTO DOS.

Verbos irregulares del quinto,
sexto y séptimo grupo (1)

1 Julia tañe la guitarra con muchísima habilidad. (2) (3)
2 Van al jardín a mullir el colchón. (4)

En el restaurante

3 — Si ya has elegido déjame la carta.
4 — ¿Qué vas a pedir? (5)
5 — Papá, yo quiero un helado.
6 — De acuerdo, pero después de comer.
7 — Si le pides ahora se va a derretir.
8 — Yo pediré unas chuletas de cordero.
9 — ¿Crees que tardarán en servirnos?
10 — No creo, la gente come más tarde (6)
11 y a esta hora en los restaurantes todavía no hay mucho trabajo.
12 — Espero que tengas razón porque tengo mucho hambre.

102

CENT-DEUXIEME LEÇON

Verbes irréguliers du cinquième,
sixième et septième groupe

1 Julia joue de la guitare avec une très grande
habileté.
2 Ils vont au jardin (à) battre le matelas.

Au restaurant

3 — Si tu as déjà choisi laisse-moi la carte.
4 — Que vas-tu demander ?
5 — Papa, je veux une glace.
6 — D'accord, mais après (de) manger.
7 — Si tu la demandes maintenant elle (se) va (à)
fondre.
8 — Je demanderai quelques côtelettes d'agneau.
9 — Crois-tu qu'ils mettront longtemps (tarderont) à
(en) nous servir ?
10 — Je ne crois pas, les gens mangent plus tard
11 et à cette heure dans les restaurants il n'y a pas
encore beaucoup de travail.
12 — J'espère que tu auras (aies) raison parce que j'ai
très (beaucoup) faim.

NOTAS
(1) Nous continuons ici avec la classification des verbes irréguliers.
Phrases 1 et 2 groupe 5. Phrases 3, 4, 7, 8 et 9 groupe 6 et verbe
reir: rire groupe 7. Profitez-en aussi pour retenir la numération
ordinale.
(2) *Tañer:* jouer de. Mais comme nous l'avons vu il est plus courant de
dire *tocar.*
(3) *Mucho, a:* beaucoup. *Muchísima* (superlatif) *habilidad:* très grande
habileté ou adresse.
(4) *Mullir:* battre. *Mullir* et *Tañer* appartiennent au cinquième groupe.
Ces verbes ne sont pas très courants. Vous trouverez plus de
précisions dans la prochaine leçon de révision.
(5) Autant il n'est pas nécessaire de porter une attention particulière
aux verbes du cinquième groupe (du moins pour l'instant), autant il
est important de faire attention aux verbes du sixième, ils sont très
courants. Jugez-en vous-même : *pedir:* demander ; *seguir:* suivre ;
vestir: vêtir ; *servir:* servir. Voir leurs particularités à la prochaine
leçon de révision.
(6) Il est bon de savoir qu'en Espagne l'on déjeune en général entre 14
et 15 heures. Si vous vous présentez dans un restaurant vers 13
heures, vous trouverez une salle à manger plutôt vide. Le dîner a lieu
à 21 ou 22 heures. Sur la côte, en période de vacances, les horaires
sont plus élargis.

Por el momento no se paga por reír o cuando el sol no es rentable.

13 En la terraza de la cafetería: — Buenos días, ¿qué desean tomar?

14 — El sol. — ¡Fuera!

EJERCICIO: 1. Pidió una botella de vino de Rioja. 2. Pide dos helados y una cerveza. 3. Se vistió con el pantalón que le compraste. 4. Esta rueda no sirve para mi bicicleta. 5. Elige lo que quieras. 6. ¿Te sirvo el aperitivo? 7. Se rió cuando le dije lo que pasó.

EJERCICIO DE CONTROL
Ponga las palabras que faltan:

1 *As-tu réussi à trouver du travail ?*

   ¿ . . . conseguido encontrar . . . . ?

2 *Ils choisirent une robe très moderne.*

   . . . .

3 *C'est par ici, suivez-moi.*

   . . . . , ...

****

LECCION CIENTO TRES.

Precisiones

1 De los tres grupos de verbos que hemos presentado
2 en la lección precedente, el grupo sexto es el que más nos interesa. (1)

Pour l'instant (moment) on ne paie pas pour rire ou Lorsque le soleil n'est pas rentable

13 — A (dans) la terrasse de la caféteria : — Bonjour, que désirez-vous prendre ?
14 — Le soleil. — Dehors !

EXERCICE : 1. Il demanda une bouteille de vin de Rioja. **2.** Demande deux glaces et une bière. **3.** Il s'habilla avec le pantalon que tu lui achetas. **4.** Cette roue ne sert pas pour ma bicyclette. **5.** Choisis ce que tu veux. **6.** Je te sers l'apéritif ? **7.** Il rit lorsque je lui dis ce qui arriva (passa).

4 *Il me demanda un renseignement.*

. . .   .

5 *Ils nous faisaient sourire.*

. . .   .

CORRIGE DE L'EXERCICE : 1 has - - trabajo. **2** eligieron un vestido muy moderno. **3** es por aquí, sígame. **4** me pidió una información. **5** nos hacían sonreír.

Segunda ola: lección 53

****

CENT-TROISIEME LEÇON

Précisions

1 Des trois groupes de verbes que nous avons présentés
2 dans la leçon précédente, le sixième groupe est celui qui nous intéresse [le] plus.

NOTAS
(1) Les verbes irréguliers du sixième groupe ont comme irrégularité le changement du *e* en *i* (aux trois présents, au passé simple et en conséquence au reste du subjonctif ; et aussi au gérondif) lorsque le *e* porte l'accent tonique — *sirvo* (je sers) à la place de ''*servo*'' — ou lorsque la désinence commence par *a* ou diphtonge — *sirvió* (il servit) à la place de ''*servió*''; et *sirva* (je serve) à la place de ''*serva*''. Plus de précisions dans la leçon 105.

Lección 103

3 Veamos algunas frases corrientes construidas con esos verbos:

4 Fueron a despedirnos a la estación. **(2)**

5 Nos siguen escribiendo regularmente. **(3)**

6 Por favor, corríjame cuando haga faltas, así aprenderé más rápido.

7 Eligieron un pequeño hotel cerca de la costa.

8 Se viste a la última moda.

9 Cuando nos sirvieron ya no teníamos casi hambre.

10 Yo mido un metro setenta y cinco y tú ¿cuánto mides?

*****

''... delicada fue la invención de la taberna

11 porque allí llego sediento

12 pido vino de lo nuevo

13 mídenlo, dánmelo (me sirven), bebo, **(4)**

14 págolo y me voy contento.''

(Baltasar de Alcázar)

ELIGIERON UN PEQUEÑO HOTEL CERCA DE LA COSTA

EJERCICIO: 1. ¿Vendrás a despedirnos? **2.** Les escribimos en la playa. **3.** Me corregía la pronunciación. **4.** Vístete porque vamos a salir. **5.** ¿Quieren que les sirva? **6.** Voy a tomar las medidas. **7.** Le queremos pedir un favor.

3 Voyons quelques phrases courantes construites avec ces verbes :

4 Ils sont allés (furent) (à) nous dire au revoir à la gare.

5 Ils continuent à nous écrire régulièrement.

6 S'il vous plaît (par faveur) corrigez-moi lorsque je ferai [des] fautes, ainsi j'apprendrai plus vite.

7 Ils choisirent un petit hôtel près de la côte.

8 Il s'habille à la dernière mode.

9 Lorsqu'on nous a servis (servirent) nous n'avions presque plus faim.

10 Je mesure un mètre soixante-quinze et toi, combien mesures-tu ?

*****

« ... délicate fut l'invention de la taverne

11 parce que là-bas j'arrive assoiffé

12 je demande du vin nouveau

13 on le mesure, on me le donne (on me sert), je bois,

14 je le paie et je m'[en] vais content. »

NOTAS

(2) *Despedir:* dire au revoir. Mais c'est encore un verbe riche en sens. Par exemple : renvoyer, licencier, congédier ; il a été congédié : *ha sido despedido. Despedirse a la francesa:* filer à l'anglaise. *Nos despedimos a la puerta de casa:* nous nous quittâmes à la porte de la maison. Voir phrase 1 de l'exercice de contrôle.

(3) *Siguen escribiendo:* ils continuent à écrire. *Seguir* + gérondif en castillan exprime une idée de continuité ; en français on exprime cette idée avec continuer à + infinitif. *Seguía comiendo:* il continuait à manger.

(4) Ce texte de Baltasar de Alcázar que nous avons choisi en fonction des verbes du sixième groupe et de son humour est peut-être construit un peu à l'ancienne manière ; aujourd'hui nous dirions : *lo miden, me lo dan, lo pago:* on le mesure, on me le donne, je le paie ; le sens ne change pas.

*****

1. Viendras-tu nous dire au revoir ? 2. Nous leur écrivîmes à (dans) la plage. 3. Il corrigeait ma prononciation. 4. Habille-toi parce que nous allons sortir. 5. Voulez-vous que je vous serve ? 6. Je vais prendre les mesures. 7. Nous voulons lui demander un service (faveur).

EJERCICIO DE CONTROL
Ponga las palabras que faltan:

1 *Nous nous quittâmes à l'aéroport.*

. . . .

2 *J'ai choisi un petit restaurant typique pour aller dîner ce soir.*

. . . .

. . . .

3 *L'hôtel était près de la plage.*

. . . .

****

LECCION CIENTO CUATRO.

Parábola (1)

1 Era un niño que soñaba
  un caballo de cartón.
2 Abrió los ojos el niño
  y el caballito no vió. (2)
3 Con un caballito blanco
  el niño volvió a soñar; (3)
4 y por la crin lo cogía...
  ¡Ahora no te escaparás!
5 Apenas lo hubo cogido,
  el niño se despertó.
6 Tenía el puño cerrado.
  ¡El caballito voló!

4 *Il était assoiffé et il demanda de l'eau.*

. . . .

5 *On lui servit du vin.*

. . . .

CORRIGE DE L'EXERCICE : **1** nos despedimos en el aeropuerto. **2** he elegido un pequeño restaurante típico para ir a cenar esta noche. **3** el hotel estaba cerca de la playa. **4** estaba sediento y pidió agua. **5** le sirvieron vino.

Segunda ola: lección 54

****

CENT-QUATRIEME LEÇON

Parabole

1 Il était un enfant qui rêvait
   (d')un cheval en (de) carton.
2 L'enfant ouvrit les yeux
   et ne vit pas le petit cheval.
3 Avec un petit cheval blanc
   l'enfant rêva à nouveau ;
4 et il le prenait par la crinière...
   Maintenant tu ne t'échapperas pas !
5 A peine l'eut-il pris,
   l'enfant se réveilla.
6 Il avait le poing fermé.
   Le petit cheval vola !

NOTAS

(1) Ce texte du poète Antonio Machado est construit avec des phrases très simples et il n'est donc pas difficile à comprendre. Outre sa beauté, il vous offre la possibilité de réviser de nombreux points que nous avons déjà étudiés.
(2) *Caballito:* petit cheval. Diminutif en *ito* — leçon 63 1.b.
(3) *Volver:* rentrer. Mais *volver* sert aussi à exprimer l'idée de répétition. Voir leçon 70. 1. Phrase numéro huit : et il ne « re- » rêva plus : *y no volvió a soñar.*

Lección 104

7 Quedóse el niño muy serio
  pensando que no es verdad
8 un caballito soñado.
  Y ya no volvió a soñar.
9 Pero el niño se hizo mozo **(4)**
  y el mozo tuvo un amor, **(5)**
10 y a su amada le decía:
   ¿Tú eres de verdad o no?
11 Cuando el mozo se hizo viejo
   pensaba: Todo es soñar,
12 el caballito soñado
   y el caballo de verdad.
13 Y cuando vino la muerte,
   el viejo a su corazón
14 preguntaba: ¿Tú eres sueño?
   ¡Quién sabe si despertó!

EJERCICIO: 1. Fuimos a pasear a caballo. 2. Volví a verlo el mes pasado. 3. El perro se ha escapado. 4. Se hirió en el puño. 5. Se ha quedado en el jardín. 6. He soñado contigo. 7. El viejo estaba sentado.

EJERCICIO DE CONTROL
Ponga las palabras que faltan:

1 *Nous allons rester avec les chevaux.*

. . . .

7 Resta l'enfant très sérieux
en pensant que n'est pas vrai
8 un cheval rêvé.
Et il ne rêva plus.
9 Mais l'enfant devint (se fit) jeune homme
et le jeune homme eut un amour,
10 et à son aimée il (lui) disait :
Es-tu vraie (de vérité) ou pas ?
11 Lorsque le jeune homme devint (se fit) vieux
il pensait : Tout est rêve(r),
12 le petit cheval rêvé
et le cheval vrai (de vérité).
13 Et lorsque vint la mort,
le vieux à son cœur
14 demandait : Es-tu un rêve ?
Qui sait s'il se réveilla !

NOTAS

(4) *Se hizo:* (se fit) devint. Nous vous avons déjà expliqué que *hacerse* (se faire) est utilisé pour un changement progressif et *volverse* pour un changement souvent brutal.

(5) *Mozo:* jeune homme. Jeune : *joven.* Aujourd'hui *mozo* est utilisé surtout dans les villages. C'est un mot employé (mais de moins en moins) comme le garçon français : *mozo de caballos:* garçon d'écurie ; *mozo de café:* garçon de café, etc.

Cette leçon vous permet de réviser un grand nombre de verbes « inclassables » et en même temps vous oblige à réviser les verbes du premier et deuxième groupe d'irréguliers dont nous avons commencé l'étude d'une façon structurée à partir de la leçon 85 : *cerrar:* fermer ; *pensar:* penser ; *volar:* voler ; *soñar:* rêver, etc.

EXERCICE : 1. Nous fûmes nous promener à cheval. 2. Je le revis le mois passé. 3. Le chien s'est échappé. 4. Il se blessa au poing. 5; Il est resté dans le jardin. 6. J'ai rêvé de toi. 7. Le vieux était assis.

2 *Il a retéléphoné ce matin.*

. . . .

3 *Est-ce vrai ou pas ?*

¿ . . . . ?

4 *Ils ont un grand cœur.*

. . . .

5 *Il se réveilla très tard.*

. .   . .

****

LECCION CIENTO CINCO.

Revisión y notas

1. **Verbos irregulares del tercer y cuarto grupo.**

A. **Troisième groupe** : appartiennent à ce groupe les verbes finissant en *acer, ecer, ocer, ucir* (voir les très rares exceptions à l'appendice grammatical) ; *nacer:* naître ; *crecer:* croître ; *conocer:* connaître ; *lucir:* briller...

B. **Quatrième groupe** : appartiennent à ce groupe les verbes finissant en *ducir: conducir:* conduire ; *traducir:* traduire ; *seducir:* séduire...

C. **Aspects communs aux deux groupes** (voir note 1, leçon 99) :
— Aux trois présents (indicatif, subjonctif, impératif) ils prennent un *z* devant le *c* précédant la désinence lorsque ce *c* doit être suivi d'un *o* ou d'un *a*.
Exemples : *parecer:* paraître ; *conocer:* connaître ; *conducir:* conduire.

Présent Indicatif	Présent Subjonctif	Présent Impératif
parezco	conozca	
pareces	conozcas	conduce
parece	conozca	conduzca
parecemos	conozcamos	conduzcamos
parecéis	conozcáis	conducid
parecen	conozcan	conduzcan

CORRIGE DE L'EXERCICE : 1 vamos a quedarnos con los caballos. 2 ha vuelto a telefonear esta mañana. 3 es verdad o no. 4 tienen un gran corazón. 5 se despertó muy tarde.

Segunda ola: lección 55

****

CENT-CINQUIEME LEÇON

D. Particularités du troisième groupe :
— Ces verbes appartiennent à la deuxième et troisième conjugaison.
— Il est à remarquer que les verbes en *-ecer* proviennent pour la plupart d'adjectifs : *entristecer:* attrister (de *triste*); *embellecer:* embellir (de *bello*), etc.

E. Particularités du quatrième groupe (voir note 5, leçon 99) :
— Puisqu'il s'agit des verbes finissant en *-ducir* dans ce groupe il n'y a que des verbes de la troisième conjugaison.
— Outre l'irrégularité des présents dont nous avons fait état plus haut, ces verbes prennent la forme grave *-duje* au passé simple et, par conséquent, à l'imparfait de subjonctif.
Exemples : *conducir:* conduire ; *traducir:* traduire.

Passé simple	Imparfait du subjonctif	
conduje	tradujera (ou)	tradujese
condujiste	tradujeras	tradujeses
condujo	tradujera	tradujese
condujimos	tradujéramos	tradujésemos
condujisteis	tradujerais	tradujeseis
condujeron	tradujeran	tradujesen

2. **Verbos irregulares del quinto grupo** (voir note 1, leçon 102) :
De façon à ne pas trop vous encombrer et étant donné que les verbes de ce groupe ne sont guère usuels, nous vous renvoyons directement à l'appendice grammatical.

3. **Verbos irregulares del sexto grupo** (voir notes 1 et 5, leçon 102 et note 1, leçon 103) :

— Appartiennent à ce groupe outre *servir:* servir, ceux finissant en *-ebir, -edir, -egir, -eguir, -emir, -enchir, -endir, -estir* et *-etir: pedir:* demander ; *seguir:* suivre ; *vestir:* vêtir ; *repetir:* répéter...

— Leur irrégularité consiste dans le changement de la voyelle *e* en *i* aux personnes toniques ou lorsque nous avons une terminaison commençant par *a* ou diphtongue. Cette irrégularité a lieu aux trois présents, au groupe du prétérit (passé simple et imparfait du subjonctif) et au gérondif. Exemples : *servir:* servir ; *pedir:* demander ; *vestir:* vêtir.

Présent Indicatif	Présent Subjonctif	Présent Impératif
sirvo	pida	
sirves	pidas	viste
sirve	pida	vista
servimos	pidamos	vistamos
servís	pidáis	vestid
sirven	pidan	vistan

Passé simple	Imparfait Subjonctif		Gérondif
serví	pidiera (ou)	pidiese	
serviste	pidieras	pidieses	
sirvió	pidiera	pidiese	
servimos	pidiéramos	pidiésemos	pidiendo
servisteis	pidierais	pidieseis	
sirvieron	pidieran	pidiesen	

4. **Verbos irregulares del séptimo grupo:**

— Appartiennent à ce groupe les verbes finissant en *-eir*

et *-eñir: freír:* frire ; *reír:* rire ; *teñir:* teindre.

— Les verbes de ce groupe ne sont pas très nombreux. Le plus important est sans doute *reír:* rire.

— Ils réunissent les irrégularités du cinquième groupe (voir appendice) et du sixième groupe (voir plus haut).

5. **Remarque.** Nous répétons une fois encore ce que nous avons déjà dit lors des précédentes leçons de révision concernant les verbes irréguliers : tout ceci n'est pas à apprendre par cœur ; ce n'est qu'un point de référence qui peut vous être utile lorsque vous aurez un problème. Contentez-vous de retenir les aspects principaux et continuez votre route. Si par la suite quelque chose « cloche », vous savez où vous pouvez revenir.

6. **A écrire en castillan**

1 Je connais un petit restaurant très agréable près de la plage.
2 Lorsque je passai, je lui dis au revoir et je lui souris.
3 Il me semble qu'il va pleuvoir.
4 Je n'ai pas vu les vins sur la carte.
5 Je dois corriger ma prononciation.
6 Avant de me servir, il me demanda si j'avais faim.

7 **Traduction**

1 Conozco un pequeño restaurante muy agradable cerca de la playa.
2 Cuando pasé le dije adiós y le sonreí.
3 Me parece que va a llover.
4 No he visto los vinos en la carta.
5 Tengo que corregir mi pronunciación.
6 Antes de servirme me preguntó si tenía hambre.

Segunda ola: lección 56

Lección 105

LECCION CIENTO SEIS.

Ultimas advertencias

1 El fin del principio de su aprendizaje se acerca.
2 En lo que concierne a los verbos, aún nos quedan
3 algunas precisiones que hacer.
4 Como no son numerosas y se refieren a verbos
5 que ya hemos visto en el curso de las lecciones precedentes,
6 nos contentaremos con advertirle en las notas **(1)**
7 y le sugeriremos que se dirija directamente al apéndice gramatical.

Proverbios **(2)**

8 ¡Malo, malo! dice el comprador,
   pero al marchar se felicita. **(3)**
9 Para el asno la brida,
   para la espalda de los necios la vara.
10 Como ramo de espino en la mano del borracho
   es el proverbio en la boca de los necios.

CENT-SIXIEME LEÇON

Derniers avertissements (Fém.)

1 La fin du début (principe) de votre apprentissage (s')
approche.
2 En ce qui concerne (à) les verbes, il nous reste encore
3 quelques précisions à (pour) faire.
4 Comme elles ne sont pas nombreuses et font
référence (se refèrent) à des verbes
5 que nous avons déjà vus au (dans le) cours des
leçons précédentes,
6 nous nous contenterons de (avec) vous reporter
(avertir) aux notes
7 et nous vous suggérerons de vous adresser (que
vous vous adressiez) directement à l'appendice
grammatical.

Proverbes

8 Mauvais, mauvais ! dit l'acheteur
mais en partant il se félicite.
9 A (pour) l'âne la bride,
pour l'échine (dos) des sots le bâton.
10 Comme rameau d'épine dans la main de l'ivrogne
est le proverbe dans la bouche des sots.

NOTAS

(1) Cette leçon vous propose principalement l'étude des verbes
irréguliers du huitième groupe. Il s'agit de verbes qui ont dans le
groupe des présents (présent de l'indicatif, du subjonctif et
impératif) la même irrégularité que les verbes du premier groupe.
(Voir le paragraphe 1 de la leçon 91.) Ils forment un groupe à part
parce qu'à l'irrégularité du premier groupe ils ajoutent celle dont
nous faisons état à la page 441.
Nous ne nous arrêtons pas ici dans la mesure où nous avons déjà
fait connaissance avec les verbes les plus importants de ce groupe
— ils ne sont pas nombreux — dans les leçons précédentes. Vous
trouverez dans le texte leur syllabe tonique en gras. Attention à
l'exercice de contrôle. Les plus importants y sont !
(2) Voici trois proverbes qui parlent des sots et qui sont attribués au roi
Salomon.
(3) *Al marchar:* en partant ou : quand il part. *Al* plus infinitif. Si cela
vous pose encore un problème, relisez la note n° 2 de la leçon 22.

EJERCICIO: 1. Hemos llegado los últimos. **2.** Al principio no sabíamos qué decir. **3.** Aún tengo tiempo. **4.** ¿Te queda dinero suelto? **5.** Han enviado un telegrama para advertirnos de su llegada. **6.** Diríjase a aquella ventanilla. **7.** Me duele la espalda.

EJERCICIO DE CONTROL
Ponga las palabras que faltan:

1 *Nous ne savons pas quoi faire, que nous suggères-tu ?*

   . . . . , ¿ . . . .

   . . . . ?

2 *Je regrette ne pas avoir pris ce train.*

   Siento . . . .

****

LECCION CIENTO SIETE.

El arte de saber distanciarse

1 José era carpintero y desde hacía muchos años
2 vivía de su trabajo,
3 que no era otro que el de construir las casas (1)
4 de aquellos que querían instalarse al borde del río.

*****

EXERCICE : 1. Nous sommes arrivés les derniers. **2.** Au début nous ne savions pas quoi dire. **3.** J'ai encore le temps. **4.** Il te reste de la monnaie ? **5.** Ils ont envoyé un télégramme pour nous avertir de son arrivée. **6.** Adressez-vous à ce guichet-là. **7.** J'ai mal au dos.

3 *Nous nous sommes beaucoup amusés.*

. . . .

4 *Je préfère que tu m'accompagnes.*

. . . .

5 *L'eau est en train de bouillir.*

. . . .

CORRIGE DE L'EXERCICE : 1 no sabemos qué hacer - ¿qué nos sugieres? **2** - no haber cogido ese tren. **3** nos hemos divertido mucho. **4** prefiero que me acompañes. **5** el agua está hirviendo.

Segunda ola: lección 57

****

CENT-SEPTIEME LEÇON

L'art de savoir prendre du recul (se distancer)

1 José était menuisier et depuis de longues années (faisait beaucoup d'années)
2 il vivait de son travail
3 qui n'était autre que celui de construire les maisons
4 de ceux qui voulaient s'installer au bord du fleuve.

NOTAS

(1) Dans cette leçon nous allons finir de faire le tour des verbes classés. *Construir:* construire, est un verbe comme ceux finissant en *uir,* du dixième groupe. Ces verbes introduisent un *y* après le *u* du radical devant les voyelles fortes *(a, e, o).* L'irrégularité a donc lieu au présent de l'indicatif, au présent du subjonctif et à l'impératif. Dans ces verbes il y a aussi des modifications orthographiques, mais en ce qui concerne ce point, nous vous conseillons de regarder directement le tableau que vous trouverez dans l'appendice grammatical à la page 425.

5   De todos era temido y respetado.
6   Se le atribuían poderes extraños.
7   Las gentes hablaban de su maravillosa capacidad de ver de lejos.
8   Cuentan que un día alguien oyó un gran ruido
9   en la habitación en la que él dormía (2)
10   y asustados preguntaron desde fuera:
11   — ¿Qué ha sido eso? ¿Qué ha pasado?
12   — No os preocupéis, salgo enseguida, - respondió- ha sido mi pijama que se ha caído. (3)
13   Perplejos, los vecinos gritaron: — Es imposible, un pijama no hace tanto ruido.
14   Y con voz tranquila José respondió: — ¡Claro! Es porque yo estaba dentro.

EJERCICIO: 1. Construyo una casa. **2.** Se durmió en la playa. **3.** Este cuadro se atribuye a Murillo. **4.** Voy a salir. **5.** Esos zapatos no te valen. **6.** Fue excluido de la lista. **7.** Todos contribuimos a la construcción de la casa.

*****

5   De tous il était craint et respecté.
6   On lui attribuait [des] pouvoirs étranges.
7   Les gens parlaient de sa merveilleuse capacité de voir de loin.
8   On raconte qu'un jour quelqu'un entendit un grand bruit
9   [venant de] (dans) la chambre dans laquelle il dormait,
10   et effrayés ils demandèrent de l'extérieur (depuis dehors) :
11   — Qu'est-ce (qu'a été cela) ? Que s'est-il passé ?
12   — Ne vous en faites pas (préoccupez), je sors tout de suite, -répondit-il-, c'était mon pyjama qui (s') est tombé.
13   Perplexes, les voisins crièrent : — C'est impossible, un pyjama ne fait pas autant de bruit.
14   Et (avec) [d']une voix calme, José répondit : Eh oui (clair) ! c'est parce que j'étais dedans.

NOTAS

(2) *Dormir:* dormir. Nous avons souvent fréquenté ce verbe et fort probablement vous n'avez plus aucun problème avec lui ; sachez néanmoins qu'avec *morir:* mourir, il constitue un groupe d'irréguliers : c'est le onzième.

(3) *Salir:* sortir, est un verbe très courant en castillan et déjà bien connu de vous. Il est l'autre composant, avec *valer:* valoir, du douzième goupe.
Pour plus de précisions en ce qui concerne ces deux derniers groupes de verbes irréguliers, nous vous conseillons de regarder les pages 447 à 450 de l'appendice grammatical. La consultation de ces pages peut vous aider d'ailleurs à bien faire les exercices. En effet, les exercices de la leçon ont été préparés uniquement avec les verbes appartenant aux trois groupes dont nous parlons dans cette leçon.

EXERCICE : 1. Je construis une maison. 2. Il s'endormit sur la plage. 3. Ce tableau est attribué à Murillo. 4. Je vais sortir. 5. Ces souliers ne te vont pas. 6. Il fut exclu de la liste. 7. Nous avons tous contribué à la construction de la maison.

*****

Remarque : *N'oubliez pas que les verbes du neuvième groupe ont été vus à la leçon 91.*

EJERCICIO DE CONTROL
Ponga las palabras que faltan:

1 *Dans quelle chambre dors-tu ?*

¿ . . . .?

2 *Ils sont en train de construire une autoroute.*

. . . .

3 *Avertis-moi lorsque tu sortiras.*

. . . .

****

*****

LECCION CIENTO OCHO.

"Vientos del pueblo me llevan" (1)
...
1 Asturianos de braveza,
vascos de piedra blindada,
2 valencianos de alegría
y castellanos de alma,
3 labrados como la tierra
y airosos como las alas;
4 andaluces de relámpagos,
nacidos entre guitarras
5 y forjados en los yunques
torrenciales de las lágrimas;
6 extremeños de centeno,
gallegos de lluvia y calma,

4 *Combien vaut ce vélo ?*

¿ . . . . ?

5 *Peux-tu sortir un instant ?*

¿ . . . . ?

CORRIGE DE L'EXERCICE : 1 en qué habitación duermes. 2 están construyendo una autopista. 3 adviérteme cuando salgas. 4 cuánto vale esa bici. 5 puedes salir un momento.

Segunda ola: lección 58

* *

CENT-HUITIEME LEÇON

Vents du peuple me portent

...
1 Asturiens de bravoure,
  Basques de pierre blindée,
2 Valenciens de joie
  et Castillans d'âme,
3 labourés comme la terre
  et gracieux comme les ailes ;
4 Andalous d'éclairs
  nés entre guitares
5 et forgés aux enclumes
  torrentielles des larmes ;
6 "Extremeños" [habitants d'Extrémadure] de seigle,
  Galiciens de pluie et calme,

NOTA

(1) Ces paroles, du poème intitulé : *"Vientos del pueblo me llevan"*, de Miguel Hernández vous offrent l'occasion d'apprendre les noms des habitants des diverses parties de l'Espagne. Nous vous conseillons, dans la mesure du possible, de ne pas regarder phrase par phrase sur le texte français. Si vous lisez d'abord en entier le texte castillan, quitte à le relire plusieurs fois, vous jouirez davantage de sa beauté. Il est à souligner que ni dans le poème ni sur la carte vous ne trouverez les îles Canaries. Elles sont situées en face de l'ancien Sahara espagnol.

Leçon 108

7   catalanes de firmeza,
    aragoneses de casta,
8   murcianos de dinamita
    frutalmente propagada,
9   leoneses, navarros, dueños
    del hambre, el sudor y el hacha,
10 reyes de la minería,
    señores de la labranza,
11 hombres que entre las raíces,
    como raíces gallardas,
12 vais de la vida a la muerte,
    vais de la nada a la nada
    ...

EJERCICIO: 1. Asturias es una región minera; **2.** El Teide es un volcán que está en las islas Canarias. **3.** Extremadura limita al oeste con Portugal. **4.** Goya nació en Aragón. **5.** Galicia es una región pesquera y ganadera. **6.** Murcia tiene dos provincias y un puerto importante. **7.** El olivo es cultivado, principalmente, en Andalucía.

EJERCICIO DE CONTROL
Ponga las palabras que faltan:

1   *Ces jours-ci il fait beaucoup de vent.*

. . . .

7 Catalans de fermeté,
Aragonais de race (caste),
8 Murciens de dynamite
fruitièrement propagée,
9 ''Leoneses'' [habitants de Léon], Navarrais, maîtres
de la faim, la sueur et la hache,
10 rois du travail des mines,
seigneurs du labour,
11 hommes qui entre les racines,
comme des racines gaillardes,
12 allez de la vie à la mort
allez du néant au néant
...

EXERCICE : 1. Les Asturies sont une région minière. 2. Le Teíde est un volcan qui est aux îles Canaries. 3. L'Extremadure est délimitée à l'ouest par le Portugal. 4. Goya est né en Aragón. 5. La Galice est une région de pêche et d'élevage. 6. La Murcie a deux provinces et un port important. 7. L'olivier est cultivé principalement en Andalousie.

2 *La pluie aida le laboureur.*

. . . .

3 *Les racines de l'arbre sont profondes.*

. . . .

4 *Les éclairs illuminaient le ciel.*

. . . .

5 *Le ruisseau traverse le verger.*

. . riachuelo . . . .

CORRIGE DE L'EXERCICE : 1 estos días hace mucho viento. 2 la lluvia ayudó al labrador. 3 las raíces del árbol son profundas. 4 los relámpagos iluminaban el cielo. 5 el - atraviesa el huerto.

Segunda ola: lección 59

Lección 108

NOTES PERSONNELLES

LECCION CIENTO NUEVE.

"PROVERBIOS Y CANTARES" (1)

1 Todo pasa y todo queda,
   pero lo nuestro es pasar,
   pasar haciendo caminos,
   caminos sobre la mar.
2 Caminante, son tus huellas
   el camino, y nada más;
   caminante, no hay camino,
   se hace camino al andar.
3 Al andar se hace camino,
   y al volver la vista atrás
   se ve la senda que nunca
   se ha de volver a pisar.
   Caminante, no hay camino,
   sino estelas en la mar.

CAMINANTE NO HAY CAMINO, SINO ESTELAS EN LA MAR.

EJERCICIO: 1. El viajero se paraba a contemplar el paisaje. **2.** Pasó unos días en las montañas. **3.** En un pueblo le ofrecieron pan y vino. **4.** El camino era de tierra. **5.** Dejó sus huellas en la nieve. **6.** Volvió a casa por otro sendero. **7.** El mar estaba tranquilo.

CENT-NEUVIEME LEÇON

Proverbes et cantiques

1 Tout passe et tout reste,
mais le nôtre (sort ou destin) est de passer,
passer en faisant des chemins,
des chemins sur la mer.

2 Voyageur, ce sont tes empreintes
le chemin, et rien d'autre ;
voyageur, il n'y a pas de chemin,
on fait le chemin en marchant.

3 En marchant on fait chemin,
et lorsqu'on retourne la vue [regarde] en arrière
on voit le sentier que plus jamais
on ne foulera à nouveau.
Voyageur, il n'y a pas de chemin,
mais [un] sillage dans la mer.

NOTA

(1) Nous clôturons ici ces leçons de castillan avec ces vers d'Antonio
Machado qui se passent de commentaires.

EXERCICE : 1. Le voyageur s'arrêtait (à) pour contempler le paysage.
2. Il passa quelques jours dans les montagnes. **3.** Dans un village on lui
offrit du pain et du vin. **4.** Le chemin était en terre. **5.** Il laissa ses
empreintes sur la neige. **6.** Il rentra à la maison par un autre sentier. **7.**
La mer était calme.

*****

EJERCICIO DE CONTROL
Ponga las palabras que faltan:

1 *Chante-moi une chanson.*

. . . .

2 *Est-elle passée par ici ?*

¿ . .   . . ?

3 *Il ne regardait pas en arrière lorsqu'il partait.*

. .   . . se

. . .

4 *Il ne retournera jamais.*

. .   . .

****

5 *Vois-tu le chemin ?*

¿ . . . . ?

CORRIGE DE L'EXERCICE : 1 cántame una canción. 2 ha pasado por aquí. 3 no volvía la vista atrás cuando - iba. 4 no volverá nunca. 5 ves el camino.

Segunda ola: lección 60

* *

Il vous reste maintenant à continuer la deuxième vague jusqu'à cette leçon, à votre rythme habituel. Vous pouvez, et c'est très intéressant, vous documenter, dans les pages suivantes, sur les tournures propres aux pays hispanophones d'Amérique.

Nous espérons que tous ces jours passés ensemble vous ont été pleinement profitables et que l'âme de l'Espagne, secrète, austère, mais gaie aussi, vous a été révélée.

A bientôt !

NOTES CONCERNANT LE CASTILLAN
PARLE EN AMERIQUE HISPANOPHONE

Ce que nous appelons le castillan — généralement reconnu en tant qu'espagnol — est la langue officielle, outre de l'Espagne,

de l'Argentine	Argentina	argentino
de la Colombie	Colombia	colombiano
du Costa Rica	Costa Rica	costarriquense ou costarricense
de Cuba	Cuba	cubano
du Chili	Chile	chileno
de l'Equateur	Ecuador	ecuatoriano
du Guatemala	Guatemala	guatemalteco
du Honduras	Honduras	hondureño
du Mexique	Méjico	mejicano
du Nicaragua	Nicaragua	nicaragüense ou nicaragüeño
de Panama	Panamá	panameño
du Paraguay	Paraguay	paraguayo ou paraguayano
du Pérou	Perú	peruano
du Salvador	El Salvador	salvadoreño
de la République Dominicaine	República Dominicana ou Santo Domingo	dominicano
de l'Uruguay	Uruguay	uruguayo
du Venezuela	Venezuela	venezolano
et de Porto-Rico (avec l'anglais)	Puerto Rico	puertorriqueño ou portorriqueño

ainsi que des Philippines (Filipinas) (avec l'anglais et le tagal) et de certains pays africains qui ont été des colonies espagnoles.

Le castillan est aussi, souvent, langue maternelle dans certaines zones des Etats-Unis — *Nouveau Mexique (Nuevo Méjico), Arizona, Texas (Tejas) et Californie (California)* — de même que dans de nombreuses îles des Antilles *(Antillas)*.

Pour conclure, il faut dire qu'un castillan archaïque — le sefaraddi — est parlé dans des colonies juives vivant en Afrique, aux Balkans et au Proche-Orient.

Aujourd'hui donc, près de 200 millions d'êtres humains parlent cette langue.

Ceci soulève le problème « des castillans ».
En effet, une langue est comme un être vivant qui change et se modifie sans cesse au contact avec d'autres êtres, d'autres climats, d'autres paysages, d'autres réalités socio-culturelles, etc. Aussi des millions d'êtres humains la manient, la transforment, la font fusionner avec un autre vécu, avec d'autres langues. En somme, ils la « façonnent » à leur manière.

Mais notre projet ici n'est pas celui de rentrer dans le détail. Cela entraînerait une étude exhaustive des particularités linguistiques à propos desquelles il n'est pas toujours facile de parvenir à un accord. Nous nous proposons comme objectif de vous donner quelques points de repère qui pourront vous faciliter la communication et surtout la compréhension du castillan parlé dans l'Amérique hispanophone.

Nous préciserons néanmoins ceci : la personne parlant castillan n'aura aucun problème pour être comprise dans cette Amérique. Notre prétention ici donc n'est autre que celle de vous introduire sommairement aux principales particularités qui peuvent donner au néophyte une impression de « dépaysement » lorsqu'il se trouve là-bas.

Ces particularités comportent :
— huit aspects phonétiques ;
— huit aspects morpho-syntactiques ;
— une brève approche des particularités lexicales ;
— quelques archaïsmes et néologismes.

Après l'énumération de ces aspects nous vous donnons quelques listes de mots courants dans des différents pays.

Pour ce qui est de ces listes, nous préciserons ceci :

— Elles ne sont qu'une aide dans la mesure où, avec le castillan que nous avons étudié, vous n'aurez aucun problème en Amérique hispanophone. C'est le même castillan qu'on étudie là-bas.

— Elles visent surtout à vous donner un aperçu de la façon dont ce castillan est parfois modifié. Les mots que nous vous donnons sont tirés presque exclusivement du langage parlé.

— Plus que pour que vous vous en serviez, ces listes ont été établies pour que vous compreniez. Ce n'est que sur place que vous verrez s'il est souhaitable ou non d'utiliser les mêmes mots.

— Nous avons dressé des listes par pays uniquement pour vous faciliter la tâche, mais certains de ces mots peuvent être utilisés dans d'autres pays — de préférence les frontaliers —. Néanmoins si vous vous aventurez à vous en servir ailleurs, vous serez en général compris.

Il n'y a pas une liste pour chaque pays mais sachez que celle concernant le Chili peut aussi vous être utile en Uruguay et que, par exemple, celle du Venezuela peut vous servir en général en Colombie. Il y a un peu une division entre le nord et le sud.

Tout le monde ne sera peut-être pas d'accord sur l'emploi de ces mots, mais nous vous répétons qu'il s'agit des mots tirés du langage parlé qui sont souvent rejetés par les grammairiens qui les considèrent comme des vulgarismes.

— Ce qu'il faut avoir présent à l'esprit, c'est le caractère extrêmement tolérant et compréhensif de l'Hispano-américain. Il est au courant de l'existence des différences et vis-à-vis de l'étranger il fait un effort pour le comprendre.

— En ce qui concerne les listes de mots elles-mêmes, vous trouverez à gauche le terme employé en Amérique hispanophone, au milieu son correspondant en Espagne, et à droite la traduction française.

A. **Aspects phonétiques**

Au niveau phonétique celui qui va en Amérique — à l'exception du Brésil où l'on parle portugais — se trouve confronté à un castillan très « andalousé ».

Les traits caractéristiques sont les suivants :

1. Le **« seseo »** — le *c* et le *z* sont prononcés comme des *s* —.
Ainsi nous trouvons le *s* aussi bien pour dire *sí* (oui), *cine* -sine- (cinéma) ou encore *corazón* -corasón- (cœur).

2. Le **« yeismo »** — **prononciation de** *ll* **comme** *y* — *calle* -caye- (rue), *pollo* -poyo- (poulet), etc.

3. **Confusion entre le *r* et le *l*.**
carne -calne- (viande) ; *pierna* -pielna- (jambe) ; *izquierda* -izquielda- (gauche).

4. **Aspiration ou perte du *s* final de la syllabe ou du mot.**
los hombres -lojombre- (les hommes), *las moscas* -la mohca- (les mouches), *las ocho* -laj ocho- huit heures.

5. **Perte de certaines voyelles.**
un cafecito -un cafsito- (un petit café), *muchísimas gracias* -muchismas gracias- (merci beaucoup).

6. **Perte du *r* final.**
voy a comer -voy a comé- (je vais manger), *sí señor* -sí señó- (oui, monsieur).

7. **Perte du *d* entre deux voyelles.**
pescado -pejcao- (poisson), *el dedo* -el deo- (le doigt).

8. **Aspiration du *h* initial.**
hilo -h'ilo- (fil), *hora* -h'ora- (heure).

B. **Aspects morpho-syntactiques**

1. **Extension du pluriel.**
¿Qué hora es? -¿Qué horas son?- (quelle heure est-il ?), *el tiempo está lluvioso* -los tiempos están lluviosos- (le temps est pluvieux).

2. Emploi du **pronom yo** avec une **préposition.**
a mí -a yo- (à moi), *conmigo -con yo-* (avec moi).

3. Utilisation courante du **passé simple à la place du passé composé.**
hoy he estado -hoy estuve- (aujourd'hui j'ai été...), *hoy he ido -hoy fui-* (aujourd'hui je suis allé).

4. Utilisation du **pronom réfléchi avec les verbes intransitifs.**
subió -subióse- (il monta), *entró -entróse-* (il entra).

5. Emploi des **formes verbales du présent avec une valeur de futur.**
querrán -han querer- (voudront), *yo iré -he de ir yo-* (j'irai).

6. Utilisation très courante de l'**adverbe** *recién* **avec d'autres sens.**
a) *hace un momento* (il y a un instant) : *acaba de llegar -llegó recién-* (il vient d'arriver). b) *sólo* (seulement) : *sólo hoy -recién hoy-* (aujourd'hui seulement) ; *no llegará hasta mañana -recién mañana llegará-* (il arrivera seulement demain). c) *apenas* (à peine) : *lo vi apenas llegó -lo vi recién llegó-* (à peine il était arrivé, je le vis).

7. Tendance à utiliser constamment des **diminutifs.**
pronto -prontito- (tôt), *entero -enterito-* (entier), *ahora -ahorita-* (maintenant), *enseguida -enseguidita-* (tout de suite).

Mais l'aspect le plus important et le plus généralisé c'est le « *voseo* ».

8. Le « **voseo** ».
On appelle « *voseo* » à l'utilisation de *vos* à la place de *tú* et de *ti*. On dit ainsi : *vos tenés* au lieu de *tú tienes* (tu as) ; *a vos* au lieu de *a ti* (à toi) ; *con vos* au lieu de *contigo* (avec toi).
Le problème soulevé par le « *voseo* » va au-delà du remplacement des pronoms *tú* et *ti* par *vos* dans la mesure où nous trouvons une altération non seulement au niveau du pronom mais aussi au niveau de la forme verbale.

Pour ce qui est de la deuxième personne du pluriel : *vosotros* (vous), on peut dire qu'en général elle est substituée dans toute l'Amérique hispanophone par le *ustedes* qui n'est employé en Espagne que lorsque l'on s'adresse à plusieurs personnes en les vouvoyant. Néanmoins nous trouvons dans certaines régions d'Amérique latine une coexistence du « *voseo* » et du tutoiement.

On peut établir les tableaux suivants :

Espagne :

	singulier	pluriel
tutoiement	tú, te, ti	vosotros, os, vuestro
vouvoiement	usted	ustedes

Amérique hispanophone :

	singulier	pluriel
tutoiement	vos, te, vos	ustedes
vouvoiement	usted	

Le « *voseo* » est un phénomène important de par son extension, même si parfois il est perçu comme un vulgarisme et qu'il est condamné par les grammairiens.

La langue ne se fait pas uniquement dans les bibliothèques !

*****

C. Particularités lexicales

En général le lexique est le même en « Hispano-amérique » qu'en Espagne. Il y a certainement quelques différences en fonction des régions, mais l'on observe le même type de phénomène entre les diverses régions d'Espagne.

De façon à approcher le problème, nous allons vous donner ici une liste de dix mots courants dans certaines régions d'Amérique :

bolillos	panecillos	petits pains
camión	autobús	autobus
chancleta	acelerador	accélérateur
droga	deuda	dette
exigir	rogar	prier
luego	al instante	à l'instant, tout de suite
palo	trago	gorgée (sens de boire un coup)
parquear	aparcar	se garer
ruletero	taxista	chauffeur de taxi
tinto	café negro	café noir
etc.		

Si nous prenons, par exemple, le mot *camión* qui, en Espagne veut dire *camión* et qui se dit camion en France, nous voyons qu'il désigne l'autobus dans certaines régions de l'Amérique hispanophone (au Mexique entre autres). Mais *autobús* se dit *guagua* en Colombie et *guagua* désigne souvent le nourisson au Chili.

Si vous prenez le *camión* au Mexique pour aller passer quelques jours en Colombie d'où vous envisagez de partir en *guagua* pour l'Argentine, nous vous conseillons de ne pas dire aux personnes qui vous attendent à Buenos Aires - pour lesquelles, d'ailleurs, vous arriverez en *ómnibus* ou encore en *colectivo* —, lorsque vous allez leur raconter les péripéties de votre voyage, ceci : *el camión que cogí en Méjico y la guagua que tomé en Colombia eran...* (l'autobus que je pris au Mexique et l'autobus que je pris en Colombie étaient...), nous ne continuons pas la phrase parce qu'il est fort probable que vous-mêmes vous ne puissiez la continuer ; en effet, *coger* et *tomar* sont deux verbes très courants (comme nous l'avons déjà vu) en Espagne et ils veulent dire prendre, mais en Argentine il est souhaitable de se servir de ces verbes avec prudence. Eh oui, *coger* est utilisé uniquement pour ce que l'on appelle d'une façon courante « faire l'amour » ; *tomar* veut dire en général *beber* (boire), mais attention aussi au contexte parce que ce *beber*-là a souvent un penchant quelque peu alcoolique...

A la vue de tout ceci, nous vous conseillons donc de vous servir des termes courants de chaque pays avec prudence. Au début il s'agit surtout de faire un effort de compréhension vis-à-vis de vos interlocuteurs. Et ceci d'autant plus que vous savez qu'en principe avec le castillan que vous connaissez, vous êtes compris partout.

Vous pouvez aussi vous apercevoir des problèmes qu'un emploi abusif des termes courants en « Hispano-amérique » peut vous poser en Espagne. Ainsi, si à quelqu'un qui est en train de se noyer et appelle au secours, vous dites : *« luego »* et vous n'agissez pas vite, vous pouvez être poursuivi pour non-assistance à personne en danger. *Luego* veut dire après en Espagne et à l'instant, tout de suite, au Mexique.

Mais tout ceci n'a pas pour but de vous inquiéter, sur place les difficultés sont moindres et de toute façon, comme nous l'avons déjà souligné, vous avez là-bas des gens tolérants, très tolérants, et prêts à vous donner un coup de main dans votre apprentissage.

D. Archaïsmes et néologismes

Souvent les différences lexicales sont dues au fait qu'en « Hispano-amérique » on a conservé des mots qui sont déjà tombés en désuétude en Espagne. Ces mots sont donc des archaïsmes.

amargoso	amargo	amer
fatiga	agonía	agonie
despacharse	darse prisa	se hâter
recordarse	despertarse	se réveiller
saber	soler	avoir l'habitude de
taita	padre	père
candela	fuego	feu
catar	mirar	regarder
bregar	trabajar	travailler
mercar	comprar	acheter
etc.		

En ce qui concerne les néologismes, nous trouvons des origines différentes ; il y en a aussi bien des italiens que des allemands ou encore des anglais (sans oublier les français). On dit que le sud a gardé un certain nombre de *« galicismos »* :

usina	fábrica	usine
eclair	cremallera	fermeture éclair
placar	armario	placard
masacrar	matar	tuer
etc.		

tandis que le nord est plus perméable à la terminologie envoyée par le puissant locataire d'en haut :

closet	armario	placard
rentar (to rent)	alquilar	louer
ultimar	matar	tuer
etc.		

QUELQUES MOTS COURANTS DANS TOUTE L'AMERIQUE HISPANOPHONE

arrancarse	despedirse	prendre congé
balaceo	tiroteo	fusillade
bestia	caballo	cheval
diarismo	periodismo	journalisme
eleccionario	electivo, elector	électif, électeur
esportivo	deportivo	sportif
estampilla	sello	timbre
expeditar	despachar, hacer algo con prontitud	expédier, se dépêcher
expendio	local de venta al por menor	local de vente au détail
foja	hoja de papel	feuille de papier
frazada	manta	couverture
lindo	bonito	joli, beau
manejar	conducir un coche	conduire une voiture
memorias	recuerdos, saludos	bons ou meilleurs souvenirs, salutations
pararse	ponerse en pie	se mettre debout
plata	dinero	argent
quedadizo quedado	lento, indolente	lent, indolent
sabana	llanura	plaine
saco	chaqueta	veste
ubicar	colocar en un sitio preciso	placer à un endroit précis

AMERICA CENTRAL

abreviarse	apresurarse	se dépêcher
acogencia	acogida, aceptación	accueil, accepter
acuerpar	defender	défendre
afanar	ganar dinero	gagner de l'argent
cobija	manta	couverture
de juro	sin remedio, a la fuerza	sans remède, de force
de pie	constantemente	constamment
estacón	pinchazo	crevaison
festinar	festejar	fêter
marfil	peine	peigne
mercar	comprar	acheter
¿qué tanto?	¿cuánto?	combien ?
rajar	gastar mucho dinero	dépenser beaucoup d'argent
rango	lujo	luxe
sentirse	resentirse, estar dolido	être chagriné, s'affliger
tajarrazo	herida	blessure
vallunco	rústico, burdo	rustaud, grossier
venduta	venta pública	vente publique
zipote	muchacho	jeune homme

ARGENTINA

apolillar	dormir	dormir
auto	coche	voiture
colectivo, omnibús	autobús	autobus. (« colectivo » est plutôt utilisé en ville)
con fantasía	con ganas, mucho	avec envie, beaucoup
correo	correos	(la) poste
desilo, desíselo	díselo	dis le lui
escobilla	cepillo	brosse
exprés, expreso	café exprés	café express
fósforos	cerillas	allumettes
kiosko	lugar en el que se venden los periódicos y el tabaco	lieu où l'on vend les journaux et le tabac
laburo	trabajo	travail
lunfardo		(argot de certaines zones de Buenos Aires mais très répandu aujourd'hui)
morfar	comer	manger
pollera	falda	jupe
puchos	cigarrillos	cigarettes
tomar	beber	boire (très souvent de l'alcool)
viejo, a	padre, madre	père, mère
¿viste?	¿ves? ¿entiendes?	tu vois ? tu comprends ?

BOLIVIA

anque	aunque	quoique
aplicarle	comer o beber algo con gusto	manger ou boire quelque chose avec plaisir
corre, haz corre este trabajo	deprisa haz deprisa, este trabajo	vite, fais vite ce travail
desecho	atajo	raccourci
¿diande?	¿cómo?	comment ?
fachada	cara, rostro	face, visage
futre	elegante	élégant
¿hay?	¿cómo dice usted? ¿qué?	comment dites-vous ? quoi ?
guagua	niño pequeño, bebé	petit enfant, bébé
limpio	vacío	vide
monis	dinero	argent
mi negocio camina bien	mi negocio marcha bien	mon affaire marche bien
no más	solamente	seulement
no le hace	no importa	ça n'a pas d'importance
pajuela	cerilla	allumette
peyor, más peyor	peor	pire
pulmón, he trabajado tanto que me duele el pulmón	espalda, he trabajado tanto que me duele la espalda	dos, j'ai travaillé tant que j'ai mal au dos
quija	hambre, apetito	faim, appétit
sobre	cama	lit
suplementero	persona que vende periódicos y revistas	personne qui vend des journaux et des magazines
tata	señor	monsieur
trabajo	difícil, penoso	difficile, pénible

COLOMBIA

antier	anteayer	avant hier
amañarse	estar a gusto en un sitio	se plaire, être à l'aise quelque part
agente viajero	viajante	voyageur de commerce
china	mujer indígena en general bella y simpática	femme indigène en général belle et sympathique (le masc. est courant aussi)
finir	acabar, terminar	finir
parquear	aparcar, estacionar	se garer
pase	permiso de conducir	permis de conduire
patilla	sandía	pastèque
peluquear	cortar el pelo	couper les cheveux
querido	persona simpática, amable	personne sympathique, aimable
saco	chaqueta	veste
sifón	cerveza de barril	bière à la pression
taita	padre	père
tanque	depósito de gasolina del coche	réservoir d'essence de la voiture
teatro	sala de cine	salle de cinéma
televidente	telespectador	téléspectateur
tener afán	tener prisa	être pressé
trastearse	mudarse	déménager
sesionar	reunirse para celebrar una sesión	se réunir pour une session de travail

CHILE

al tiro	inmediatamente	tout de suite
arrancarse	irse	s'en aller, partir
botar	tirar	jeter
bus	autobús	autobus
cierro	sobre	enveloppe
farsear	bromear	blaguer
finir	acabar	finir
fundo	finca rústica	propriété rurale
garson	camarero	garçon (au café)
guagua	niño pequeño, bebé	nourrisson
harto	mucho	beaucoup
individual	idéntico	identique
¡oye che!	¡oye tú!	eh ! écoute !
regana	gana muy grande	envie très grande
¿tenís tabaco?	¿tienes cigarros?	as-tu des cigarettes ?
zoquetes	calcetines	chaussettes

MEJICO

abarrotes	artículos de comercio	articles surtout comestibles, de première nécessité : conserves, boissons, etc.
abrirse	retirarse	se retirer, laisser passer
adición	cuenta	addition, note
banqueta	acera	trottoir
carro	coche	voiture
cerillos	cerillas	allumettes
chequeo	examen, revisión	examen, révision
¡esquina!		mot que les passagers du bus doivent lancer avant l'arrivée de l'arrêt où ils souhaitent descendre
destanteado	confundido, indeciso, desorientado	confus, indécis, désorienté
gringo	norteamericano	nord-américain
hallarse	acostumbrarse, estar a gusto	être à l'aise s'habituer
ni modo	imposible a pesar del esfuerzo	impossible malgré l'effort
palabrar ou palabrear	hablar por teléfono	parler au téléphone
pendejo	torpe	maladroit

petrolero	petrolífero, persona que trabaja en ese dominio	pétrolifère et personne qui travaille dans ce domaine
ruletero	taxista	chauffeur de taxi
rutero	conductor de autobús	chauffeur de bus
tener leche	tener suerte	avoir de la chance
tortilla		aliment de base, avec le " chili " et les frijoles, d'une grande partie de la population
trabajoso	difícil, complicado	difficile, compliqué

PERU

agarrar	coger, tomar	prendre
asomarse	acercarse	s'approcher
botar	arrojar, echar fuera con violencia	jeter dehors avec violence
cachete	carrillo, mejilla	joue
candela	fuego, llama	feu, flamme
cigarrería	estanco	bureau de tabac
cocinar	cocer	cuire
cubierta de la carta	sobre	enveloppe
díceselo	díselo	dis le lui
donde fulano de donde fulano	a casa de fulano de casa de fulano	chez un tel de chez un tel
dulcería	confitería	confiserie
palo	madera	bois
pellejo	piel	peau
pitar	fumar	fumer
tener moneda sencilla	tener dinero suelto	avoir la monnaie
vereda	acera	trottoir
voltear	volver	rentrer, retourner, et mettre sens dessus-dessous
vuelto (el)	vuelta (la)	la monnaie que l'on rend

PUERTO RICO

azuquita	diminutivo familiar de azúcar	diminutif familier de sucre
cada vez más	cada día más	chaque jour plus
camarero	delegado elegido a la cámara de representantes (diputado)	délégué élu à la chambre de représentants (député)
en un bendito	en un santiamém	en moins de rien
explicotear	explicar	expliquer
faculto	entendido, experto	expert
¡gana!	es imposible, es inútil empeñarse en ello	c'est impossible, c'est inutile d'essayer
llorarle a uno una cosa	sentarle a uno mal una cosa, irle mal	ne pas aller bien à quelqu'un (vêtement par ex.)
maduro	plátano	banane
mandar	dar, tirar	donner, jeter
carro, máquina, auto	coche	voiture
mantequero	dueño de una pequeña tienda de comestibles	propriétaire d'un petit magasin de comestibles
pluma	grifo	robinet
pollería	edad de la niñez o grupo de niños	âge de l'enfance ou groupe d'enfants
regar	dar	donner
remojar	dar una propina	donner un pourboire
rosario	cuento, chisme, historia	ragot, histoire
tertuliar	estar en reunión conversando, hablando	être en train de parler avec quelqu'un, converser
traficar	trajinar	aller et venir, s'affairer

VENEZUELA

banqueta	cuneta	ravin
boleto	billete	billet (avion, train, etc.)
botar	tirar	jeter
comida	cena	dîner
chancleta	acelerador	accélérateur
escaparate	ropero	penderie, garde-robe
estupendoso	estupendo	excellent, formidable
exigir	rogar	prier
exigencia	ruego cortés	prière polie
flux	traje	costume
galleta	atasco	embouteillage
guindar	colgar	pendre, suspendre, accrocher
musiú, a	todo extranjero, a	tout étranger, ère
palo	trago	gorgée, coup de vin, bière, etc.
pegar	empezar a hacer algo	commencer à faire quelque chose
remojo	propina	pourboire
tripa	neumático del coche	pneu de voiture

APPENDICE GRAMMATICAL

Structure de l'appendice grammatical

*****

NOTIONS GENERALES

1. **Formation des temps** simples des verbes.

Les temps simples des verbes castillans se forment à partir de :

A. Le radical du verbe
- présent de l'indicatif
- présent du subjonctif
- impératif
- imparfait de l'indicatif
- passé simple
- gérondif
- participe passé

B. L'infinitif
- futur de l'indicatif
- conditionnel

C. Le passé simple
- imparfait du subjonctif (les deux variantes)
- futur du subjonctif

2. Verbes irréguliers

Il y a un moyen simple pour savoir si un verbe est régulier ou irrégulier. Il s'agit de voir, en faisant une comparaison avec le modèle en *ar, er,* ou *ir,* le singulier :
- du présent de l'indicatif :   — première personne
- du passé simple :   — troisième personne
- du futur :   — première personne.

Si le verbe est régulier à ces trois temps, il le sera aussi aux autres temps. Par contre :
- Si le verbe est irrégulier à la première personne du présent de l'indicatif, il le sera aussi au présent du subjonctif et à l'impératif.
- Si le verbe est irrégulier à la troisième personne du passé simple, il le sera aussi à l'imparfait et au futur du subjonctif.
- Si le verbe est irrégulier à la première personne du futur de l'indicatif, il le sera aussi au conditionnel.

Ceci nous permet de former trois groupes que l'on appelle : groupe du présent, groupe du prétérit et groupe du futur.

L'imparfait de l'indicatif forme un groupe à part, mais seulement les verbes *ir:* aller, *ser:* être et *ver:* voir (et les composés de celui-ci) sont irréguliers à ce temps.

3. Verbes composés

Les verbes composés se conjuguent comme leur modèle simple. Ainsi, par exemple, *satisfacer:* satisfaire, se conjugue comme *hacer; disponer:* disposer, se conjugue comme *poner,* etc.

Seuls les composés de *decir* présentent quelques changements :

— au futur ils sont réguliers : *maldecir:* maudire, fait *maldeciré; bendecir:* bénir, fait *bendeciré,* etc.
— ils ont l'impératif en *dice: predice:* prédis; *bendice:* bénis; etc.
— au participe passé *predecir* et *desdecir* (dédire) suivent le modèle *decir,* c'est-à-dire : ils font *predicho* et *desdicho; contradecir:* contredire est par contre régulier : *contradecido.* En ce qui concerne *bendecir* et *maldecir,* ils en ont deux : *bendecido* et *maldecido* pour conjuguer les temps composés et *bendito* et *maldito* pour être employés comme adjectifs ou avec les verbes *estar* ou *tener.*

Remarque. *Tout au long de cet appendice, vous ne trouverez à l'impératif que les deux formes propres de ce mode — deuxième personne du singulier et deuxième personne du pluriel —. Comme nous l'avons déjà dit à la leçon 84, les autres formes sont empruntées au présent de subjonctif — de même que les deux personnes propres à ce mode lorsqu'elles sont précédées d'une négation —. Ainsi lorsque, par exemple, nous parlerons d'irrégularité dans le groupe du présent — forcément donc aussi à l'impératif — et que vous ne trouvez pas en gras l'irrégularité dans le tableau concernant l'impératif, il vous faudra penser aux autres personnes que l'impératif emprunte au présent du subjonctif et dont l'une d'entre elles, au moins, sera irrégulière. Si vous avez encore une difficulté à ce sujet, consultez le paragraphe numéro 1 de la leçon 84.*

*****

HABER : avoir (1)

Formes non personnelles

Formes simples

Infinitif	— hab	er
Gérondif (Part. prés.)	— hab	iendo
Participe passé	— hab	ido

Formes composées

Infinitif	— haber habido
Gérondif (Part. prés.)	— habiendo habido

Indicatif

présent		passé composé		
	he		he	hab ido
	has		has	hab ido
	ha		ha	hab ido
	hemos		hemos	hab ido
	habéis		habéis	hab ido
	han		han	hab ido

imparfait		plus-que-parfait		
	hab ía		había	hab ido
	hab ías		habías	hab ido
	hab ía		había	hab ido
	hab íamos		habíamos	hab ido
	hab íais		habíais	hab ido
	hab ían		habían	hab ido

passé simple		passé antérieur		
	hub e		hube	hab ido
	hub iste		hubiste	hab ido
	hub o		hubo	hab ido
	hub imos		hubimos	hab ido
	hub isteis		hubisteis	hab ido
	hub ieron		hubieron	hab ido

futur		futur antérieur		
	hab ré		habré	hab ido
	hab rás		habrás	hab ido
	hab rá		habrá	hab ido
	hab remos		habremos	hab ido
	hab réis		habréis	hab ido
	hab rán		habrán	hab ido

Conditionnel

présent	hab ría	passé	habría	hab ido	
	hab rías		habrías	hab ido	
	hab ría		habría	hab ido	
	hab ríamos		habríamos	hab ido	
	hab ríais		habríais	hab ido	
	hab rían		habrían	hab ido	

Subjonctif

présent	hay a	passé	haya	hab ido	
	hay as		hayas	hab ido	
	hay a		haya	hab ido	
	hay amos		hayamos	hab ido	
	hay áis		hayáis	hab ido	
	hay an		hayan	hab ido	

imparfait	hub iera	(ou)	iese	
	hub ieras		ieses	
	hub iera		iese	
	hub iéramos		iésemos	
	hub ierais		ieseis	
	hub ieran		iesen	

plus-que-parfait	hubiera	(ou)	hubiese	hab ido	
	hubieras		hubieses	hab ido	
	hubiera		hubiese	hab ido	
	hubiéramos		hubiésemos	hab ido	
	hubierais		hubieseis	hab ido	
	hubieran		hubiesen	hab ido	

futur	hub iere	futur antérieur	hubiere	hab ido	
	hub ieres		hubieres	hab ido	
	hub iere		hubiere	hab ido	
	hub iéremos		hubiéremos	hab ido	
	hub iereis		hubiereis	hab ido	
	hub ieren		hubieren	hab ido	

Impératif

he

—

—

hab ed

(1) Le verbe **haber** est un verbe auxiliaire. Il est le seul verbe castillan servant à former les temps composés des verbes.

TENER : avoir (dans le sens de posséder)

Formes non personnelles

Formes simples

Infinitif	— ten	er
Gérondif (Part. prés.)	— ten	iendo
Participe passé	— ten	ido

Formes composées

Infinitif	— haber tenido
Gérondif (Part. prés.)	— habiendo tenido

Indicatif

présent		passé composé		
teng	o	he	ten	ido
tien	es	has	ten	ido
tien	e	ha	ten	ido
ten	emos	hemos	ten	ido
ten	éis	habéis	ten	ido
tien	en	han	ten	ido

imparfait		plus-que-parfait		
ten	ía	había	ten	ido
ten	ías	habías	ten	ido
ten	ía	había	ten	ido
ten	íamos	habíamos	ten	ido
ten	íais	habíais	ten	ido
ten	ían	habían	ten	ido

passé simple		passé antérieur		
tuv	e	hube	ten	ido
tuv	iste	hubiste	ten	ido
tuv	o	hubo	ten	ido
tuv	imos	hubimos	ten	ido
tuv	isteis	hubisteis	ten	ido
tuv	ieron	hubieron	ten	ido

futur		futur antérieur		
ten	dré	habré	ten	ido
ten	drás	habrás	ten	ido
ten	drá	habrá	ten	ido
ten	dremos	habremos	ten	ido
ten	dréis	habréis	ten	ido
ten	drán	habrán	ten	ido

Conditionnel

	ten	dría		habría	ten	ido
	ten	drías		habrías	ten	ido
présent	ten	dría	passé	habría	ten	ido
	ten	dríamos		habríamos	ten	ido
	ten	dríais		habríais	ten	ido
	ten	drían		habrían	ten	ido

Subjonctif

	teng	a		haya	ten	ido
	teng	as		hayas	ten	ido
présent	teng	a	passé	haya	ten	ido
	teng	amos		hayamos	ten	ido
	teng	áis		hayáis	ten	ido
	teng	an		hayan	ten	ido

	tuv	iera	(ou)	iese
	tuv	ieras		ieses
imparfait	tuv	iera		iese
	tuv	iéramos		iésemos
	tuv	ierais		ieseis
	tuv	ieran		iesen

	hubiera	(ou)	hubiese	ten	ido
	hubieras		hubieses	ten	ido
plus-que-parfait	hubiera		hubiese	ten	ido
	hubiéramos		hubiésemos	ten	ido
	hubierais		hubieseis	ten	ido
	hubieran		hubiesen	ten	ido

	tuv	iere		hubiere	ten	ido
	tuv	ieres		hubieres	ten	ido
futur	tuv	iere	futur antérieur	hubiere	ten	ido
	tuv	iéremos		hubiéremos	ten	ido
	tuv	iereis		hubiereis	ten	ido
	tuv	ieren		hubieren	ten	ido

Impératif

ten

—

—

tened

SER : être (1)

Formes non personnelles

Formes simples

Infinitif	—	s	er
Gérondif (Part. prés.)	—	s	iendo
Participe passé	—	s	ido

Formes composées

Infinitif	— haber sido
Gérondif (Part. prés.)	— habiendo sido

Indicatif

présent		passé		
	soy		he	s ido
	eres		has	s ido
	es		ha	s ido
	somos		hemos	s ido
	sois		habéis	s ido
	son		han	s ido

imparfait		plus-que-parfait		
	era		había	s ido
	eras		habías	s ido
	era		había	s ido
	éramos		habíamos	s ido
	erais		habíais	s ido
	eran		habían	s ido

passé simple		passé antérieur		
	fui		hube	s ido
	fuiste		hubiste	s ido
	fue		hubo	s ido
	fuimos		hubimos	s ido
	fuisteis		hubisteis	s ido
	fueron		hubieron	s ido

futur			futur antérieur		
	s	eré		habré	s ido
	s	erás		habrás	s ido
	s	erá		habrá	s ido
	s	eremos		habremos	s ido
	s	eréis		habréis	s ido
	s	erán		habrán	s ido

Conditionnel

	s	ería	habría	s	ido
présent	s	erías	habrías	s	ido
	s	ería	habría	s	ido
	s	eríamos	habríamos	s	ido
	s	eríais	habríais	s	ido
	s	erían	habrían	s	ido

passé

Subjonctif

présent	se	a	haya	s	ido
	se	as	hayas	s	ido
	se	a	haya	s	ido
	se	amos	hayamos	s	ido
	se	áis	hayáis	s	ido
	se	an	hayan	s	ido

passé

imparfait	fu	era	(ou)	ese
	fu	eras		eses
	fu	era		ese
	fu	éramos		ésemos
	fu	erais		eseis
	fu	eran		esen

plus-que-parfait	hubiera	(ou)	hubiese	s	ido
	hubieras		hubieses	s	ido
	hubiera		hubiese	s	ido
	hubiéramos		hubiésemos	s	ido
	hubierais		hubieseis	s	ido
	hubieran		hubiesen	s	ido

futur	fu	ere	futur antérieur	hubiere	s	ido
	fu	eres		hubieres	s	ido
	fu	ere		hubiere	s	ido
	fu	éremos		hubiéremos	s	ido
	fu	ereis		hubiereis	s	ido
	fu	eren		hubieren	s	ido

Impératif

s é

——

——

s ed

(1) Le verbe **ser** est aussi, comme haber, un verbe auxiliaire. Il est employé pour exprimer la voix passive.

ESTAR : être (dans le sens de se trouver)

Formes non personnelles

Formes simples

Infinitif	— est	ar
Gérondif (Part. prés.)	— est	ando
Participe passé	— est	ado

Formes composées

Infinitif	— haber estado
Gérondif (Part. prés.)	— habiendo estado

Indicatif

présent	est	oy	**passé**	he	est ado
	est	ás		has	est ado
	est	á		ha	est ado
	est	amos		hemos	est ado
	est	áis		habéis	est ado
	est	án		han	est ado
imparfait	est	aba	**plus-que-parfait**	había	est ado
	est	abas		habías	est ado
	est	aba		había	est ado
	est	ábamos		habíamos	est ado
	est	abais		habíais	est ado
	est	aban		habían	est ado
passé simple	estuv	e	**passé antérieur**	hube	est ado
	estuv	iste		hubiste	est ado
	estuv	o		hubo	est ado
	estuv	imos		hubimos	est ado
	estuv	isteis		hubisteis	est ado
	estuv	ieron		hubieron	est ado
futur	est	aré	**futur antérieur**	habré	est ado
	est	arás		habrás	est ado
	est	ará		habrá	est ado
	est	aremos		habremos	est ado
	est	aréis		habréis	est ado
	est	arán		habrán	est ado

Conditionnel

présent			passé		
est	aría		habría	est	ado
est	arías		habrías	est	ado
est	aría		habría	est	ado
est	aríamos		habríamos	est	ado
est	aríais		habríais	est	ado
est	arían		habrían	est	ado

Subjonctif

présent			passé		
est	é		haya	est	ado
est	és		hayas	est	ado
est	é		haya	est	ado
est	emos		hayamos	est	ado
est	éis		hayáis	est	ado
est	én		hayan	est	ado

imparfait		(ou)	
estuv	iera	(ou)	iese
estuv	ieras		ieses
estuv	iera		iese
estuv	iéramos		iésemos
estuv	ierais		ieseis
estuv	ieran		iesen

plus-que-parfait	(ou)			
hubiera	(ou)	hubiese	est	ado
hubieras		hubieses	est	ado
hubiera		hubiese	est	ado
hubiéramos		hubiésemos	est	ado
hubierais		hubieseis	est	ado
hubieran		hubiesen	est	ado

futur		futur antérieur		
estuv	iere	hubiere	est	ado
estuv	ieres	hubieres	est	ado
estuv	iere	hubiere	est	ado
estuv	iéremos	hubiéremos	est	ado
estuv	iereis	hubiereis	est	ado
estuv	ieren	hubieren	est	ado

Impératif

est á
—
—
est ad

PREMIERE CONJUGAISON : INFINITIF EN **AR**

CANTAR : chanter

Formes non personnelles

Formes simples

Infinitif	— cant	ar
Gérondif (Part. prés.)	— cant	ando
Participe passé	— cant	ado

Formes composées

Infinitif	— haber cantado
Gérondif (Part. prés.)	— habiendo cantado

Indicatif

présent			passé		
cant	o		he	cant	ado
cant	as		has	cant	ado
cant	a		ha	cant	ado
cant	amos		hemos	cant	ado
cant	áis		habéis	cant	ado
cant	an		han	cant	ado

imparfait			plus-que-parfait		
cant	aba		había	cant	ado
cant	abas		habías	cant	ado
cant	aba		había	cant	ado
cant	ábamos		habíamos	cant	ado
cant	abais		habíais	cant	ado
cant	aban		habían	cant	ado

passé simple			passé antérieur		
cant	é		hube	cant	ado
cant	aste		hubiste	cant	ado
cant	ó		hubo	cant	ado
cant	amos		hubimos	cant	ado
cant	asteis		hubisteis	cant	ado
cant	aron		hubieron	cant	ado

futur			futur antérieur		
cant	aré		habré	cant	ado
cant	arás		habrás	cant	ado
cant	ará		habrá	cant	ado
cant	aremos		habremos	cant	ado
cant	aréis		habréis	cant	ado
cant	arán		habrán	cant	ado

Conditionnel

	présent		passé		
	cant aría		habría	cant	ado
	cant arías		habrías	cant	ado
	cant aría		habría	cant	ado
	cant aríamos		habríamos	cant	ado
	cant aríais		habríais	cant	ado
	cant arían		habrían	cant	ado

Subjonctif

	présent		passé		
	cant e		haya	cant	ado
	cant es		hayas	cant	ado
	cant e		haya	cant	ado
	cant emos		hayamos	cant	ado
	cant éis		hayáis	cant	ado
	cant en		hayan	cant	ado

imparfait

cant ara	(ou)	ase
cant aras		ases
cant ara		ase
cant áramos		ásemos
cant arais		aseis
cant aran		asen

plus-que-parfait

hubiera	(ou)	hubiese	cant	ado
hubieras		hubieses	cant	ado
hubiera		hubiese	cant	ado
hubiéramos		hubiésemos	cant	ado
hubierais		hubieseis	cant	ado
hubieran		hubiesen	cant	ado

futur		futur antérieur		
cant are	hubiere	cant	ado
cant ares	hubieres	cant	ado
cant are	hubiere	cant	ado
cant áremos	hubiéremos	cant	ado
cant areis	hubiereis	cant	ado
cant aren	hubieren	cant	ado

Impératif

cant a

—

—

cant ad

DEUXIEME CONJUGAISON : INFINITIF EN **ER**

COMER : manger

Formes non personnelles

Formes simples

Infinitif	— com	er
Gérondif (Part. prés.)	— com	iendo
Participe passé	— com	ido

Formes composées

Infinitif	— haber comido
Gérondif (Part. prés.)	— habiendo comido

Indicatif

présent	com o		passé	he	com ido
	com es			has	com ido
	com e			ha	com ido
	com emos			hemos	com ido
	com éis			habéis	com ido
	com en			han	com ido
imparfait	com ía		plus-que-parfait	había	com ido
	com ías			habías	com ido
	com ía			había	com ido
	com íamos			habíamos	com ido
	com íais			habíais	com ido
	com ían			habían	com ido
passé simple	com í		passé antérieur	hube	com ido
	com iste			hubiste	com ido
	com ió			hubo	com ido
	com imos			hubimos	com ido
	com isteis			hubisteis	com ido
	com ieron			hubieron	com ido
futur	com eré		futur antérieur	habré	com ido
	com erás			habrás	com ido
	com erá			habrá	com ido
	com eremos			habremos	com ido
	com eréis			habréis	com ido
	com erán			habrán	com ido

Conditionnel

	com	ería	habría	com ido
	com	erías	habrías	com ido
présent	com	ería	habría	com ido
	com	eríamos	habríamos	com ido
	com	eríais	habríais	com ido
	com	erían	habrían	com ido

passé

Subjonctif

	com	a	haya	com ido
	com	as	hayas	com ido
présent	com	a	haya	com ido
	com	amos	hayamos	com ido
	com	áis	hayáis	com ido
	com	an	hayan	com ido

passé

			(ou)	
	com	iera	(ou)	iese
	com	ieras		ieses
imparfait	com	iera		iese
	com	iéramos		iésemos
	com	ierais		ieseis
	com	ieran		iesen

	(ou)		
hubiera	(ou)	hubiese	com ido
hubieras		hubieses	com ido
hubiera		hubiese	com ido
hubiéramos		hubiésemos	com ido
hubierais		hubieseis	com ido
hubieran		hubiesen	com ido

plus-que-parfait

	com	iere	hubiere	com ido
	com	ieres	hubieres	com ido
futur	com	iere	hubiere	com ido
	com	iéremos	hubiéremos	com ido
	com	iereis	hubiereis	com ido
	com	ieren	hubieren	com ido

futur antérieur

Impératif

com e

—

—

com ed

TROISIEME CONJUGAISON : INFINITIF EN **IR**

VIVIR : vivre

Formes non personnelles

Formes simples

Infinitif	— viv	ir
Gérondif (Part. prés.)	— viv	iendo
Participe passé	— viv	ido

Formes composées

Infinitif	— haber vivido
Gérondif (Part. prés.)	— habiendo vivido

Indicatif

présent			passé		
viv	o		he	viv	ido
viv	es		has	viv	ido
viv	e		ha	viv	ido
viv	imos		hemos	viv	ido
viv	ís		habéis	viv	ido
viv	en		han	viv	ido

imparfait			plus-que-parfait		
viv	ía		había	viv	ido
viv	ías		habías	viv	ido
viv	ía		había	viv	ido
viv	íamos		habíamos	viv	ido
viv	íais		habíais	viv	ido
viv	ían		habían	viv	ido

passé simple			passé antérieur		
viv	í		hube	viv	ido
viv	iste		hubiste	viv	ido
viv	ió		hubo	viv	ido
viv	imos		hubimos	viv	ido
viv	isteis		hubisteis	viv	ido
viv	ieron		hubieron	viv	ido

futur			futur antérieur		
viv	iré		habré	viv	ido
viv	irás		habrás	viv	ido
viv	irá		habrá	viv	ido
viv	iremos		habremos	viv	ido
viv	iréis		habréis	viv	ido
viv	irán		habrán	viv	ido

Conditionnel

	viv	iría	habría	viv	ido
	viv	irías	habrías	viv	ido
présent	viv	iría	habría	viv	ido
	viv	iríamos	habríamos	viv	ido
	viv	iríais	habríais	viv	ido
	viv	irían	habrían	viv	ido

présent — passé

Subjonctif

	viv	a	haya	viv	ido
	viv	as	hayas	viv	ido
présent	viv	a	haya	viv	ido
	viv	amos	hayamos	viv	ido
	viv	áis	hayáis	viv	ido
	viv	an	hayan	viv	ido

présent — passé

imparfait	viv	iera	(ou)	iese
	viv	ieras		ieses
	viv	iera		iese
	viv	iéramos		iésemos
	viv	ierais		ieseis
	viv	ieran		iesen

plus-que-parfait	hubiera	(ou)	hubiese	viv	ido
	hubieras		hubieses	viv	ido
	hubiera		hubiese	viv	ido
	hubiéramos		hubiésemos	viv	ido
	hubierais		hubieseis	viv	ido
	hubieran		hubiesen	viv	ido

futur	viv	iere	futur antérieur	hubiere	viv	ido
	viv	ieres		hubieres	viv	ido
	viv	iere		hubiere	viv	ido
	viv	iéremos		hubiéremos	viv	ido
	viv	iereis		hubiereis	viv	ido
	viv	ieren		hubieren	viv	ido

Impératif

viv e

—

—

viv id

MODIFICATIONS ORTHOGRAPHIQUES

Les modifications orthographiques exigées par certains verbes à certaines personnes ne constituent pas à proprement parler des irrégularités. Elles visent uniquement au maintien, partout dans les verbes, des mêmes sons. Il ne s'agit donc pas d'irrégularités puisque rien ne change pour l'oreille. Ainsi par exemple dans *vencer:* vaincre, si nous voulons garder le même son au présent, nous dirons non pas *venco* mais *venzo:* je vaincs.

Rappelons les équivalences :

Les sons **ca - co**	deviennent **que - qui**
Les sons **ga - go**	deviennent **gue - gui**
Les sons **ja - jo**	deviennent **ge - gi**
Les sons **gua - guo**	deviennent **güe - güi**
Les sons **za - zo**	deviennent **ce - ci**

A. — Modifications de la première conjugaison.

Verbes en **car, gar, guar, zar.**

Terminaisons	Transform.	Infinitif	P. simple	Présent du subjonctif
car: c	devient **qu**	*indicar:* indiquer	indiqué	indique, indiques, etc.
gar: g	devient **gu**	*pagar:* payer	pagué	pague, pagues, etc.
guar: gu	devient **gü**	*averiguar:* vérifier	averigüé	averigüe, averigües
zar: z	devient **c**	*izar:* hisser	icé	ice, ices, etc.

A la vue de ce tableau, nous constatons que la modification a lieu lorsque la terminaison commence par un *e*. Ces modifications donc s'opèrent uniquement à la première personne du passé simple et à l'ensemble du présent du subjonctif.

B. — Modifications de la deuxième et troisième conjugaison.

Verbes en **cer, cir, ger, gir, guir, quir.**

Terminaisons	Transform.	Infinitif	Présent	Présent du subjonctif
cer ⟩ c **cir** ⟩ c	devient **z**	*ejercer*: exercer *esparcir*: éparpiller	ejerzo esparzo	ejerza, ejerzas, etc. esparza, esparzas, etc.
ger ⟩ g **gir** ⟩ g	devient **j**	*coger*: prendre *dirigir*: diriger	cojo dirijo	coja, cojas, etc. dirija, dirijas, etc.
guir: gu	devient **g**	*distinguir*: distinguer	distingo	distinga, distingas, etc.
quir: qu	devient **c**	*delinquir*: commettre un délit	delinco	delinca, delincas, etc.

VERBES IRREGULIERS CLASSES

Premier groupe

Alternance e-ie

Ces verbes diphtonguent en *ie* le *e* précédant la désinence lorsque ce *e* porte l'accent tonique.
Ce changement s'opère donc uniquement aux trois personnes du singulier et à la troisième personne du pluriel
du présent de l'indicatif et du présent du subjonctif ainsi qu'à l'impératif.

PENS AR: penser

	Indicatif	Subjonctif	Impératif
présent	piens o	piens e	
	piens as	piens es	piens a
	piens a	piens e	
	pens amos	pens emos	
	pens áis	pens éis	pens ad
	piens an	piens en	

Toutes les autres formes de ce verbe — et de ceux qui appartiennent aux irréguliers du premier groupe —
sont régulières et se conjuguent comme les correspondantes du modèle **cantar**.

PERD ER: perdre

Indicatif	Subjonctif	Impératif
présent		
pierd o	pierd a	
pierd es	pierd as	pierd e
pierd e	pierd a	
perd emos	perd amos	
perd éis	perd áis	perd ed
pierd en	pierd an	

Toutes les autres formes de ce verbe — et de ceux qui appartiennent aux irréguliers du premier groupe — sont régulières et se conjuguent comme les correspondantes du modèle **comer.**

Discernir: discerner, et *concernir:* concerner, sont les deux seuls verbes finissant en **IR** qui appartiennent à ce premier groupe et ont par conséquence la même irrégularité. *Discierno:* je discerne, *disciernes:* tu discernes, etc. *Concierno:* je concerne, *conciernes:* tu concernes, etc.

Deuxième groupe

Alternance o-ue

Ces verbes diphtonguent en *ue* le *o* précédant la désinence lorsque le *o* porte l'accent tonique.
Ce changement s'opère donc uniquement aux trois personnes du singulier et à la troisième personne du pluriel
du présent de l'indicatif et du présent du subjonctif ainsi qu'à l'impératif.

CONT AR: compter, raconter

Indicatif		Subjonctif	Impératif
présent			
cuent o		cuent e	
cuent as		cuent es	cuent a
cuent a		cuent e	
cont amos		cont emos	
cont áis		cont éis	cont ad
cuent an		cuent en	

VOLV ER: rentrer (1)

Indicatif	Subjonctif	Impératif
present		
vuelv o	vuelv a	
vuelv es	vuelv as	vuelv e
vuelv e	vuelv a	
volv emos	volv amos	
volv éis	volv áis	volv ed
vuelv en	vuelv an	

A l'exception de *concernir* (concerner) et *discernir* (discerner), tous les autres verbes appartenant à ce groupe sont de la première conjugaison (en -ar) ou de la deuxième conjugaison (en -er).

Les autres temps de ces verbes sont réguliers et se conjuguent comme leurs correspondants des modèles en -ar *(cantar)* et en -er *(comer)*.

(1) Remarque : le choix de *volver* comme modèle des irréguliers du deuxième groupe (en -er) a été fait en fonction de l'importance et de l'usage courant de ce verbe (voir note 1 de la leçon 70).
Il est à souligner que le participe passé est irrégulier - *vuelto* -. Tous les verbes finissant en -*olver* (ils appartiennent à ce groupe) ont un participe passé en -*uelto*.

Troisième groupe

Alternance c-zc

Les verbes de ce groupe prennent un z dans les trois présents — indicatif, subjonctif et impératif — devant le c précédant la désinence lorsque ce c doit être suivi d'une voyelle forte (*a* et *o*) c'est-à-dire lorsque phonétiquement l'on se trouve face à une terminaison prenant le son k *(ca, co).*

Appartiennent à ce groupe les verbes finissant en *acer, ecer, ocer, ucir.*

CONOC ER: connaître

	Indicatif	Subjonctif	Impératif
présent	conozc o	conozc a	
	conoc es	conozc as	conoc e
	conoc e	conozc a	
	conoc emos	conozc amos	
	conoc éis	conozc áis	conoc ed
	conoc en	conozc an	

LUC IR: briller

Indicatif	Subjonctif	Impératif
présent		
luzc o	luzc a	
luc es	luzc as	luc e
luc e	luzc a	
luc imos	luzc amos	
luc ís	luzc áis	luc id
luc en	luzc an	

Les autres formes de ces deux verbes — et de ceux qui appartiennent à ce groupe — sont régulières et se conjuguent comme leurs modèles correspondantes: **comer et vivir.**

Dans ce groupe nous ne trouvons que des verbes de la deuxième et troisième conjugaison.

Exceptions :

Hacer: faire ; *placer:* plaire ; *yacer:* gésir — ces trois verbes ont d'autres irrégularités et forment partie de la liste des 24 verbes que l'on ne peut pas classer — *mecer:* bercer ; *cocer:* cuire, et *escocer:* démanger.

Outre ces six verbes, la Real Academia inclut dans les exceptions de ce groupe les verbes finissant en *ducir* puisque ces verbes ajoutent à l'irrégularité du troisième groupe une autre dans le groupe du prétérit. Ces verbes sont ceux qui constituent le quatrième groupe.

Quatrième groupe

Alternance **c-zc** (groupe du présent)
passé simple en **-duje**

Sont appelés verbes du quatrième groupe ceux finissant en *ducir*. Ils ont — dans le groupe du présent — la même irrégularité que les verbes du troisième groupe. En outre — et c'est pour cela qu'ils forment un groupe à part — ils ont le passé simple en *duje* et, par conséquent, l'imparfait du subjonctif en *dujera* ou *dujese*, et le futur du subjonctif en *dujere*.

CONDUC IR: conduire

Indicatif		Subjonctif		Impératif	
présent	conduzc o	conduzc	a		
	conduc es	conduzc	as	conduc	e
	conduc e	conduzc	a		
	conduc imos	conduzc	amos		
	conduc ís	conduzc	áis	conduc	id
	conduc en	conduzc	an		

Indicatif	Subjonctif	
passe simple conduj e conduj iste conduj o conduj imos conduj isteis conduj eron	**imparfait** conduj era conduj eras conduj era conduj éramos conduj erais conduj eran (ou) ese eses ese ésemos eseis esen	**futur** conduj ere conduj eres conduj ere conduj éremos conduj ereis conduj eren

Les autres formes de ce verbe — et de ceux finissant en *ducir* — sont régulières et se conjuguent comme le modèle *vivir*.

Il est à remarquer que la presque totalité des verbes castillans en *ducir* correspondent aux verbes français en duire. Dans les deux langues il s'agit de verbes formés avec le verbe latin ducere. Ainsi : *seducir:* séduire ; *traducir:* traduire ; *producir:* produire ; *introducir:* introduire, etc.

Cinquième groupe

Perte du i (groupe du prétérit)
(gérondif)

Les verbes de ce groupe perdent la voyelle *i* dans le groupe du prétérit : passé simple, imparfait et futur du subjonctif, ainsi qu'au gérondif.

Appartiennent à ce groupe les verbes finissant en *añer, añir, iñir, uñir* et en *eller* et *ullir*.

MULL IR : ramollir (la laine) ameublir (la terre)

Indicatif		Subjonctif		
passé simple	**imparfait**		**futur**	
mull í	mull era	(ou)	mull ese	mull ere
mull iste	mull eras		mull eses	mull eres
mull ó	mull era		mull ese	mull ere
mull imos	mull éramos		mull ésemos	mull éremos
mull isteis	mull erais		mull eseis	mull ereis
mull eron	mull eran		mull esen	mull eren

Gérondif : mull endo

Sauf la troisième personne du singulier du passé simple, l'imparfait, le futur du subjonctif et le gérondif, les autres formes de ce verbe — et de ceux qui ont la même irrégularité — sont régulières et se conjuguent comme les modèles correspondants **vivir** et **comer**.

*****

Sixième groupe

Alternance **e-i**

Les verbes de ce groupe changent la voyelle *e* du radical en *i* lorsqu'elle doit être tonique ou si la désinence commence par une diphtongue ou par *a*, ce changement s'opère dans les groupes du présent et du prétérit ainsi qu'au gérondif.

Appartiennent à ce groupe outre *servir*: servir, ceux finissant en *ebir, edir, egir, eguir, emir, enchir, endir, estir* et *etir*.

PED IR: demander

Indicatif		Subjonctif		Impératif	
présent	pid o		pid a		
	pid es		pid as		pid e
	pid e		pid a		
	ped imos		pid amos		
	ped is		pid áis		ped id
	pid en		pid an		

Indicatif	Subjonctif		
passé simple	imparfait	(ou)	futur
ped í	pid iera	pid iese	pid iere
ped iste	pid ieras	pid ieses	pid ieres
pid ió	pid iera	pid iese	pid iere
ped imos	pid iéramos	pid iésemos	pid iéremos
ped isteis	pid ierais	pid ieseis	pid iereis
pid ieron	pid ieran	pid iesen	pid ieren

Gérondif : pid iendo

Les autres temps de ce verbe sont réguliers et se conjuguent comme les correspondants du modèle **vivir**.

Septième groupe

Perte du i (groupe du prétérit)
(gérondif)

Alternance **e-i**

Les verbes de ce groupe rassemblent les irrégularités du cinquième et sixième groupe.

Appartiennent à ce groupe les verbes finissant en *eir* et *eñir.*

RE IR: rire

Indicatif		Subjonctif		Impératif	
présent	rí o	rí a	rí	e
	rí es	rí as		
	rí e	rí a	re	íd
	re ímos	rí amos		
	re ís	rí áis		
	rí en	rí an		

Indicatif	Subjonctif			
passé simple	**imparfait**	(ou)		**futur**
r í	rí era	ese		rí ere
ra íste	rí eras	eses		rí eres
r ó	rí era	ese		rí ere
r ímos	rí éramos	ésemos		rí éremos
ra ístes	rí erais	eseis		rí ereis
rí eron	rí eran	esen		rí eren

Gérondif : ri endo

Huitième groupe

Alternance **e-ie**

e-i

Les verbes de ce groupe ont d'une part : — dans le groupe du présent — présent de l'indicatif, présent du subjonctif et impératif, la même irrégularité que les verbes du premier groupe, c'est-à-dire qu'ils diphtonguent en *ie* le *e* précédant la désinence aux personnes toniques.

Et ont d'autre part, dans le groupe du présent et du prétérit et aussi au gérondif, la même irrégularité que les verbes du sixième groupe, c'est-à-dire qu'ils changent la voyelle *e* en *i* lorsqu'elle doit être tonique ou si la désinence commence par *a* ou diphtongue.

Appartiennent à ce groupe tous les verbes finissant en *entir*, comme *sentir*: sentir, *erir* comme *proferir*: proférer ; et *ertir* comme *divertir*: divertir. Il s'agit en fait de tous les verbes qui ont après le *e* du radical un *r* ou nt. *Servir* constitue la seule exception.

SENT IR: sentir

Indicatif

présent

sient	o
sient	es
sient	e
sent	imos
sent	ís
sient	en

Subjonctif

sient	a
sient	as
sient	a
sint	amos
sint	áis
sient	an

Impératif

sient	e
sent	id

Indicatif

passé simple

sent	í
sent	iste
sint	ió
sent	imos
sent	isteis
sint	ieron

Subjonctif

imparfait

sint	iera
sint	ieras
sint	iera
sint	iéramos
sint	ierais
sint	ieran

(ou)

	iese
	ieses
	iese
	iésemos
	ieseis
	iesen

futur

sint	iere
sint	ieres
sint	iere
sint	iéremos
sint	iereis
sint	ieren

Gérondif : sint iendo

Il est à remarquer que les verbes en *ir* qui ont un *e* au radical se conjuguent ou bien sur ce modèle ou bien sur le modèle du sixième groupe *pedir:* demander.

Neuvième groupe

Alternance i-ie

u-ue

Il s'agit des verbes qui diphtonguent en *ie* le *i* et en *ue* le *u* précédant la désinence dans les mêmes cas où diphtonguent les verbes du premier et du deuxième groupe.

Appartiennent à ce groupe *jugar:* jouer et les verbes finissant en *irir* comme *adquirir:* acquérir.

JUG AR: jouer

Indicatif		Subjonctif		Impératif	
présent					
jueg o		**juegu** e			
jueg as		**juegu** es		**jueg** a	
jueg a		**juegu** e			
jug amos		jugu emos			
jug áis		jugu éis		jug ad	
jueg an		**juegu** en			

ADQUIR IR : acquérir

Indicatif	Subjonctif	Impératif
présent		
adquier o	adquier a	adquier e
adquier es	adquier as	
adquier e	adquier a	
adquir imos	adquir amos	adquir id
adquir ís	adquir áis	
adquier en	adquier an	

Dixième groupe

Augmentation d'un **y** devant les voyelles
appelées fortes – *a, e, o* –

Il s'agit des verbes en *uir*. Dans ces verbes on insère un *y* après le *u* du radical devant les voyelles *a, e, o,* c'est-
à-dire chaque fois que la terminaison ne commence pas par un *i*.
Cette irrégularité a donc lieu dans le groupe du présent.

CONSTRU IR: construire

Indicatif		Subjonctif		Impératif	
présent	construy o	construy a			
	construy es	construy as		construy	e
	construy e	construy a			
	constru imos	construy amos			
	constru ís	construy áis		constru	id
	construy en	construy an			

Les verbes en *uir* sont réguliers à tous les autres temps, mais il faut tenir compte des modifications orthographiques que nous avons signalées ci-dessus. Cela veut dire que le *i* atone du gérondif, le *i* des troisièmes personnes (du singulier et du pluriel) du prétérit et par conséquent des temps qui en dérivent, qui se trouve entre deux voyelles, devient *y*.

Indicatif			Subjonctif		
passé simple	constru i		constru yese		constru yere
	constru iste		constru yeses		constru yeres
	constru yó		constru yese		constru yere
	constru imos		constru yésemos		constru yéremos
	constru isteis		constru yeseis		constru yereis
	constru yeron		constru yesen	futur	constru yeren
imparfait	constru yera	(ou)			
	constru yeras				
	constru yera				
	constru yéramos				
	constru yerais				
	constru yeran				

Gérondif : constru yendo

Nous voyons donc qu'au groupe prétérit ces verbes ne sont pas irréguliers puisqu'il n'y a pas d'augmentation de lettres ; il s'agit simplement d'un changement du *i* / de la désinence en *y*.

Les verbes en aer comme *caer:* tomber ; en *eer* comme *leer:* lire ; en *oer* comme *roer:* ronger ; et *oir* comme *oir:* entendre, changent aussi dans le groupe du prétérit et au gérondif le *i* atone en *y*.

Caer: tomber et *oir:* entendre, font partie, par ailleurs, du groupe des 24 verbes inclassables.

Onzième groupe

Dormir: dormir et *Morir:* mourir

Ces verbes ont la même irrégularité que les verbes du deuxième groupe ; ils diphtonguent donc en *ue* (*duermo:* je dors ; *muere:* il meurt). Mais en outre ils changent le *o* en *u* dans les mêmes cas où les verbes du huitième groupe changent le *e* en *i*.

DORM IR: dormir

Indicatif	Subjonctif	Impératif
présent		
duerm o	duerm a	
duerm es	duerm as	duerm e
duerm e	duerm a	
dorm imos	durm amos	
dorm ís	durm áis	dorm id
duerm en	duerm an	

Indicatif	Subjonctif		
passé simple	**imparfait**	(ou)	**futur**
dorm í	durm iera	iese	durm iere
dorm iste	durm ieras	ieses	durm ieres
durm ió	durm iera	iese	durm iere
dorm imos	durm iéramos	iésemos	durm iéremos
dorm isteis	durm ierais	ieseis	durm iereis
durm ieron	durm ieran	iesen	durm ieren

Gérondif : durm iendo

Il est à retenir que le participe passé de *morir* est irrégulier, ainsi il fait non pas *morido* mais *muerto*: mort.

Douzième groupe

Valer: valoir et *salir:* sortir

Ces deux verbes ajoutent la consonne *g* avant la désinence lorsque celle-ci commence par *a* ou *o* et ceci dans le groupe du présent. Dans le groupe du futur — futur et conditionnel — ils perdent une voyelle et prennent un *d* euphonique.

A l'impératif ils apocopent la dernière voyelle.

Indicatif		Subjonctif		Impératif	
présent	valg o	valg a			
	val es	valg as		val (ou) vale	
	val e	valg a			
	val emos	valg amos			
	val éis	valg áis		val ed	
	val en	valg an			

Indicatif		Conditionnel	
vald	ré	vald	ría
vald	rás	vald	rías
vald	rá	vald	ría
vald	remos	vald	ríamos
vald	réis	vald	ríais
vald	rán	vald	rían
futur		présent	

TABLEAU RECAPITULATIF DES VERBES IRREGULIERS CLASSES

Groupe	Ont cette irrégularité	Irrégularités	Groupes où l'irrégularité a lieu	Modèle
1	Nombreux verbes qui ont un *e* comme dernière voyelle du radical	alternance **e-ie**	groupe du présent	*pensar, perder*
2	Nombreux verbes qui ont un *o* comme dernière voyelle du radical	alternance **o-ue**	groupe du présent	*contar, volver*
3	Verbes en *acer, ecer, ocer, ucir*	alternance **c-zc**	groupe du présent	*conocer, lucir*
4	Verbes en *ducir*	alternance **c-zc** et prétérit en **duje**	groupe du présent groupe du prétérit	*conducir*
5	Verbes en *añer, añir, iñir, uñir, eller, ullir*	perte du **i**	groupe du prétérit gérondif	*mullir*

6	Servir et verbes en *ebir, edir, egir, eguir, emir, enchir, endir, estir, etir*	alternance **e-i**	groupe du présent groupe du prétérit gérondif	*pedir*
7	Verbes en *eir, eñir*	perte du **i** alternance **e-i**	groupe du présent groupe du prétérit gérondif	*reír*
8	Verbes en *entir, erir, ertir*	alternance **e-ie** alternance **e-i**	groupe du présent groupe du prétérit gérondif	*sentir*
9	Verbes en *irir* et verbe *jugar*	alternance **i-ie** alternance **u-ue**	groupe du présent	*adquirir, jugar*
10	Verbes en *uir*	+ **y** devant **a, e, o**	groupe du présent	*construir*
11	*Dormir, morir*	alternance **o-ue** alternance **o-u**	groupe du présent groupe du prétérit gérondif	*dormir*
12	*Valer, salir*	+ **g** devant **a** et **o**. changement de la voyelle pour un **d** euphonique. apocope à l'impératif.	présents groupe du futur impératif	*valer*

LE PARTICIPE PASSE

Le participe passé se termine en général en *ado* pour les verbes en *ar* et en *ido* pour les verbes en *er* et en *ir*.

Les participes passés irréguliers finissent en général en *to, so,* ou *cho:* abrir ; *abierto:* ouvert ; *imprimir, impreso:* imprimé ; *hacer, hecho:* fait.

Le participe passé s'emploie avec le verbe *haber* pour former les temps composés. Lorsqu'il est employé avec le verbe *ser,* il sert à former la voix passive des verbes transitifs.

Certains verbes ont deux participes passés, l'un régulier, l'autre irrégulier.

Le régulier sert à former les temps composés et il est précédé du verbe *haber.*

L'irrégulier s'emploie en général seul comme adjectif et parfois il s'emploie avec *estar* ou *tener.*

Seulement *frito* (de *freir:* frire), *impreso* (de *imprimir:* imprimer) et *provisto* (de *proveer:* pourvoir) peuvent être employés à la place du régulier pour accompagner le verbe *haber.*

Liste des verbes courants ayant deux participes passés.

Infinitif		Participe passé régulier	Participe passé irrégulier
Absorber	absorber	absorvido	absorto
Abstraer	abstraire	abstraído	abstracto
Atender	s'occuper de	atendido	atento
Bendecir	bénir	bendecido	bendito
Completar	compléter	completado	completo
Concluir	conclure	concluido	concluso
Concretar	concrétiser	concretado	concreto
Confesar	confesser	confesado	confeso
Confundir	confondre	confundido	confuso
Convertir	convertir	convertido	converso
Corregir	corriger	corregido	correcto
Cultivar	cultiver	cultivado	culto
Despertar	réveiller	despertado	despierto
Difundir	répandre	difundido	difuso
Distinguir	distinguer	distinguido	distinto
Dividir	diviser	dividido	diviso
Elegir	élire	elegido	electo
Exceptuar	excepter	exceptuado	excepto
Expresar	exprimer	expresado	expreso
Extender	étendre	extendido	extenso
Fijar	fixer	fijado	fijo
Freir	frire	freído	frito
Hartar	rassasier	hartado	harto
Imprimir	imprimer	imprimido	impreso
Incluir	inclure	incluido	incluso
Invertir	investir	invertido	inverso
Juntar	réunir	juntado	junto
Maldecir	maudire	maldecido	maldito
Manifestar	manifester	manifestado	manifiesto
Molestar	gêner	molestado	molesto
Ocultar	cacher	ocultado	oculto
Omitir	omettre	omitido	omiso
Pervertir	pervertir	pervertido	perverso
Poseer	posséder	poseído	poseso
Precisar	préciser	precisado	preciso
Proveer	pourvoir	proveído	provisto
Remitir	remettre	remitido	remiso
Soltar	lâcher	soltado	suelto
Suspender	suspendre	suspendido	suspenso
Substituir	substituer	substituido	substituto
Tender	tendre	tendido	tenso

VERBES A IRREGULARITE PROPRE

Il existe en castillan 24 verbes à irrégularité propre, et qui, en conséquence, ne peuvent pas être classés à l'intérieur des groupes que nous avons vu précédemment.

De ces 24 verbes, 19 sont des verbes que l'on pourrait appeler « de base » dans la mesure où nous devrons nous servir d'un ou de plusieurs d'entre eux pour former les phrases les plus élémentaires de la vie quotidienne.

Vous trouverez ici uniquement les formes irrégulières. Les formes manquantes se conjuguent normalement d'après les modèles correspondantes en ar, en er ou en ir. Les modifications orthographiques n'étant pas des irrégularités au sens propre, nous n'en tenons pas compte dans ce recueil.

Vous trouverez d'abord — par ordre alphabétique — les 19 verbes dont nous parlons plus haut ; ensuite vous trouverez les 5 verbes restants — aussi par ordre alphabétique — . Cette division a été établie en fonction de l'usage que l'on fait de ces verbes, les 5 derniers étant très peu usités dans la conversation courante.

ANDAR: marcher

Indicatif

passé simple

anduve
anduviste
anduvo
anduvimos
anduvisteis
anduvieron

Subjonctif

imparfait

	(ou)	
anduviera	anduviese
anduvieras	
anduviera	
anduviéramos	
anduvierais	
anduvieran	

futur

anduviere
anduvieres
anduviere
anduviéremos
anduviereis
anduvieren

CABER: tenir dans

Indicatif

présent

quepo

passé simple

cupe
cupiste
cupo
cupimos
cupisteis
cupieron

futur

cabré
cabrás
cabrá
cabremos
cabréis
cabrán

Subjonctif

présent

quepa
quepas
quepas
quepamos
quepáis
quepan

imparfait

cupiera
cupieras
cupiera
cupiéramos
cupierais
cupieran

(ou) cupiese

futur

cupiere
cupieres
cupiere
cupiéremos
cupiereis
cupieren

Conditionnel

présent

cabría
cabrías
cabría
cabríamos
cabríais
cabrían

CAER: tomber

Indicatif

présent
caigo

Subjonctif

présent
caiga
caigas
caiga
caigamos
caigáis
caigan

DAR: donner

Indicatif

présent
doy

passé simple
di
diste
dio
dimos
disteis
dieron

Subjonctif

imparfait
diera
dieras
diera
diéramos
dierais
dieran

(ou) diese

futur
diere
dieres
diere
diéremos
diereis
dieren

DECIR: dire

Indicatif	Subjonctif	Impératif
digo dices dice – dicen *présent*	diga digas diga digamos digáis digan *présent*	di
dije dijiste dijo dijimos dijisteis dijeron *passé simple*	dijera dijeras dijera dijéramos dijerais dijeran *imparfait* (ou) dijese	dijere dijeres dijere dijéremos dijereis dijeren *futur*
diré dirás dirá diremos diréis dirán *futur*	diría dirías diría diríamos diríais dirían Conditionnel *présent*	**Participe passé** dicho

ESTAR

Voir conjugaison page 417.

HABER

Voir conjugaison page 411.

HACER: faire

Indicatif

présent

hago

passé simple

hice
hiciste
hizo
hicimos
hicisteis
hicieron

futur

haré
harás
hará
haremos
haréis
harán

Subjonctif

présent

haga
hagas
haga
hagamos
hagáis
hagan

imparfait

hiciera
hicieras
hiciera
hiciéramos
hicierais
hicieran

(ou) hiciese

futur

hiciere
hicieres
hiciere
hiciéremos
hiciereis
hicieren

Conditionnel

présent

haría
harías
haría
haríamos
haríais
harían

Impératif

haz

Participe passé

hecho

IR: aller

Indicatif

présent
voy
vas
va
vamos
vais
van

imparfait
iba
ibas
iba
íbamos
ibais
iban

passé simple
fui
fuiste
fue
fuimos
fuisteis
fueron

Subjonctif

présent
vaya
vayas
vaya
vayamos
vayáis
vayan

imparfait
fuera
fueras
fuera
fuéramos
fuerais
fueran

(ou) fuese

futur
fuere
fueres
fuere
fuéremos
fuereis
fueren

Impératif

ve

OIR: entendre

Indicatif	Subjonctif	Impératif
présent	présent	
oigo	oiga	
oyes	oigas	oye
oye	oiga	
—	oigamos	
—	oigáis	
oyen	oigan	

PODER: pouvoir

Indicatif

présent

puedo
puedes
puede
—
—
pueden

passé simple

pude
pudiste
pudo
pudimos
pudisteis
pudieron

futur

podré
podrás
podrá
podremos
podréis
podrán

Subjonctif

présent

pueda
puedas
pueda
—
—
puedan

imparfait

pudiera
pudieras
pudiera
pudiéramos
pudierais
pudieran

(ou) pudiese

futur

pudiere
pudieres
pudiere
pudiéremos
pudiereis
pudieren

Conditionnel

présent

podría
podrías
podría
podríamos
podríais
podrían

Impératif

puede

PONER: mettre

Indicatif

présent
pongo

passé simple
puse
pusiste
puso
pusimos
pusisteis
pusieron

futur
pondré
pondrás
pondrá
pondremos
pondréis
pondrán

Subjonctif

présent
ponga
pongas
ponga
pongamos
pongáis
pongan

imparfait
pusiera
pusieras
pusiera
pusiéramos
pusierais
pusieran

(ou) pusiese

futur
pusiere
pusieres
pusiere
pusiéremos
pusiereis
pusieren

Conditionnel

présent
pondría
pondrías
pondría
pondríamos
pondríais
pondrían

Impératif

pon

Participe passé

puesto

QUERER: vouloir

Indicatif

présent
quiero
quieres
quiere
—
quieren

passé simple
quise
quisiste
quiso
quisimos
quisisteis
quisieron

futur
querré
querrás
querrá
querremos
querréis
querrán

Subjonctif

présent
quiera
quieras
quiera
—
quieran

imparfait
quisiera
quisieras
quisiera
quisiéramos
quisierais
quisieran

(ou) quisiese

Conditionnel

présent
querría
querrías
querría
querríamos
querríais
querrían

Impératif
quiere

futur
quisiere
quisieres
quisiere
quisiéremos
quisiereis
quisieren

SABER: savoir

Indicatif			Subjonctif				
présent			**présent**				
sé			sepa				
			sepas				
			sepa				
			sepamos				
			sepáis				
			sepan				

passé simple			imparfait		(ou)	futur	
supe			supiera		supiese	supiere	
supiste			supieras			supieres	
supo			supiera			supiere	
supimos			supiéramos			supiéremos	
supisteis			supierais			supiereis	
supieron			supieran			supieren	

futur			Conditionnel				
			présent				
sabré			sabría				
sabrás			sabrías				
sabrá			sabría				
sabremos			sabríamos				
sabréis			sabríais				
sabrán			sabrían				

SER

Voir conjugaison page 415.

TENER

Voir conjugaison page 413.

TRAER: apporter

Indicatif

traigo

présent

traje
trajiste
trajo
trajimos
trajisteis
trajeron

passé simple

Subjonctif

traiga
traigas
traiga
traigamos
traigáis
traigan

présent

trajera
trajeras
trajera
trajéramos
trajerais
trajeran

imparfait

(ou) trajese

trajere
trajeres
trajere
trajéremos
trajereis
trajeren

futur

VENIR: venir

Indicatif

présent

vengo
vienes
viene
—
—
vienen

passé simple

vine
viniste
vino
vinimos
vinisteis
vinieron

futur

vendré
vendrás
vendrá
vendremos
vendréis
vendrán

Subjonctif

présent

venga
vengas
venga
vengamos
vengáis
vengan

imparfait

viniera
vinieras
viniera
viniéramos
vinierais
vinieran

(ou) viniese

Conditionnel

présent

vendría
vendrías
vendría
vendríamos
vendríais
vendrían

Impératif

ven

futur

viniere
vinieres
viniere
viniéremos
viniereis
vinieren

VER: voir

Indicatif		Subjonctif	
présent		présent	
veo		vea	
		veas	
		vea	
		veamos	
		veáis	
		vean	

imparfait
veía
veías
veía
veíamos
veíais
veían

Participe passé
visto

5 Verbes moins usités

ASIR: saisir

Indicatif		Subjonctif	
présent		présent	
asgo		asga	
		asgas	
		asga	
		asgamos	
		asgáis	
		asgan	

ERGUIR: dresser

Indicatif

(ou)

présent

irgo   yergo
irgues   yergues
irgue   yergue
- - -
irguen   yerguen

passé simple

- - -
irguió
- - -
irguieron

Subjonctif

(ou)

présent

irga   yerga
irgas   yergas
irga   yerga
irgamos   yergamos
irgáis   yergáis
irgan   yergan

imparfait   **(ou)**

irguiera   irguiese
irguieras
irguiera
irguiéramos
irguierais
irguieran

futur

irguiere
irguieres
irguiere
irguiéremos
irguiereis
irguieren

Impératif

(ou)

irgue   yergue

Gérondif

irguiendo

PLACER: plaire

Ce verbe peut être conjugué à toutes ses formes comme *complacer:* complaire, appartenant au troisième groupe des irréguliers. A certaines troisièmes personnes, il peut néanmoins avoir plusieurs formes. Les voici :

Subjonctif (présent)

plazca, plega o plegue

Indicatif (passé simple)

plació (ou) plugo

—   —

placieron   pluguieron

Subjonctif

Imparfait

placiera (ou) pluguiera (ou) placiese (ou) pluguiese

Futur

placiere (ou) pluguiere

PODRIR (ou) PUDRIR: pourrir

En ce qui concerne ce verbe, il est recommandé d'employer uniquement le radical *pudr.* sauf à l'infinitif *(podrir)* et au participe *(podrido)*.

Ceci permettra de convertir le verbe en régulier et d'éviter en même temps tout type de confusion avec le verbe *poder (podría, podrías, etc.)*

YACER: gésir

Indicatif (présent)

yazco, yazgo (ou) yago

Subjonctif (présent)

yazca,	yaga
yazcas,	yagas
yazca,	yaga
yazcamos,	yagamos
yazcáis,	yagáis
yazcan,	yagan

(ou)

Impératif

yace (ou) yaz

INDEX GRAMMATICAL

Note : Le premier chiffre renvoie à la page, le second au numéro de la note.

A

C